LE MANOIR DE LA DENTISTE

YO-CAY-972

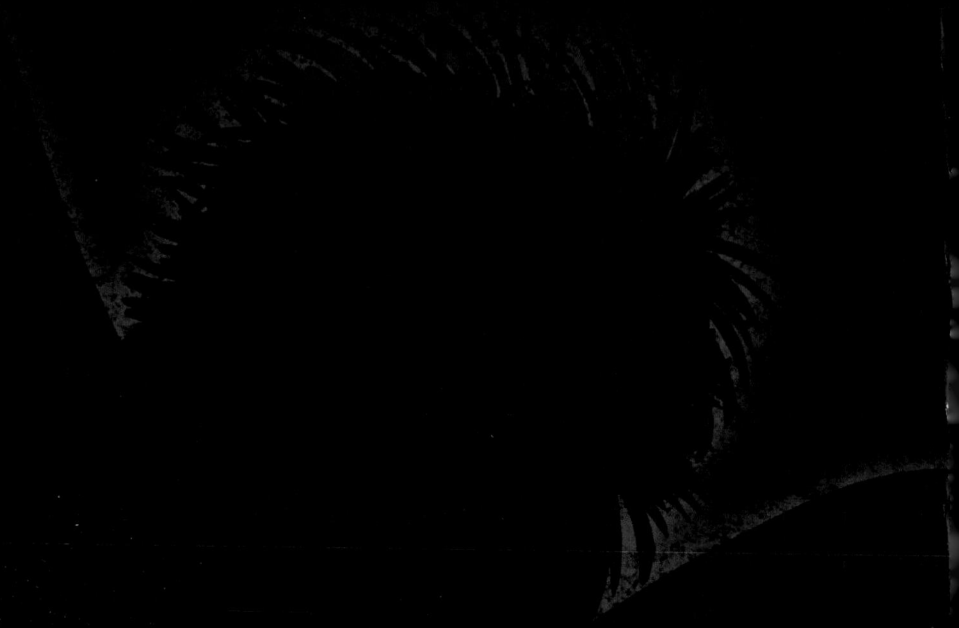

MERCI, JEN

TU AS LES DENTS PROPRES

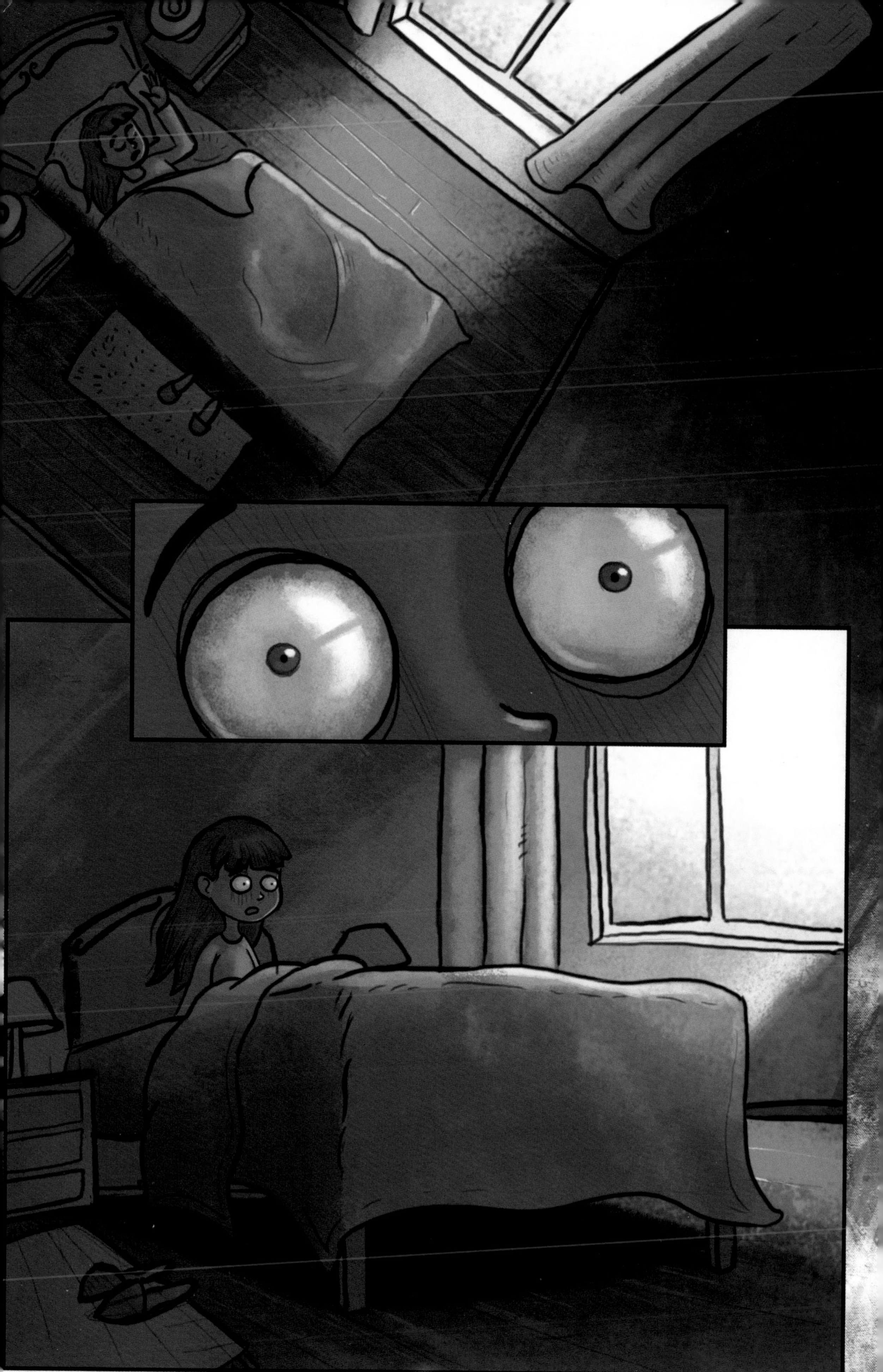

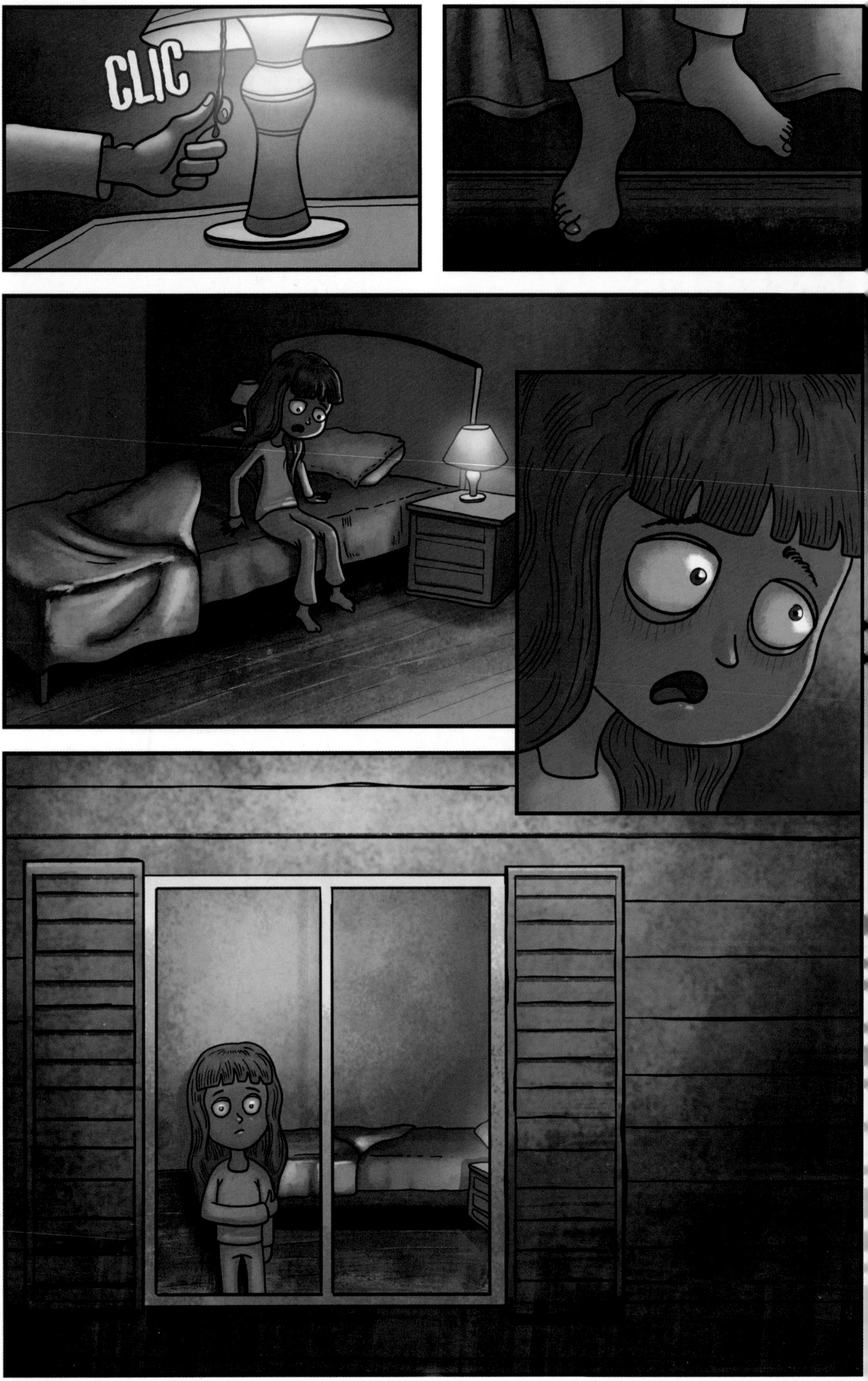
CLIC

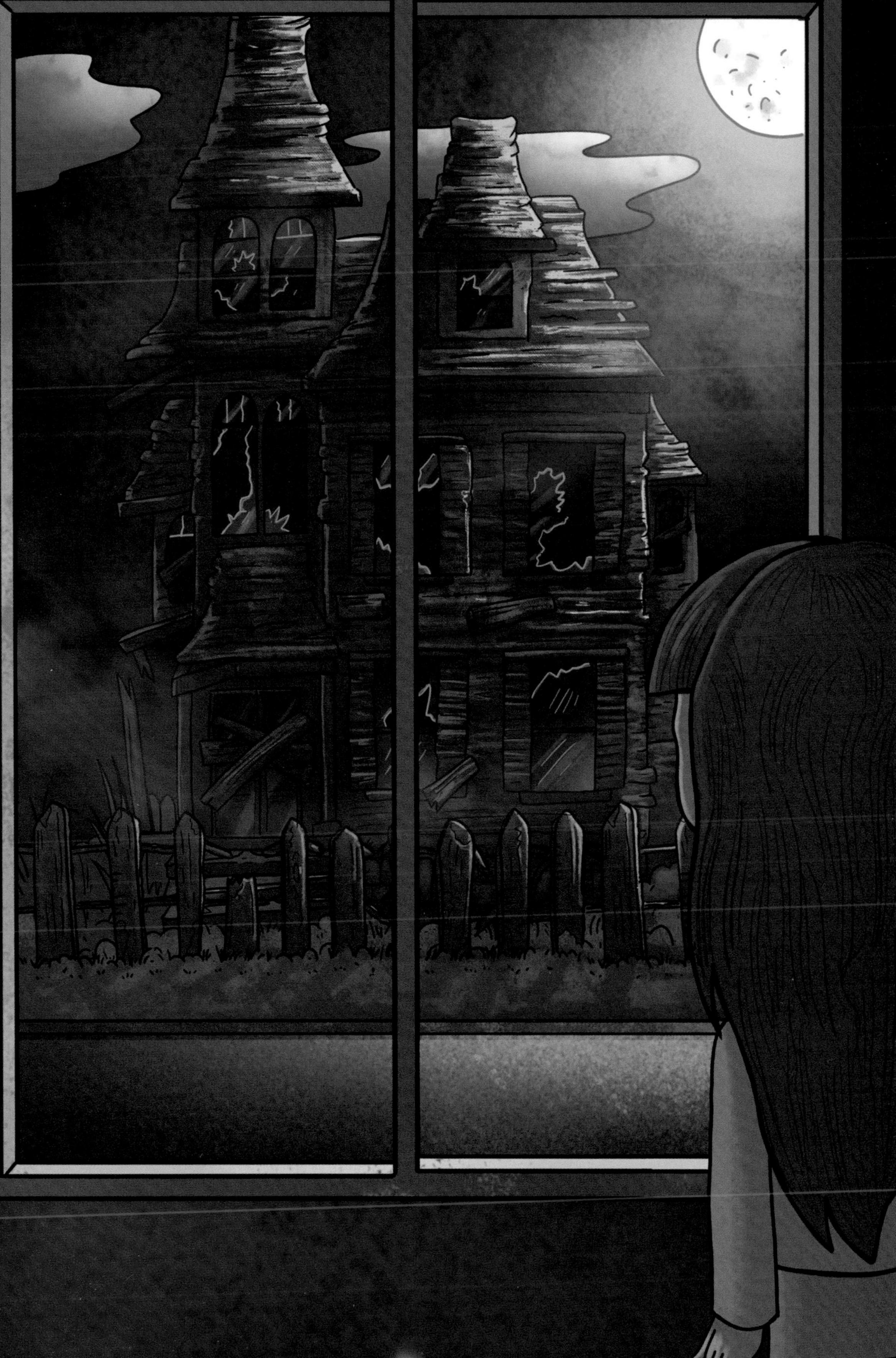

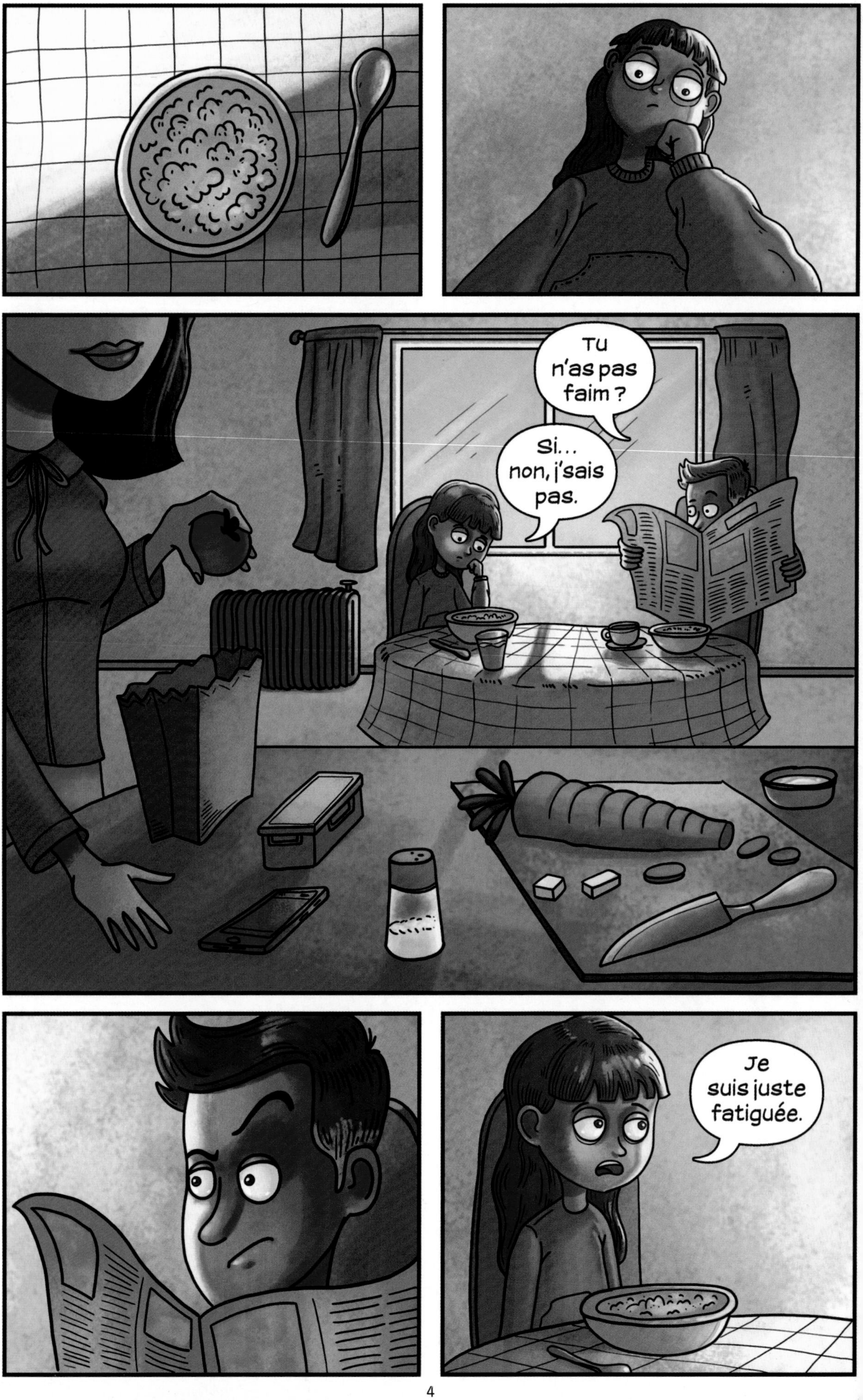
Tu n'as pas faim ?
Si… non, j'sais pas.
Je suis juste fatiguée.

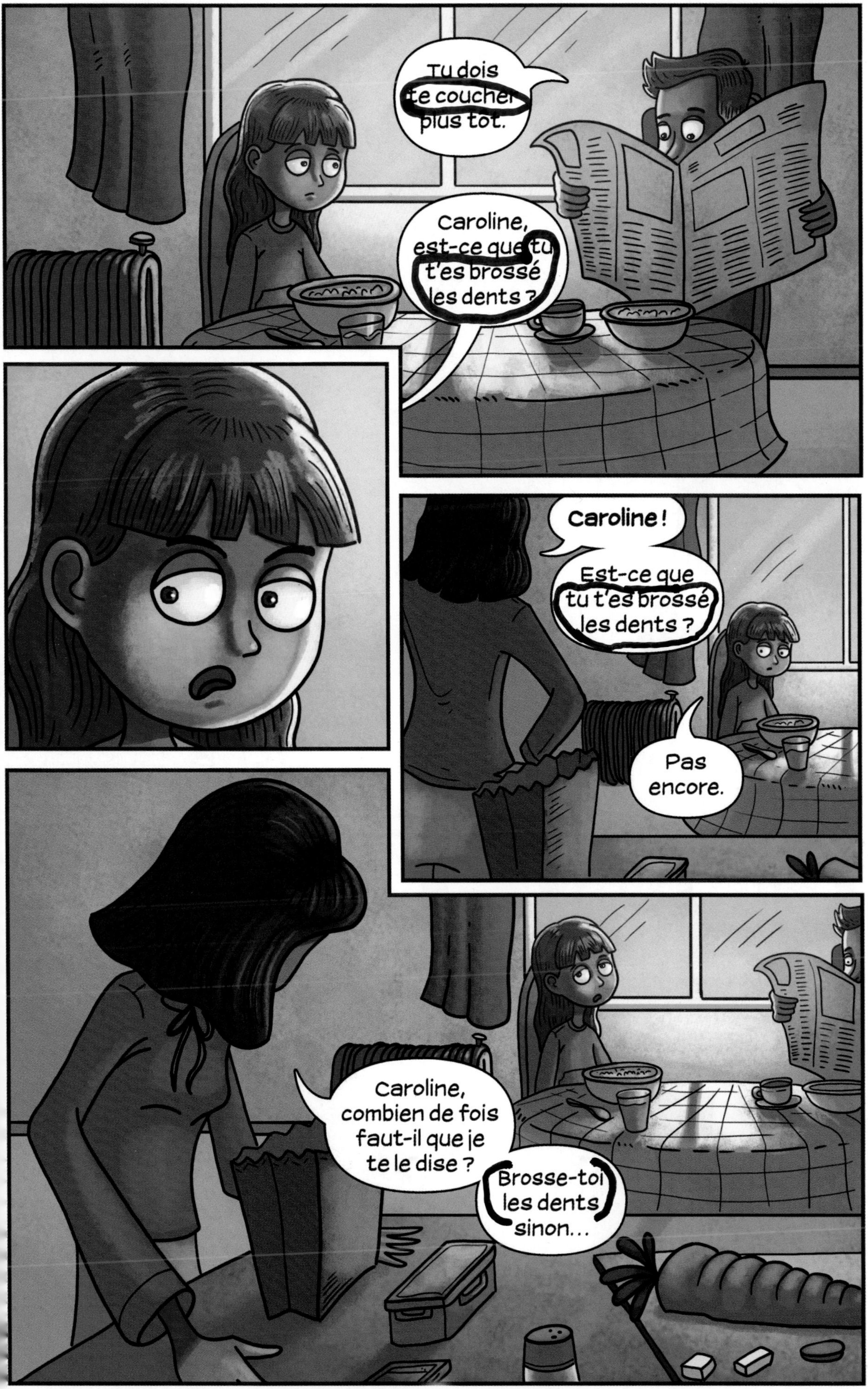
Tu dois te coucher plus tôt.
Caroline, est-ce que tu t'es brossé les dents ?
Caroline !
Est-ce que tu t'es brossé les dents ?
Pas encore.
Caroline, combien de fois faut-il que je te le dise ?
Brosse-toi les dents sinon…

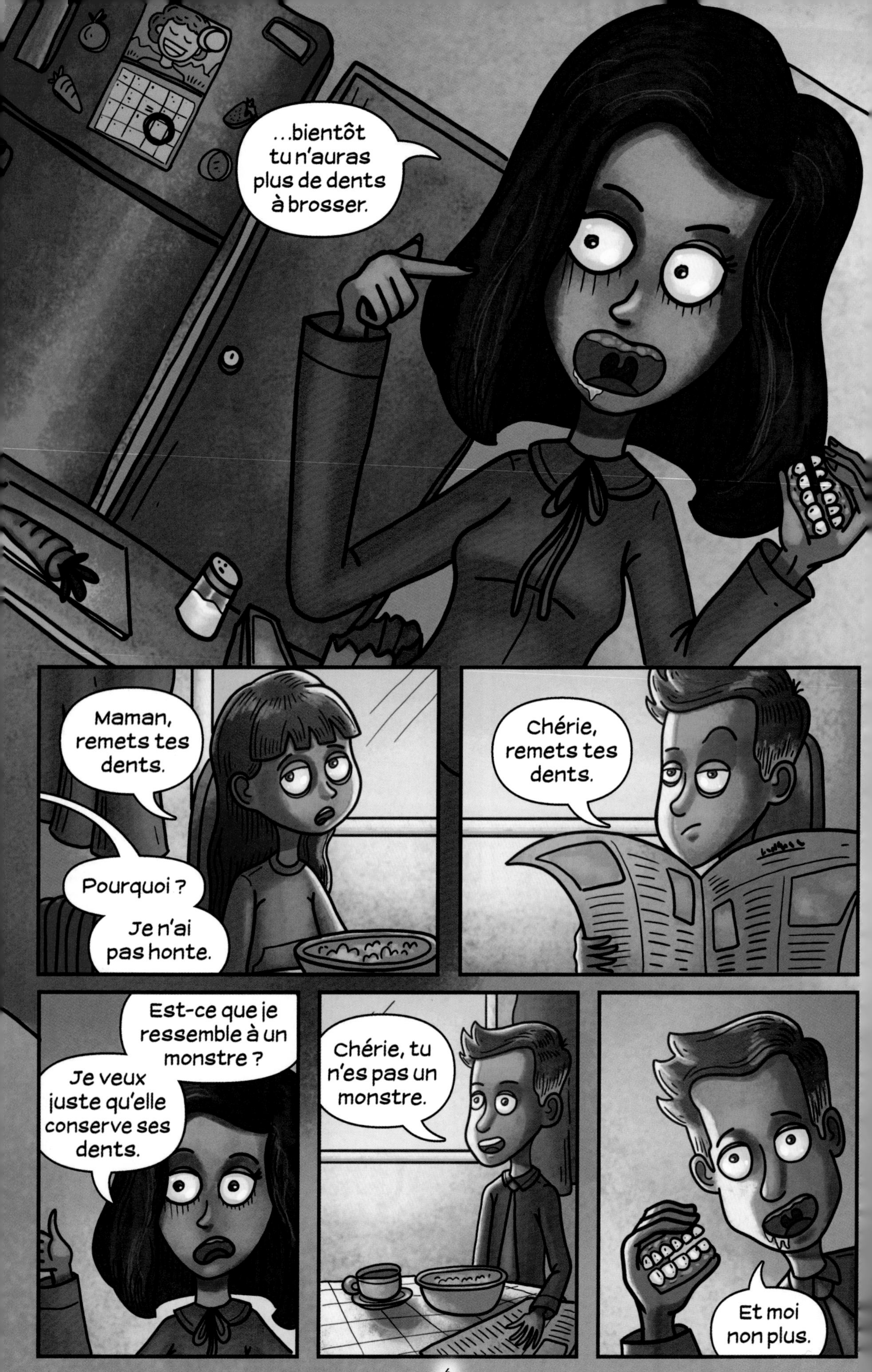
...bientôt tu n'auras plus de dents à brosser.
Maman, remets tes dents.
Pourquoi ?
Je n'ai pas honte.
Chérie, remets tes dents.
Est-ce que je ressemble à un monstre ?
Je veux juste qu'elle conserve ses dents.
Chérie, tu n'es pas un monstre.
Et moi non plus.

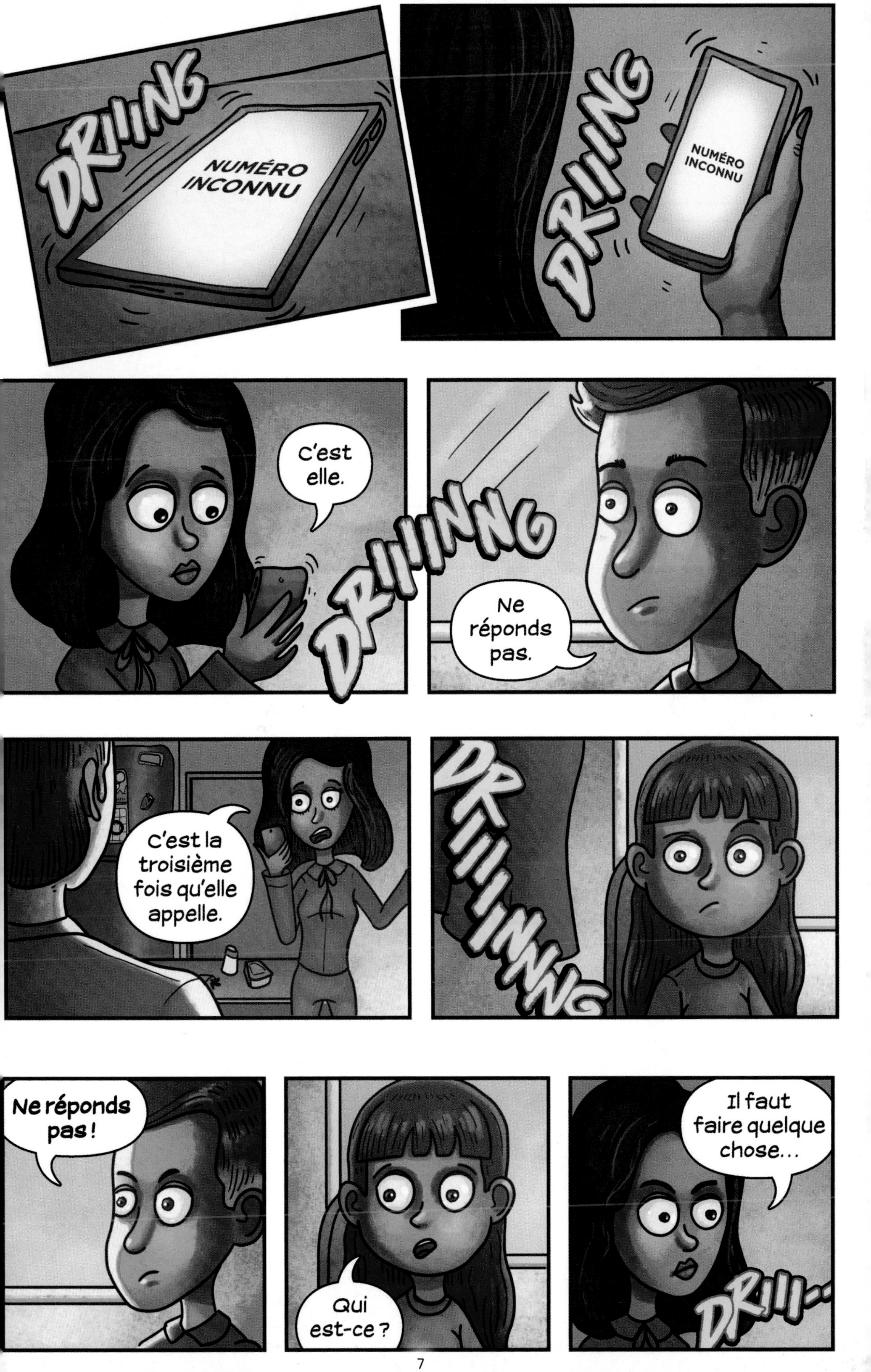
DRIIING
NUMÉRO INCONNU
DRIIING
NUMÉRO INCONNU
C'est elle.
DRIIIINNG
Ne réponds pas.
C'est la troisième fois qu'elle appelle.
DRIIIIINNNG
Ne réponds pas !
Qui est-ce ?
Il faut faire quelque chose…
DRIII–

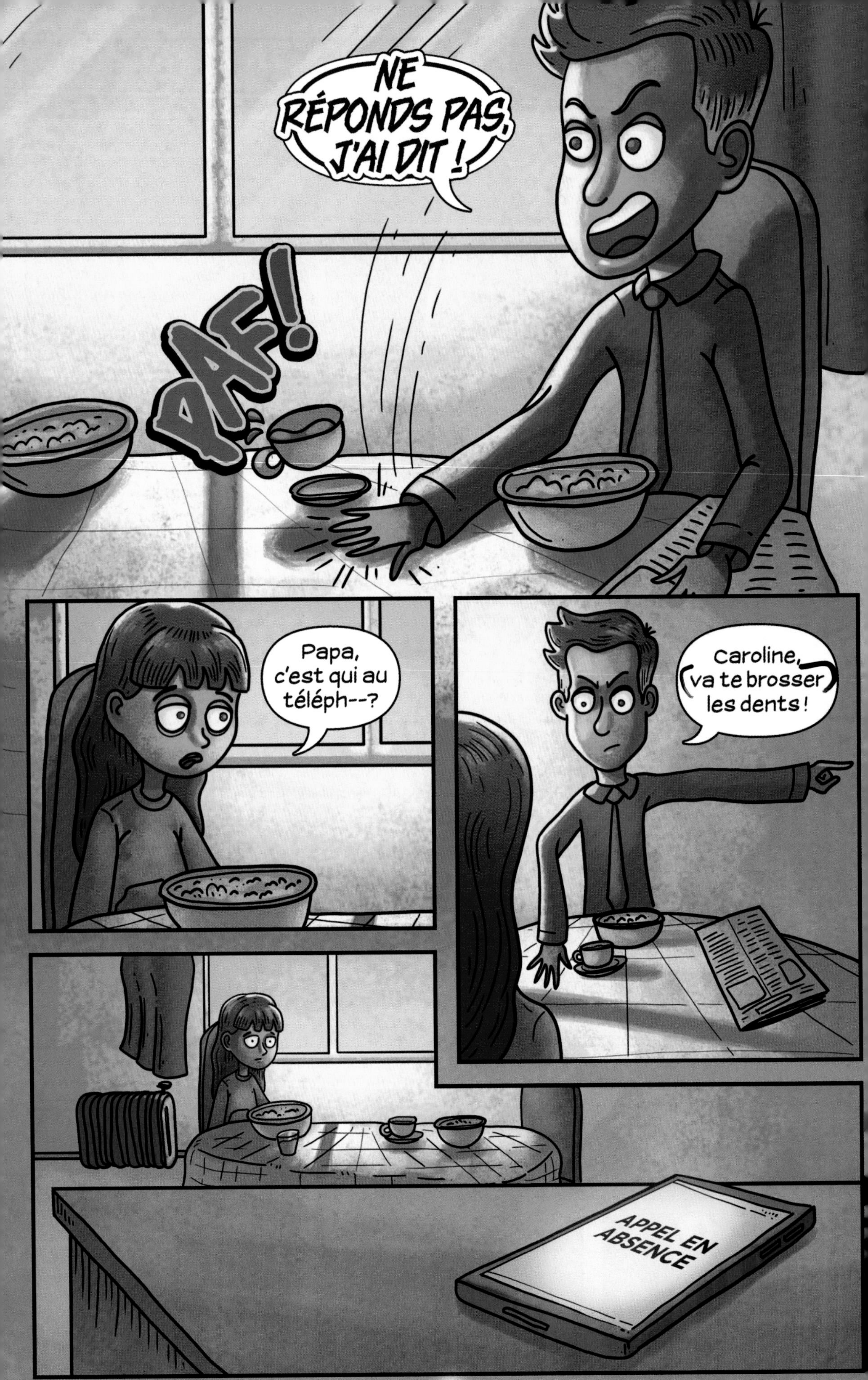
NE RÉPONDS PAS, J'AI DIT !
PAF !
Papa, c'est qui au téléph--?
Caroline, va te brosser les dents !
APPEL EN ABSENCE

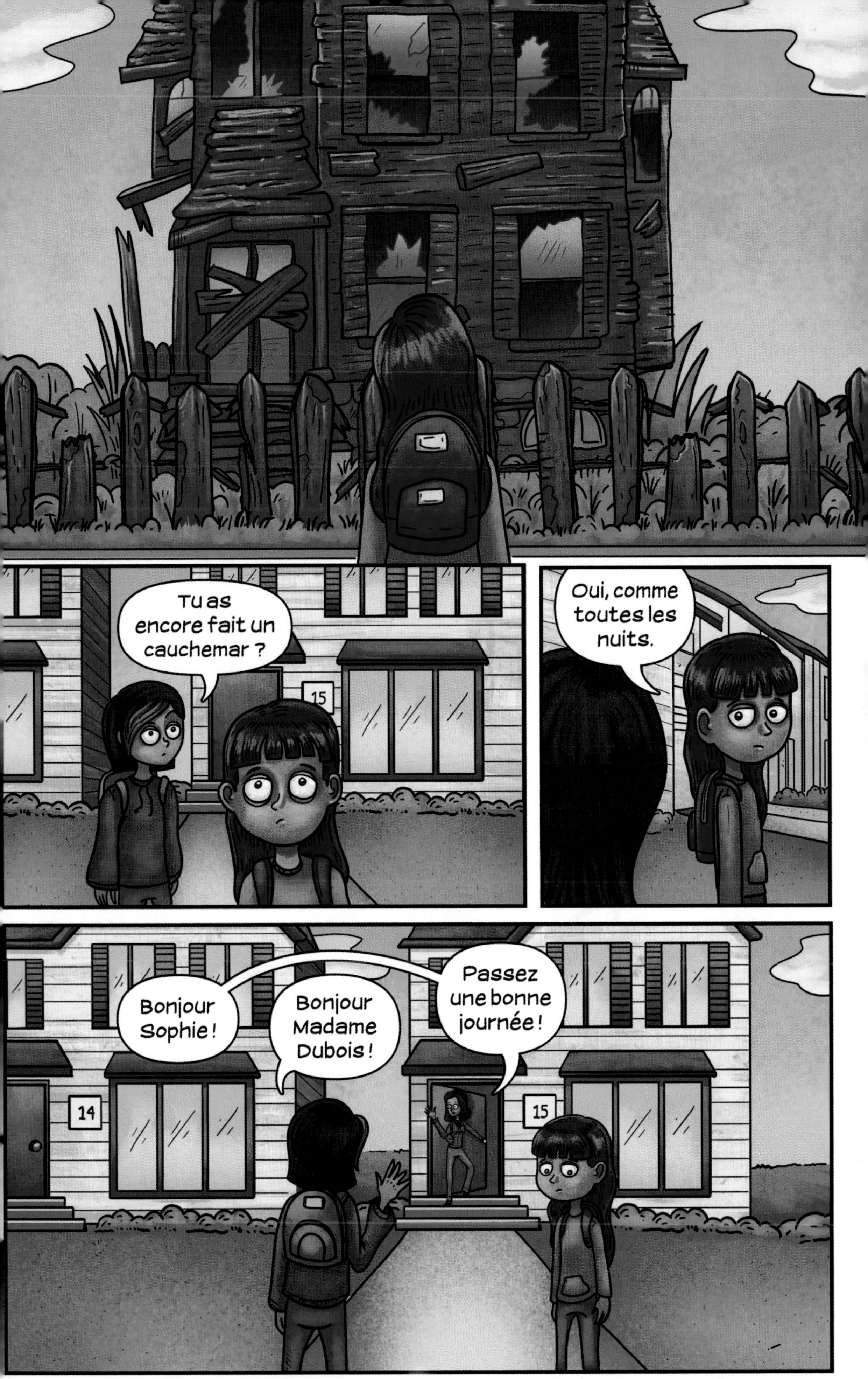
Tu as encore fait un cauchemar ?
Oui, comme toutes les nuits.
15
Bonjour Sophie !
Bonjour Madame Dubois !
Passez une bonne journée !
14
15

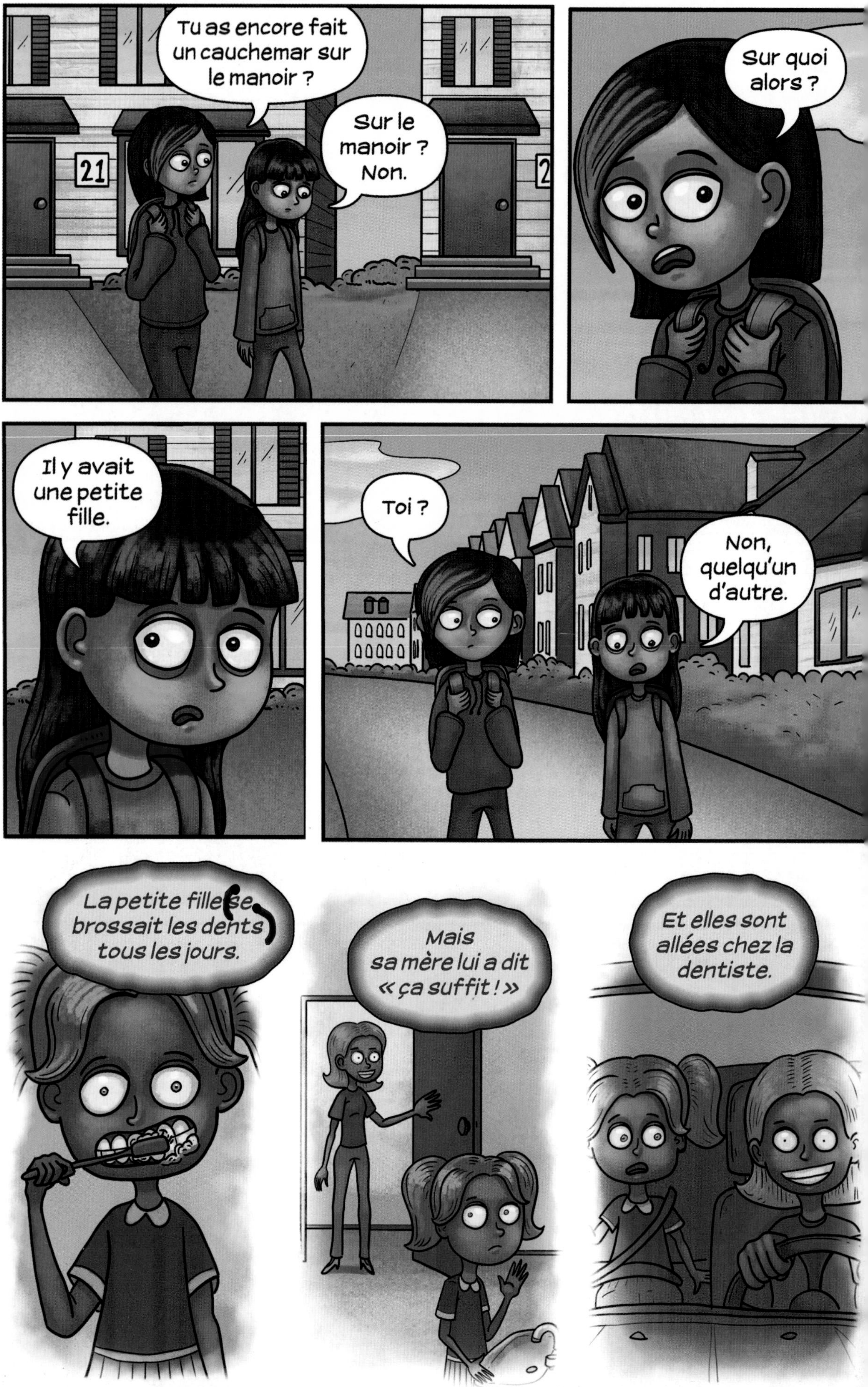
Tu as encore fait un cauchemar sur le manoir ?
Sur le manoir ? Non.
Sur quoi alors ?
Il y avait une petite fille.
Toi ?
Non, quelqu'un d'autre.
La petite fille se brossait les dents tous les jours.
Mais sa mère lui a dit « ça suffit ! »
Et elles sont allées chez la dentiste.

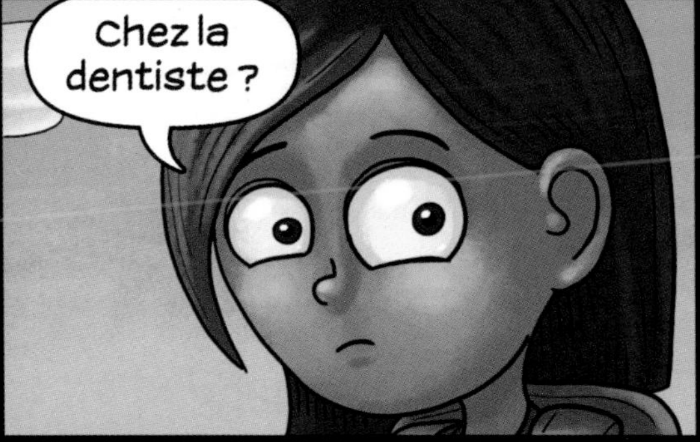
Chez la dentiste ?

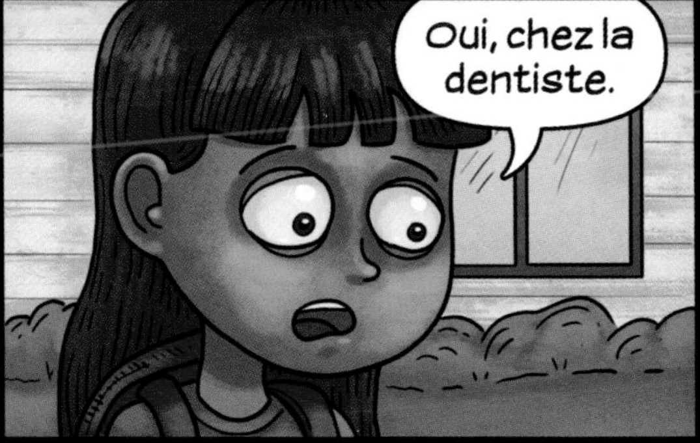
Oui, chez la dentiste.

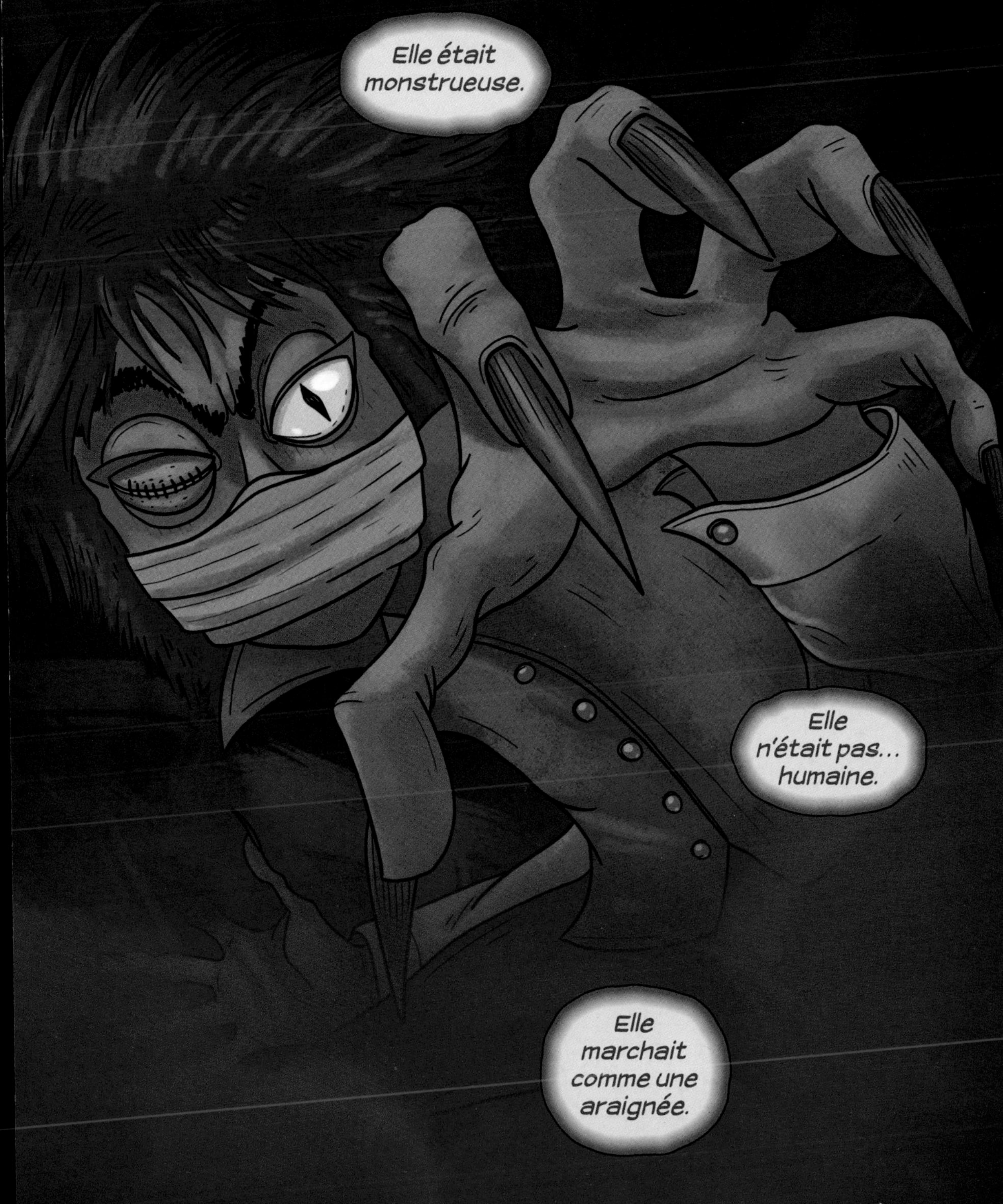
Elle était monstrueuse.
Elle n'était pas... humaine.
Elle marchait comme une araignée.

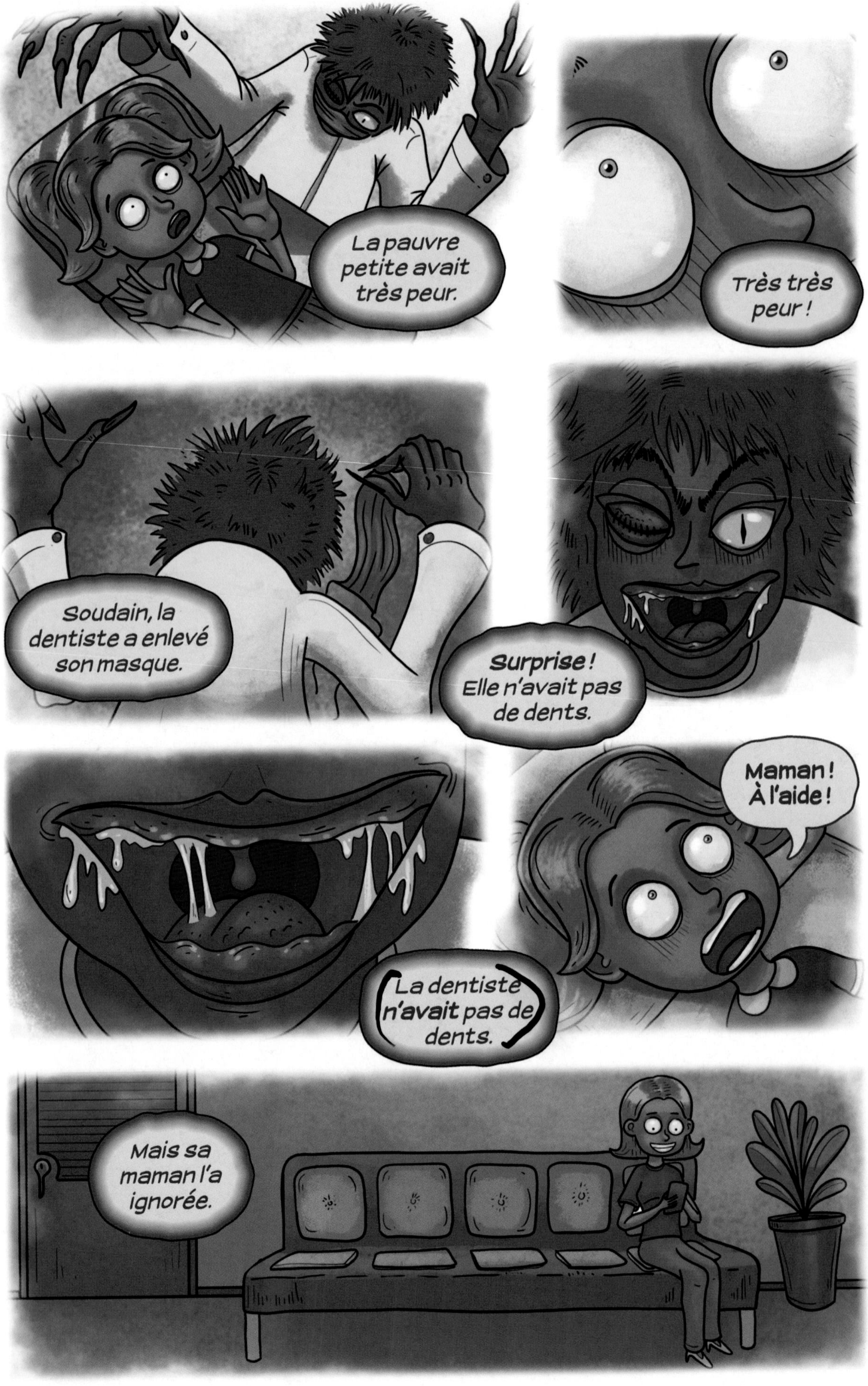
La pauvre petite avait très peur.
Très très peur !
Soudain, la dentiste a enlevé son masque.
Surprise ! Elle n'avait pas de dents.
La dentiste n'avait pas de dents.
Maman ! À l'aide !
Mais sa maman l'a ignorée.

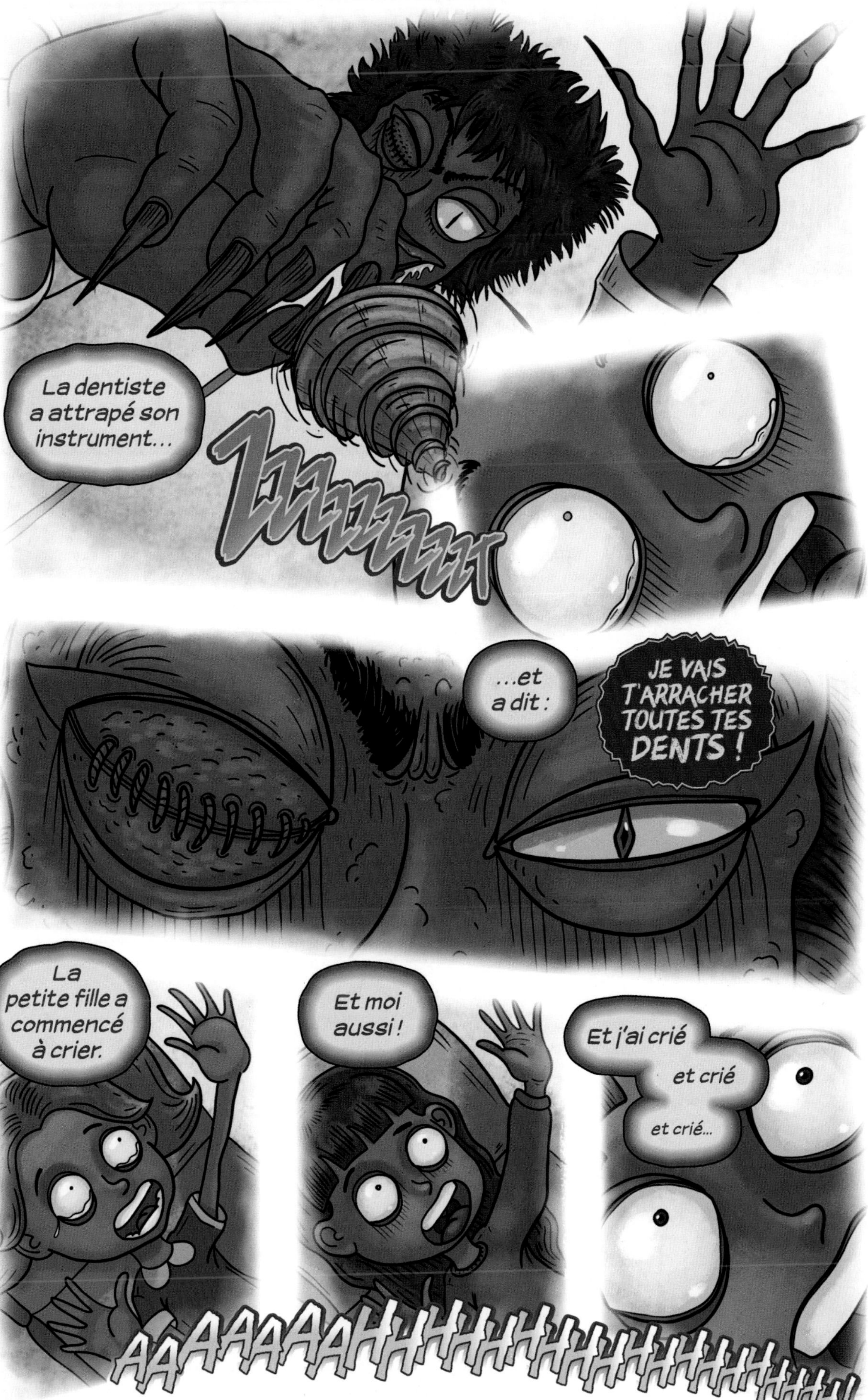

La dentiste a attrapé son instrument...
ZZZZZZZZZZT
...et a dit :
JE VAIS T'ARRACHER TOUTES TES DENTS !
La petite fille a commencé à crier.
Et moi aussi !
Et j'ai crié
et crié
et crié...
AAAAAAAHHHHHHHHHHHHHHHHHHHHHH!

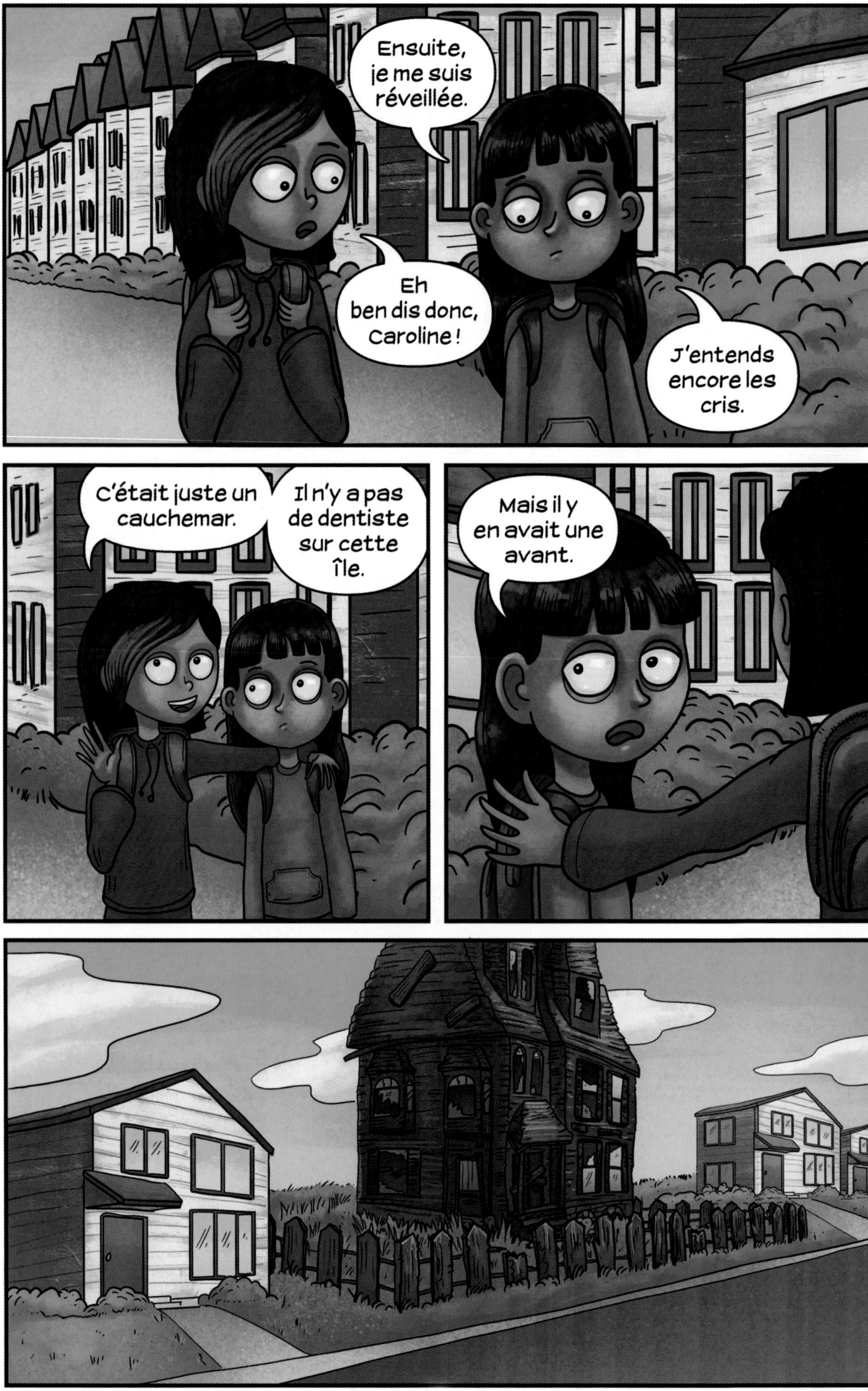
Ensuite, je me suis réveillée.
Eh ben dis donc, Caroline !
J'entends encore les cris.
C'était juste un cauchemar.
Il n'y a pas de dentiste sur cette île.
Mais il y en avait une avant.

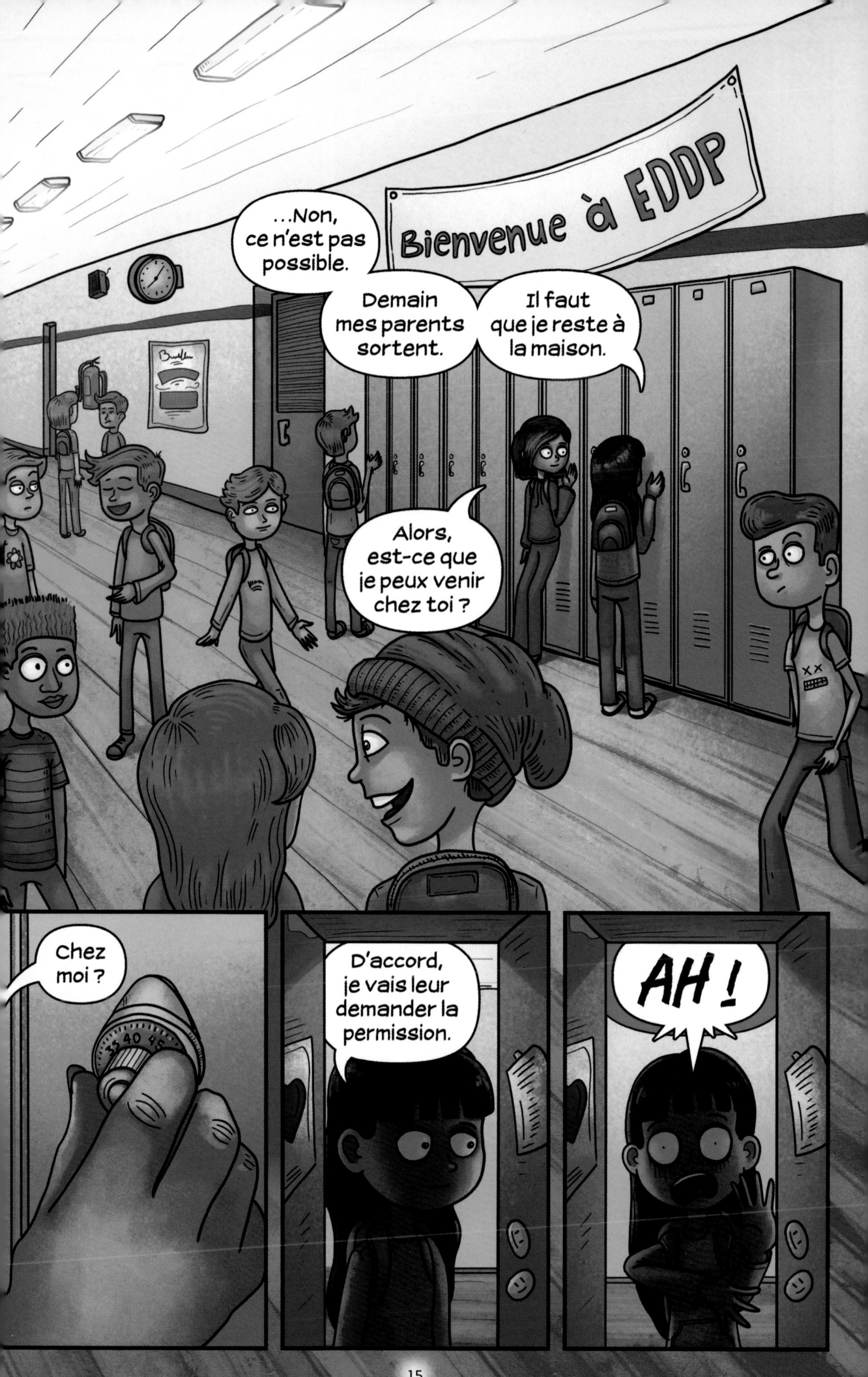
Bienvenue à EDDP
…Non, ce n'est pas possible.
Demain mes parents sortent.
Il faut que je reste à la maison.
Alors, est-ce que je peux venir chez toi ?
Chez moi ?
D'accord, je vais leur demander la permission.
AH !

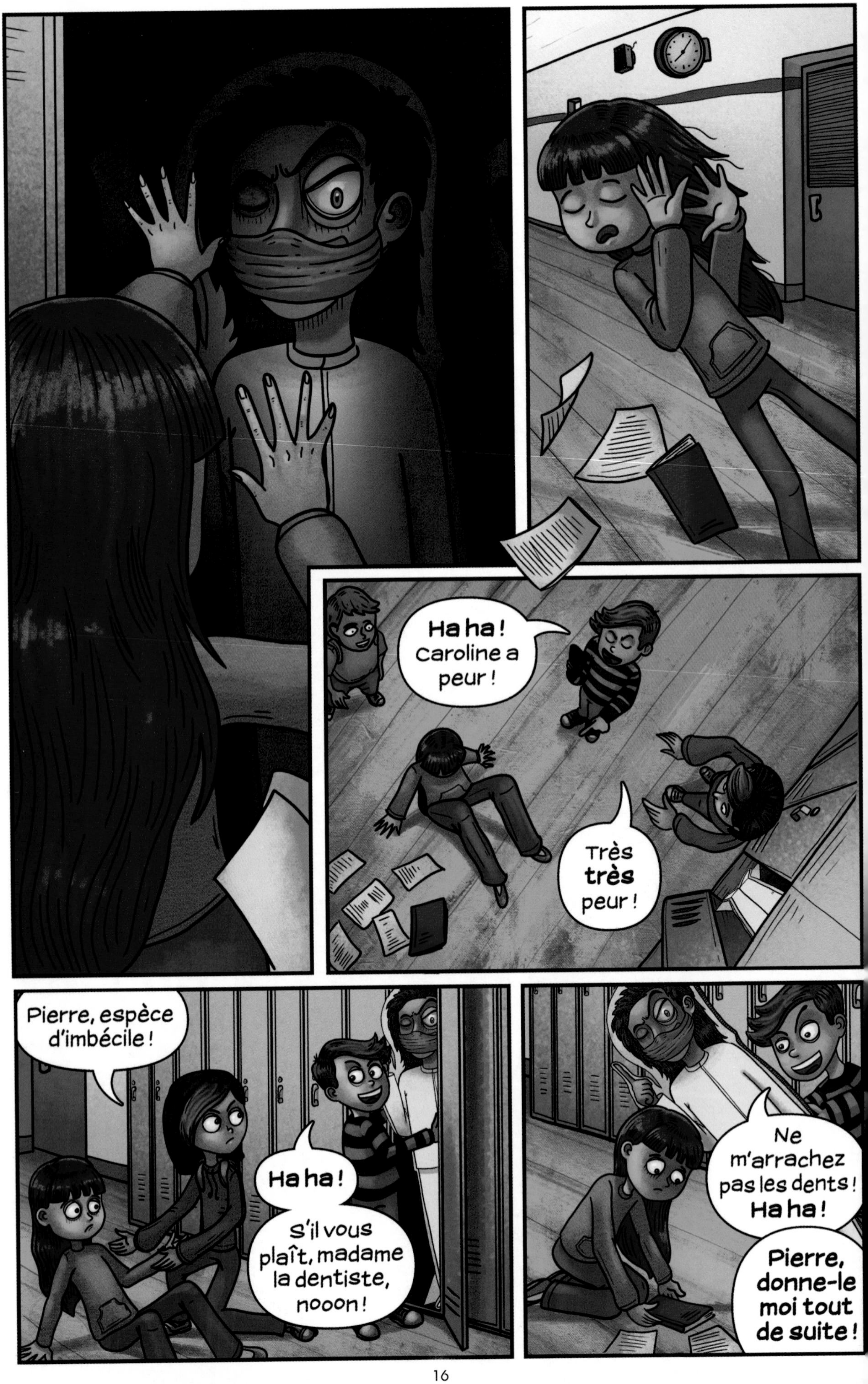
Ha ha ! Caroline a peur !
Très **très** peur !
Pierre, espèce d'imbécile !
Ha ha !
S'il vous plaît, madame la dentiste, nooon !
Ne m'arrachez pas les dents ! Ha ha !
Pierre, donne-le moi tout de suite !

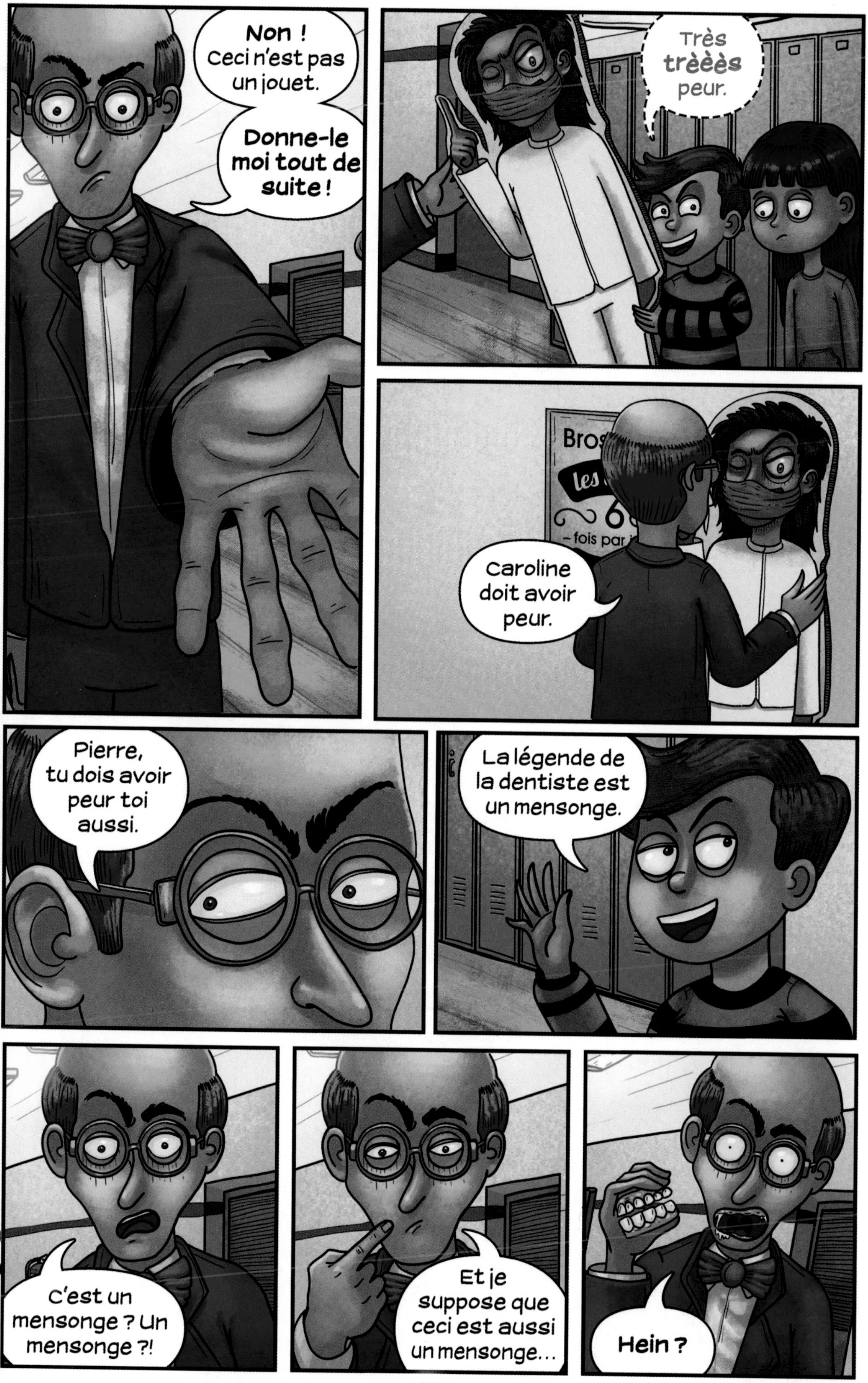
Non !
Ceci n'est pas un jouet.
Donne-le moi tout de suite !
Très trèèès peur.
Bros
les
6
– fois par j
Caroline doit avoir peur.
Pierre, tu dois avoir peur toi aussi.
La légende de la dentiste est un mensonge.
C'est un mensonge ? Un mensonge ?!
Et je suppose que ceci est aussi un mensonge…
Hein ?

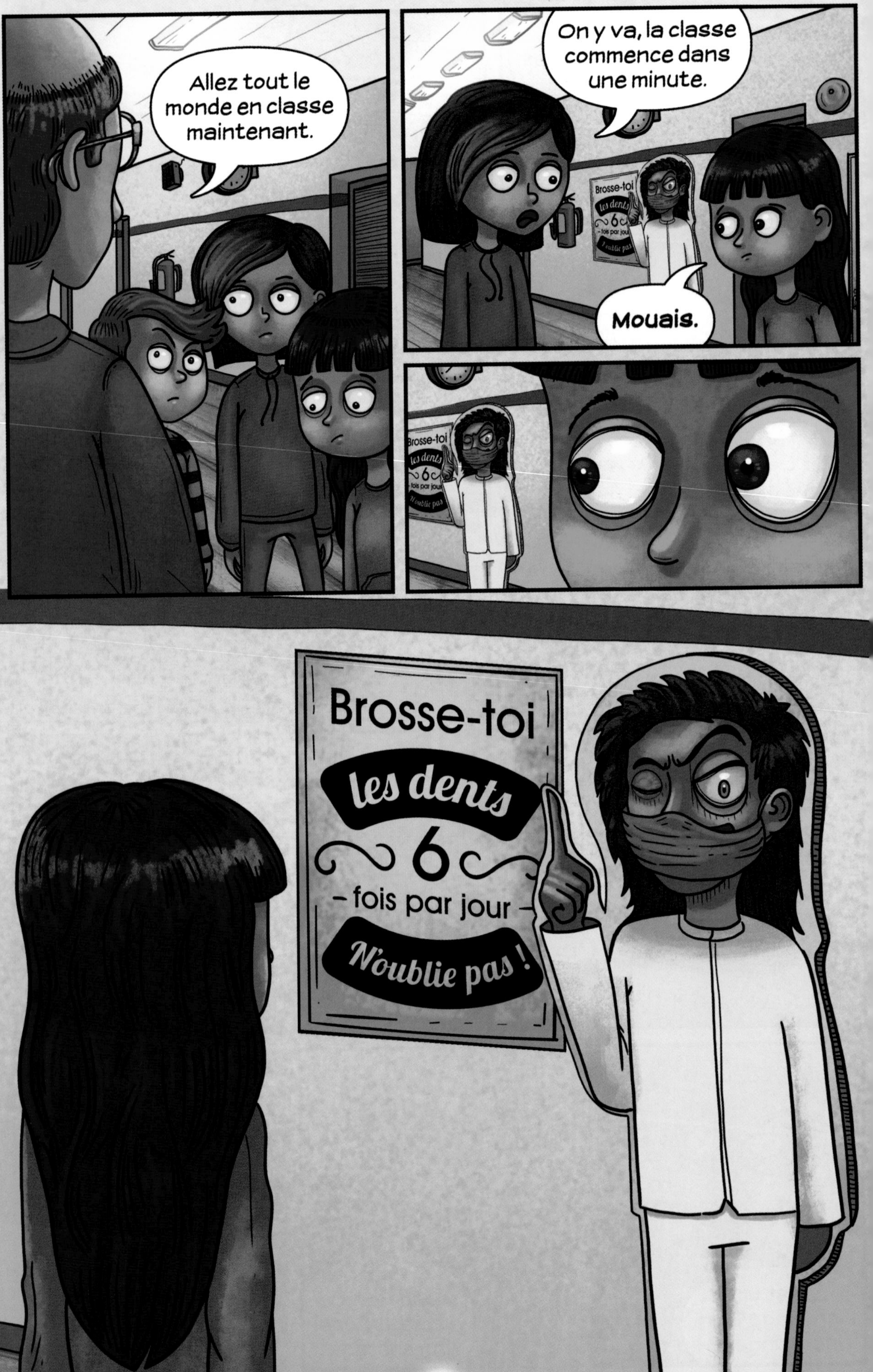
Allez tout le monde en classe maintenant.
On y va, la classe commence dans une minute.
Mouais.
Brosse-toi
les dents
6
– fois par jour –
N'oublie pas !

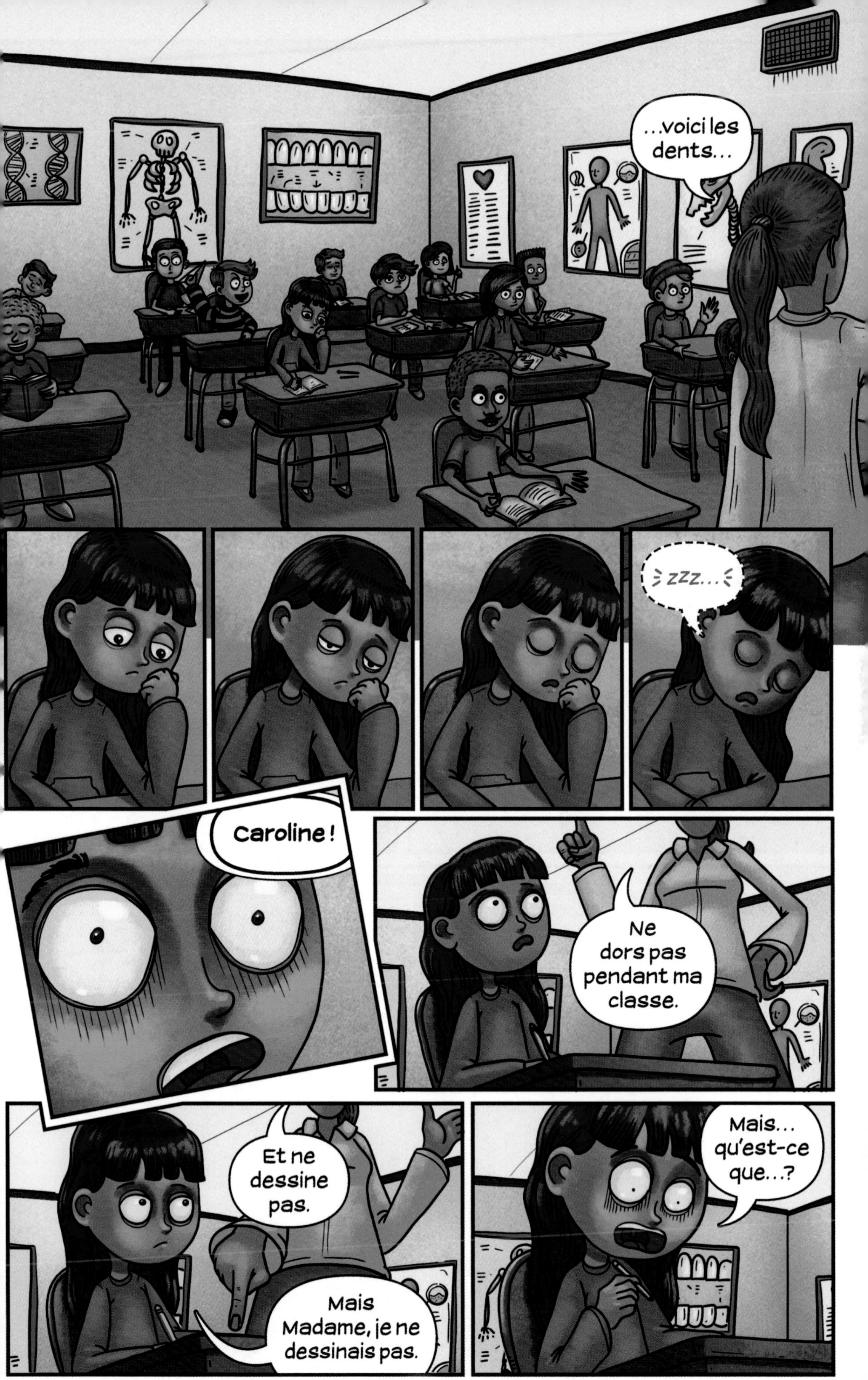
…voici les dents…
zzz…
Caroline !
Ne dors pas pendant ma classe.
Et ne dessine pas.
Mais Madame, je ne dessinais pas.
Mais… qu'est-ce que…?

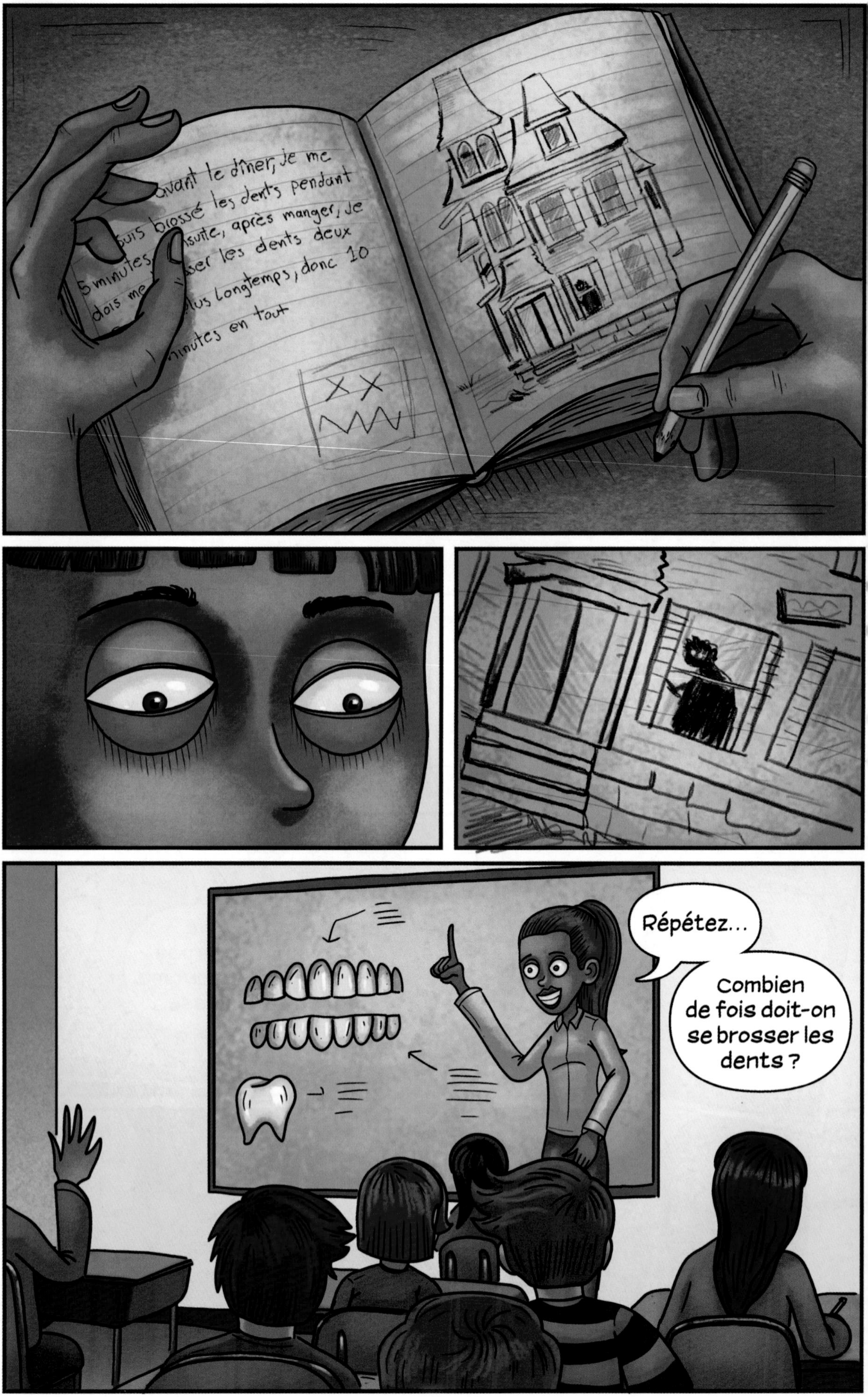
avant le dîner, je me
suis brossé les dents pendant
5 minutes. suite, après manger, je
dois me ser les dents deux
lus longtemps, donc 10
minutes en tout
Répétez...
Combien de fois doit-on se brosser les dents ?

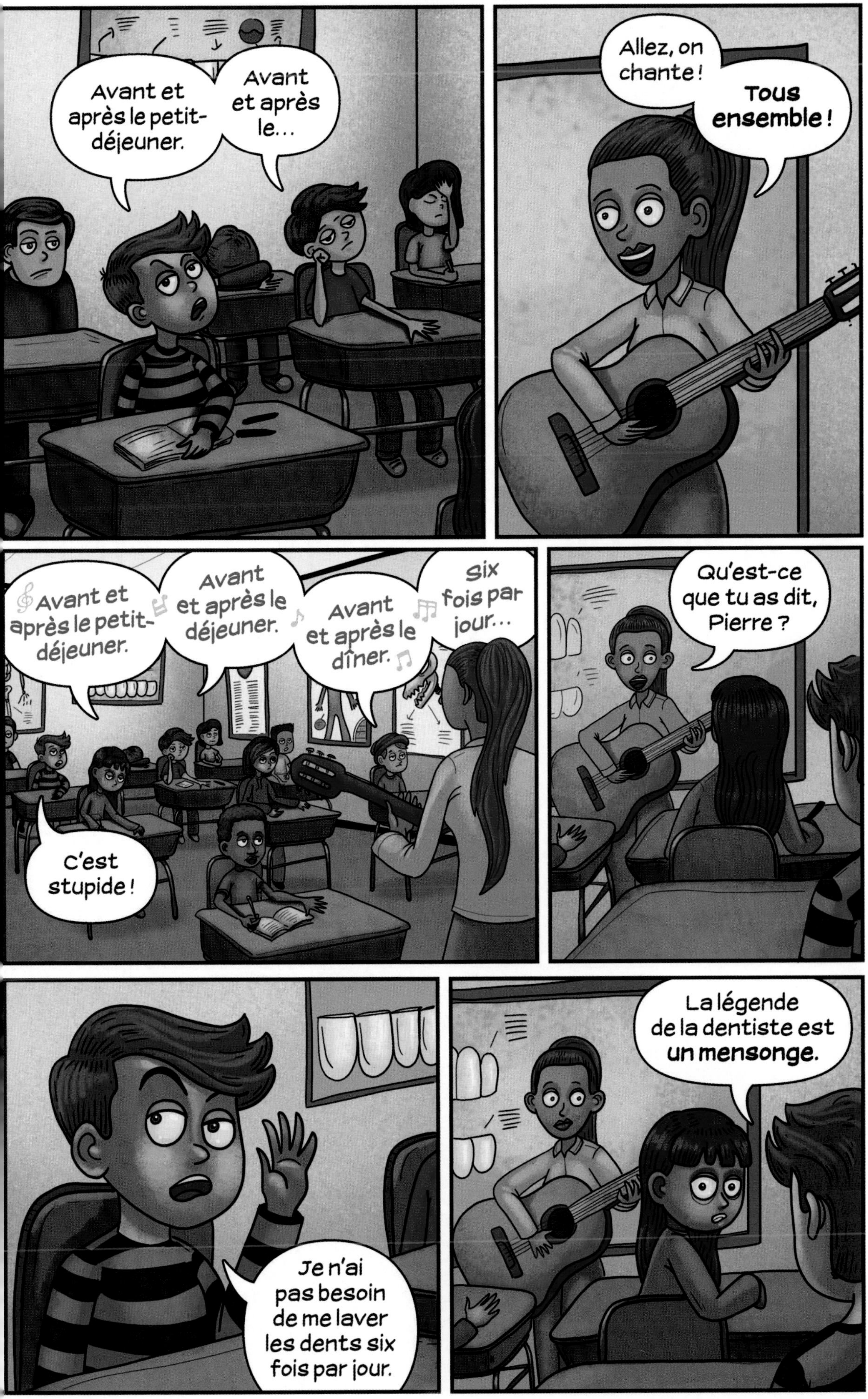
Avant et après le petit-déjeuner.
Avant et après le…
Allez, on chante !
Tous ensemble !
Avant et après le petit-déjeuner.
Avant et après le déjeuner.
Avant et après le dîner.
Six fois par jour…
C'est stupide !
Qu'est-ce que tu as dit, Pierre ?
Je n'ai pas besoin de me laver les dents six fois par jour.
La légende de la dentiste est **un mensonge.**

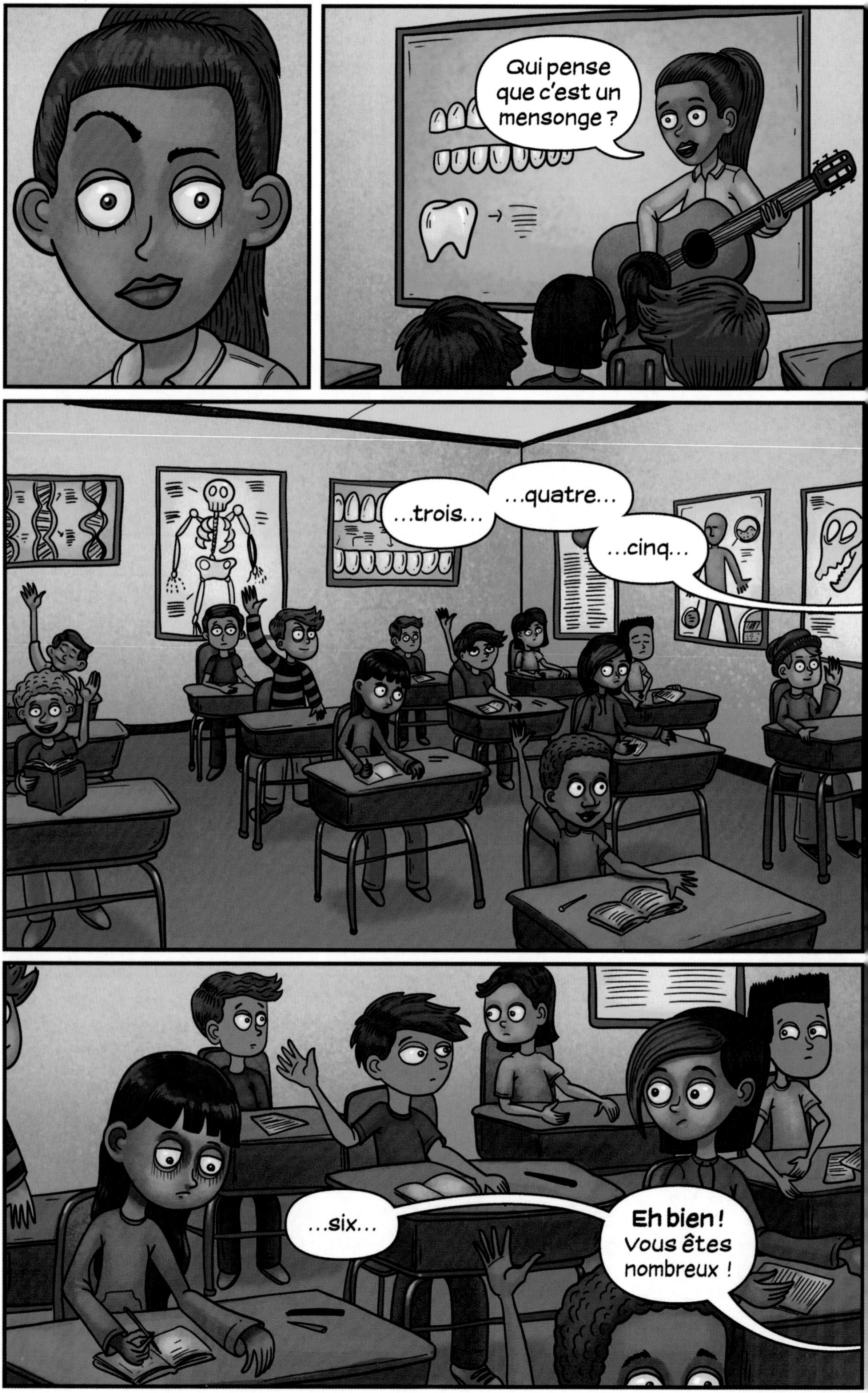
Qui pense que c'est un mensonge ?
...trois...
...quatre...
...cinq...
...six...
Eh bien ! Vous êtes nombreux !

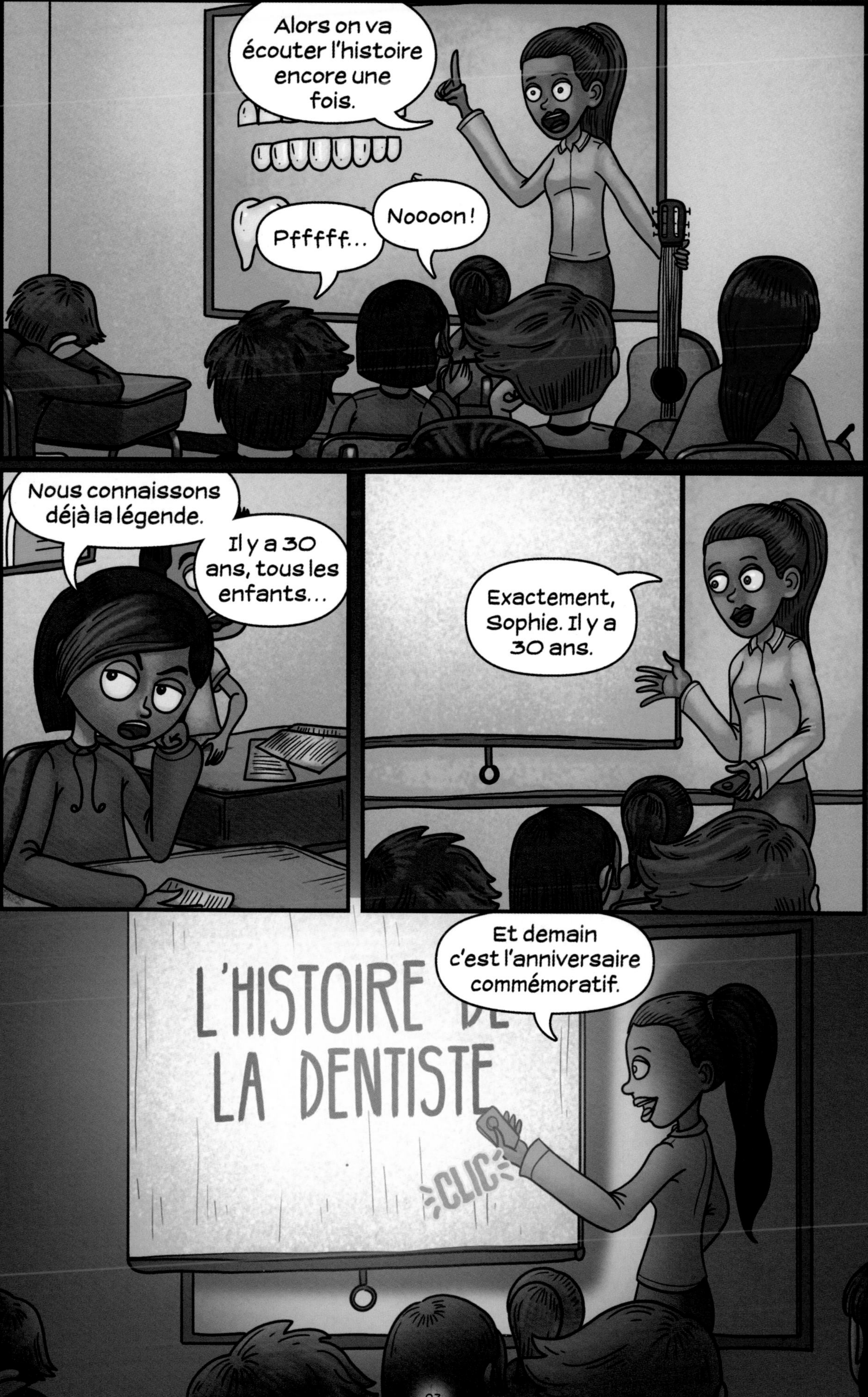
Alors on va écouter l'histoire encore une fois.
Pfffff...
Nooon!
Nous connaissons déjà la légende.
Il y a 30 ans, tous les enfants...
Exactement, Sophie. Il y a 30 ans.
Et demain c'est l'anniversaire commémoratif.
L'HISTOIRE DE LA DENTISTE
CLIC

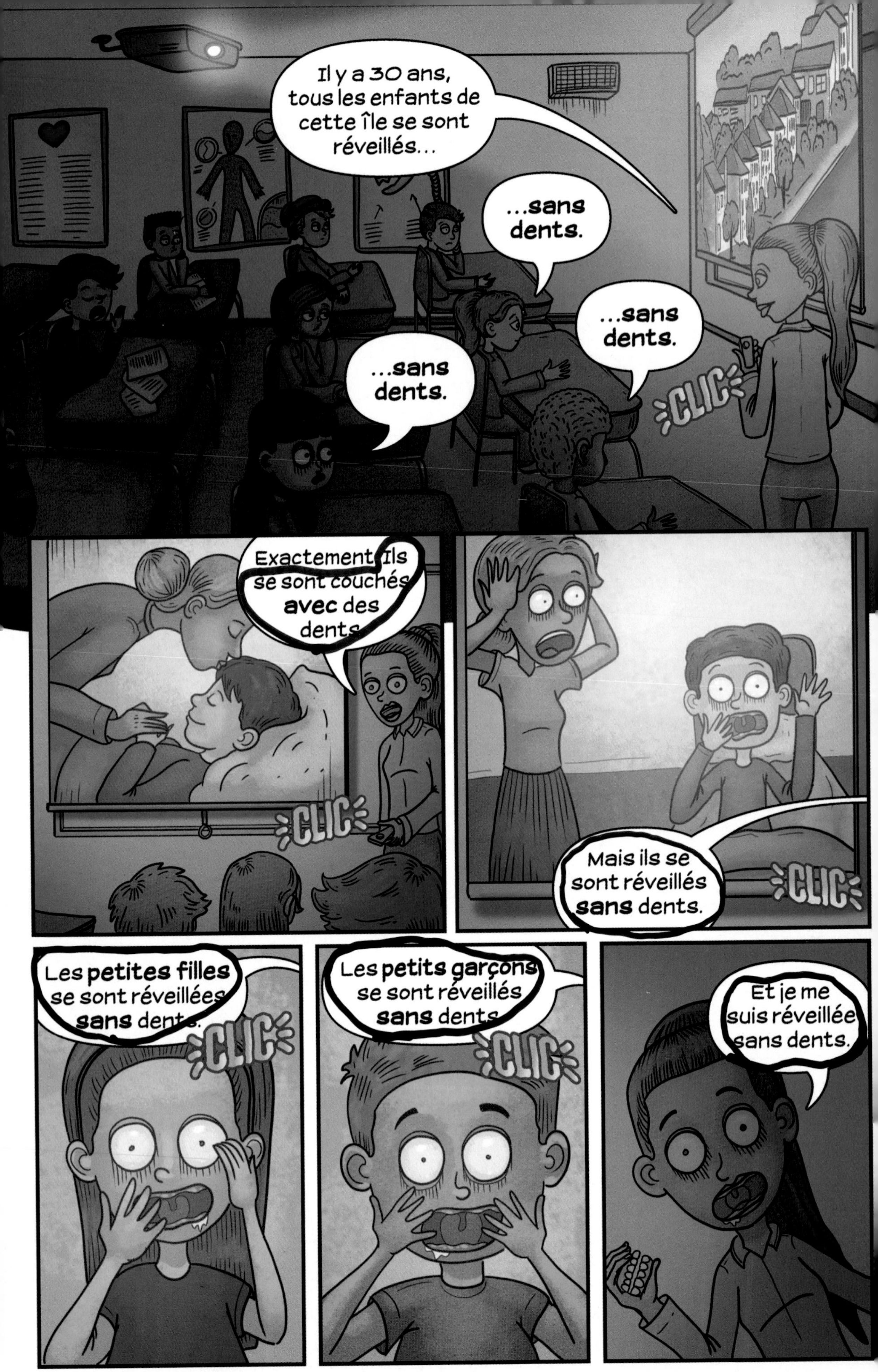
Il y a 30 ans, tous les enfants de cette île se sont réveillés…
…sans dents.
…sans dents.
…sans dents.
CLIC
Exactement. Ils se sont couchés avec des dents.
CLIC
Mais ils se sont réveillés sans dents.
CLIC
Les petites filles se sont réveillées sans dents.
CLIC
Les petits garçons se sont réveillés sans dents.
CLIC
Et je me suis réveillée sans dents.

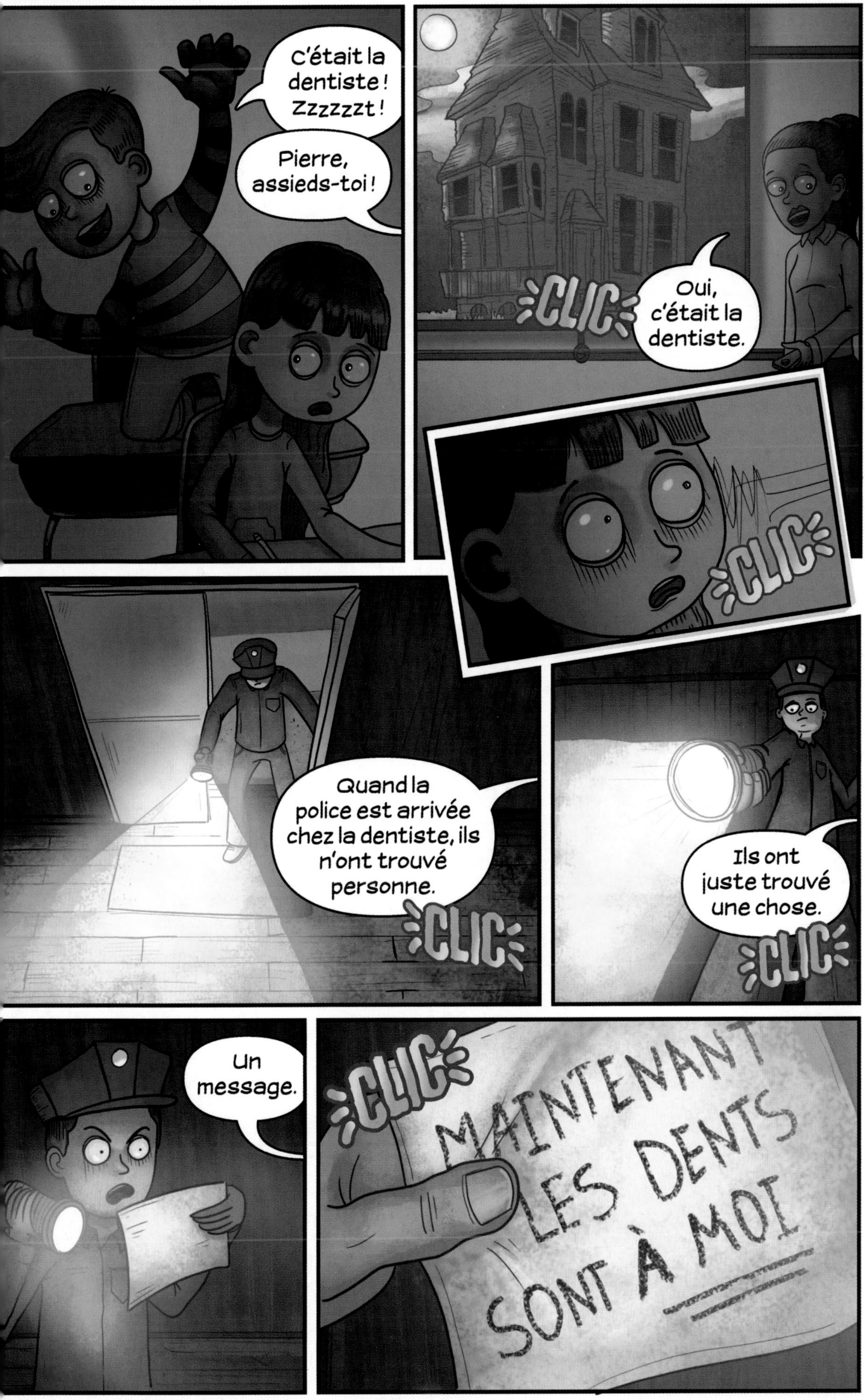
C'était la dentiste ! Zzzzzzt !
Pierre, assieds-toi !
CLIC
Oui, c'était la dentiste.
CLIC
Quand la police est arrivée chez la dentiste, ils n'ont trouvé personne.
CLIC
Ils ont juste trouvé une chose.
CLIC
Un message.
CLIC
MAINTENANT LES DENTS SONT À MOI

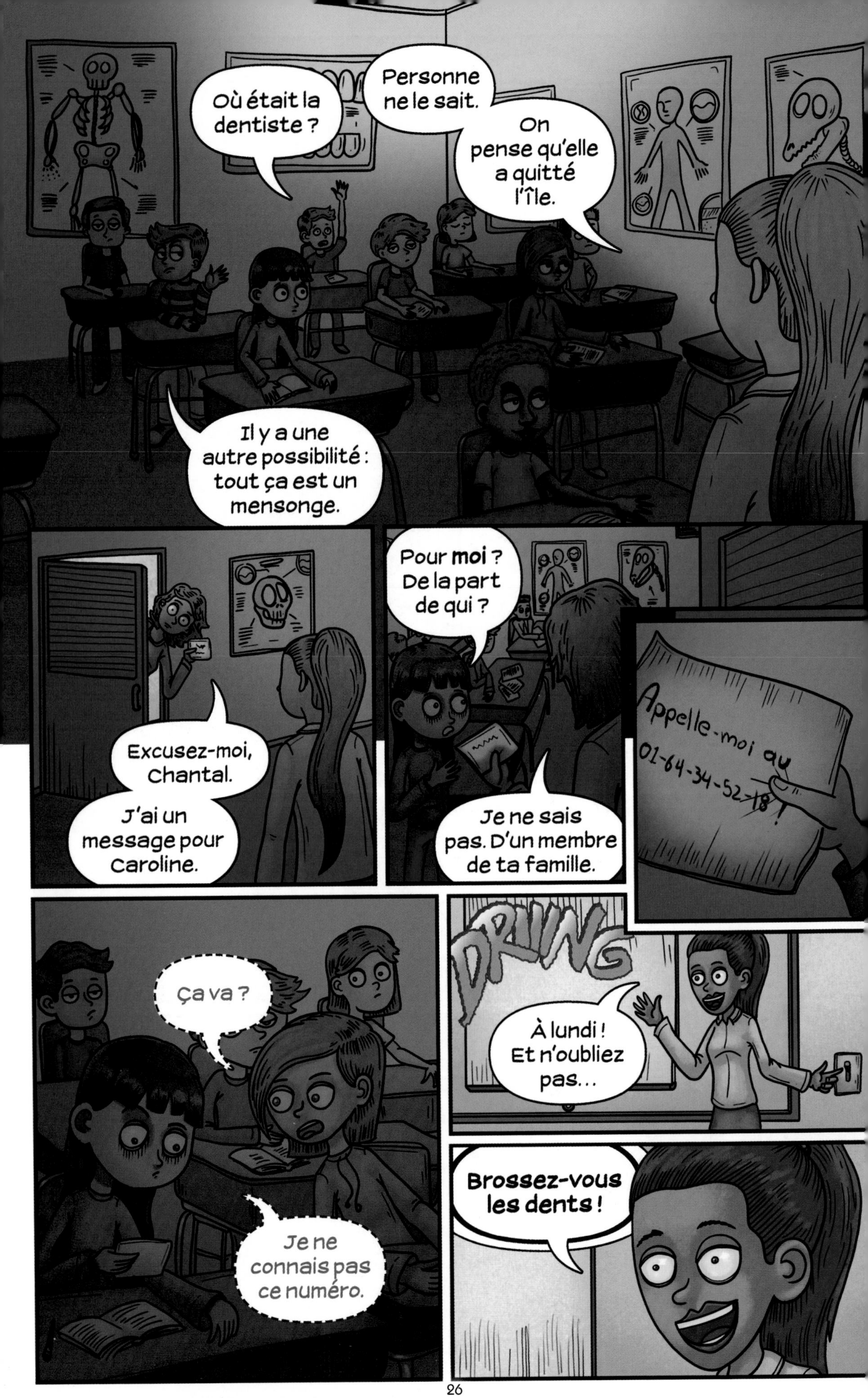
Où était la dentiste ?
Personne ne le sait.
On pense qu'elle a quitté l'Île.
Il y a une autre possibilité : tout ça est un mensonge.
Excusez-moi, Chantal.
J'ai un message pour Caroline.
Pour **moi** ? De la part de qui ?
Je ne sais pas. D'un membre de ta famille.
Appelle-moi au 01-64-34-52-18 !
Ça va ?
Je ne connais pas ce numéro.
DRING
À lundi ! Et n'oubliez pas...
Brossez-vous les dents !

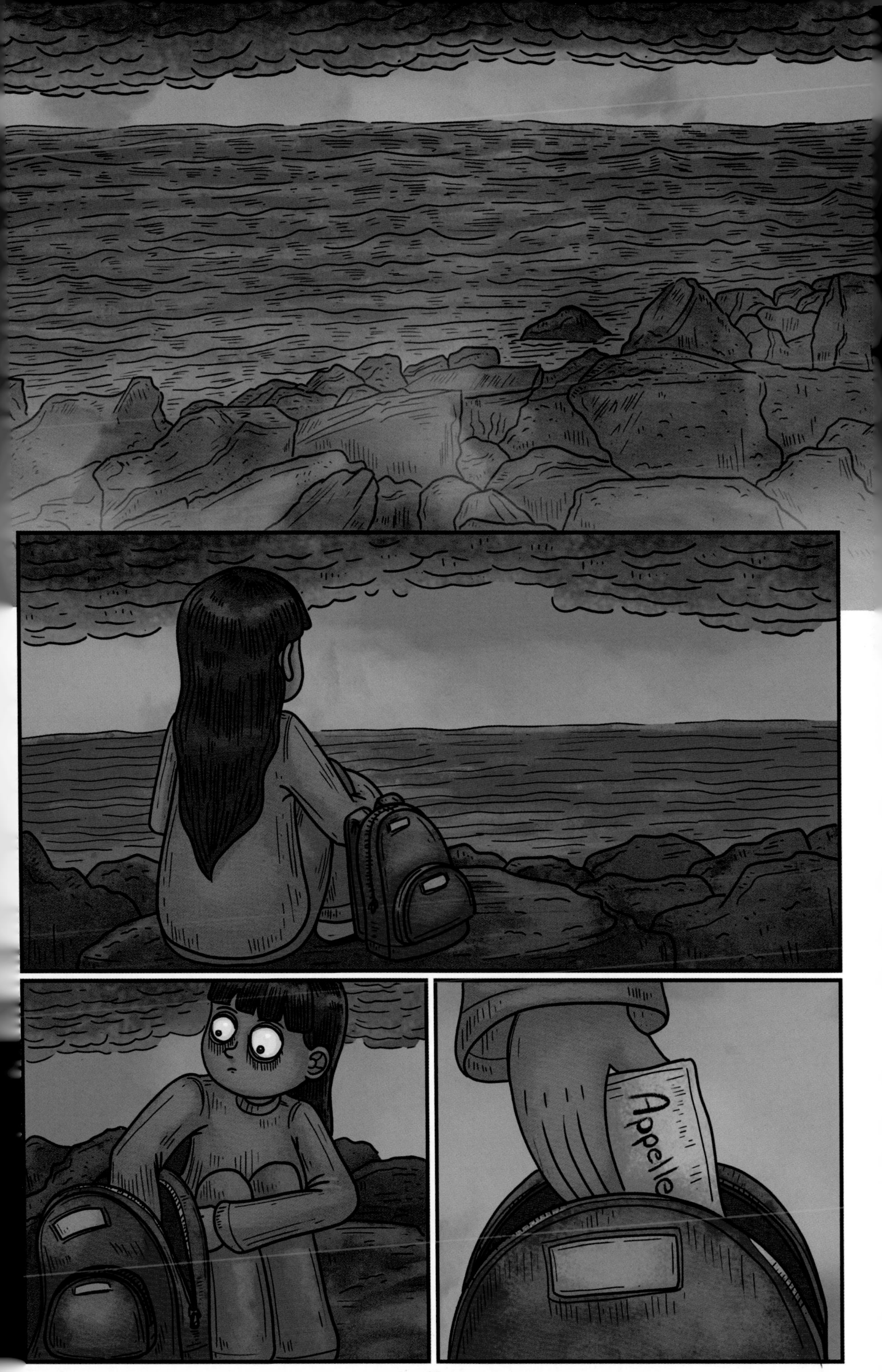
Appelle

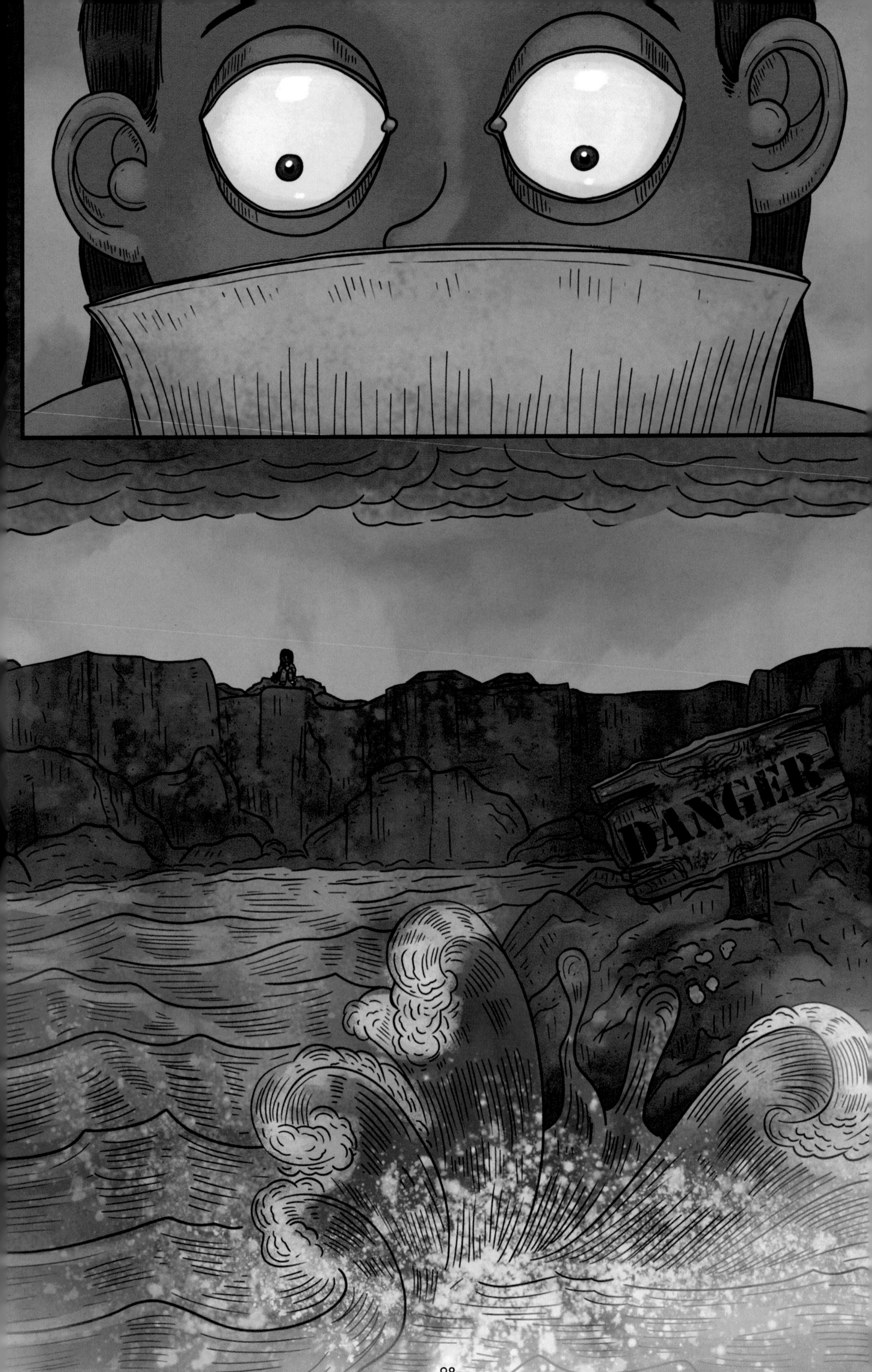
DANGER

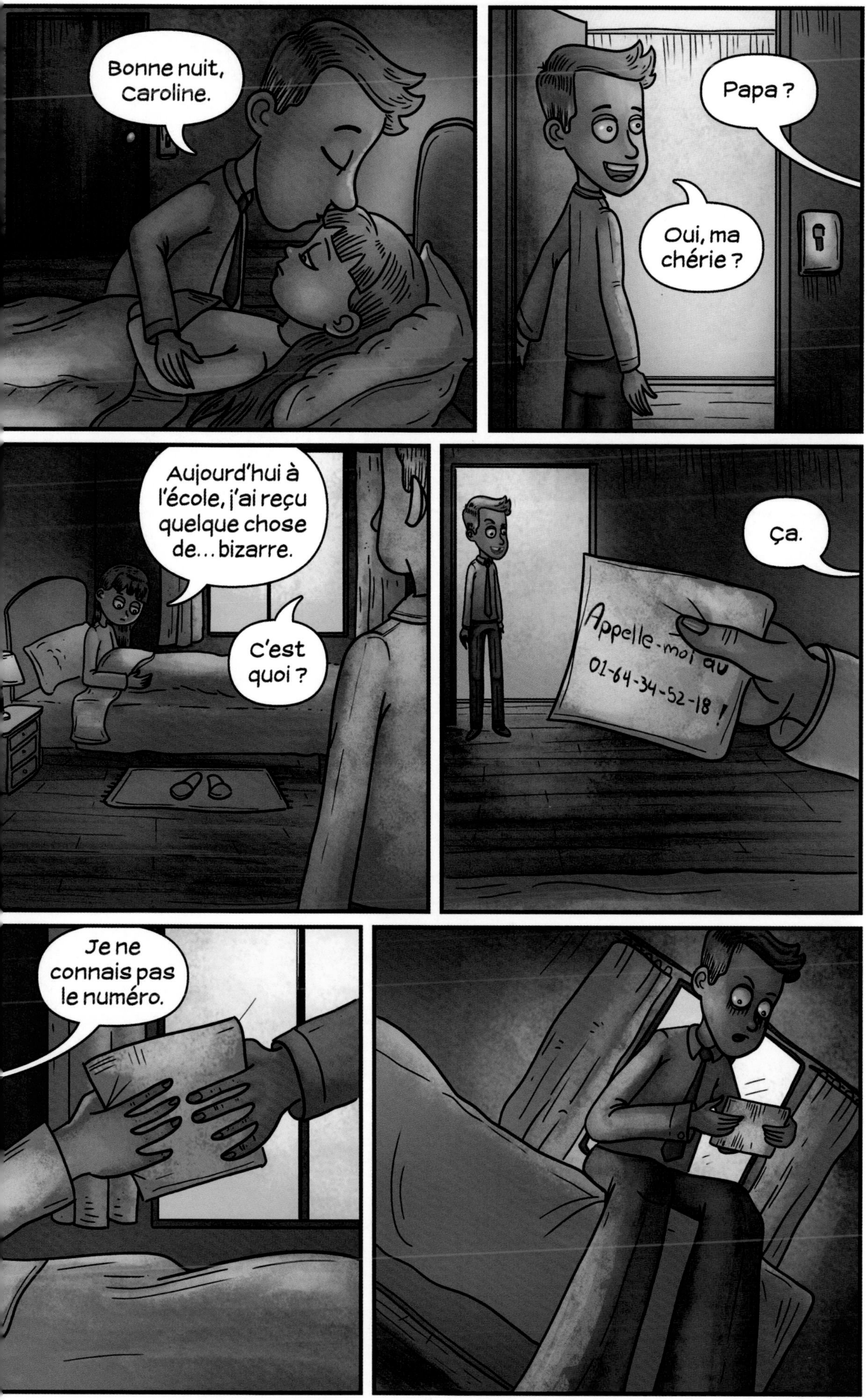
Bonne nuit, Caroline.
Papa ?
Oui, ma chérie ?
Aujourd'hui à l'école, j'ai reçu quelque chose de… bizarre.
C'est quoi ?
Ça.
Appelle-moi au 01-64-34-52-18 !
Je ne connais pas le numéro.

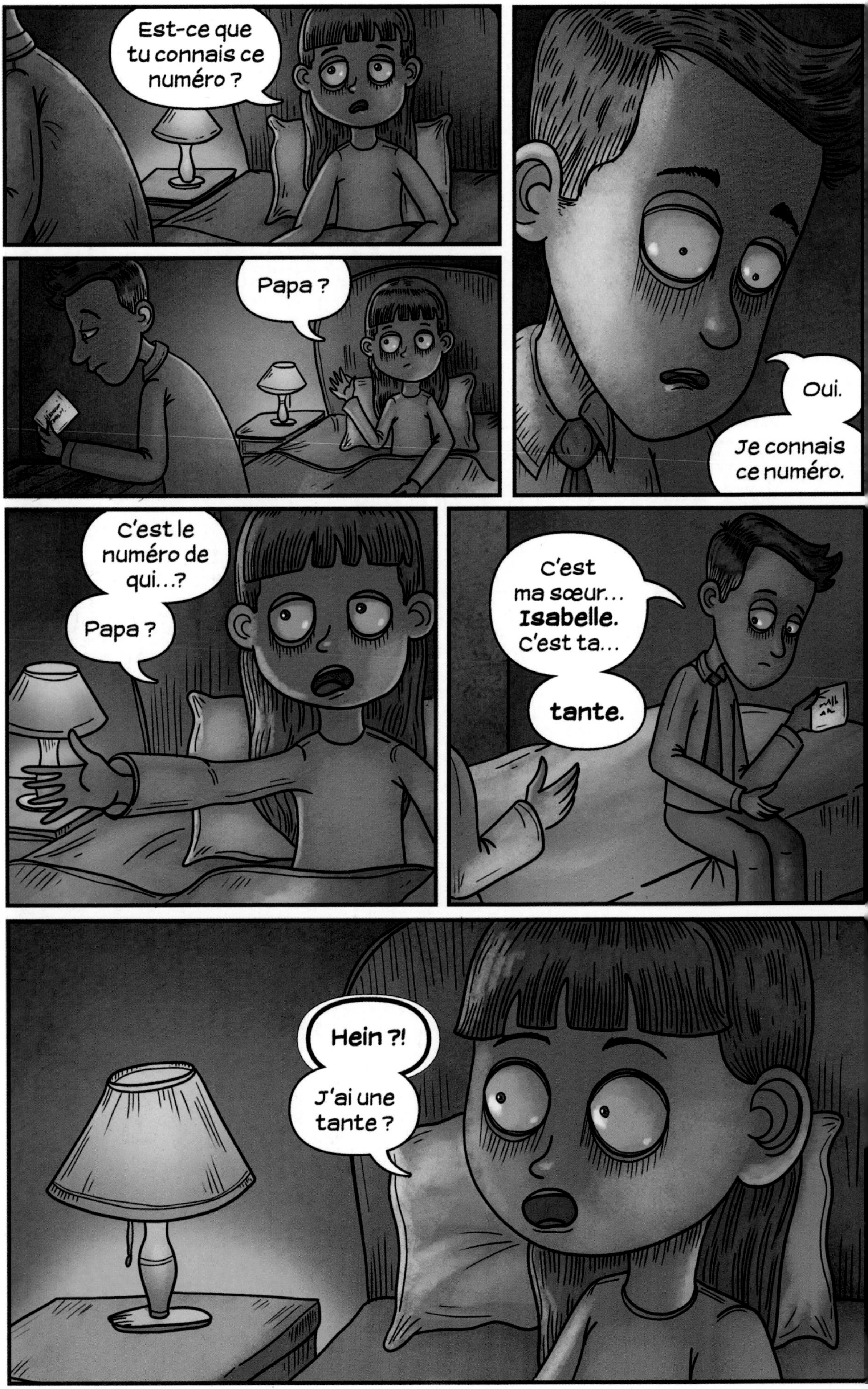
Est-ce que tu connais ce numéro ?
Papa ?
Oui.
Je connais ce numéro.
C'est le numéro de qui...?
Papa ?
C'est ma sœur... **Isabelle.** C'est ta...
tante.
Hein ?!
J'ai une tante ?

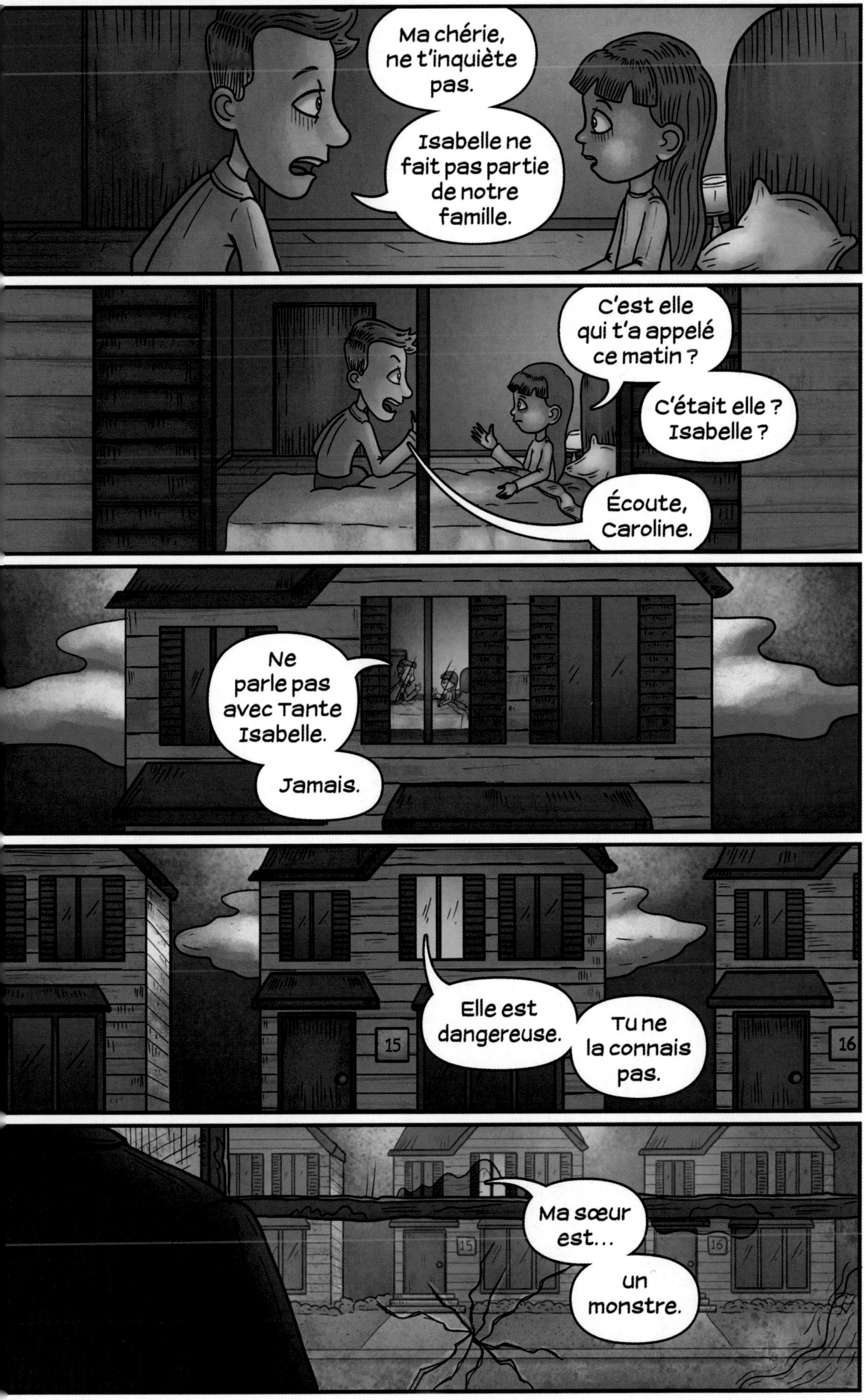
Ma chérie, ne t'inquiète pas.
Isabelle ne fait pas partie de notre famille.
C'est elle qui t'a appelé ce matin ?
C'était elle ? Isabelle ?
Écoute, Caroline.
Ne parle pas avec Tante Isabelle.
Jamais.
15
16
Elle est dangereuse.
Tu ne la connais pas.
15
16
Ma sœur est…
un monstre.

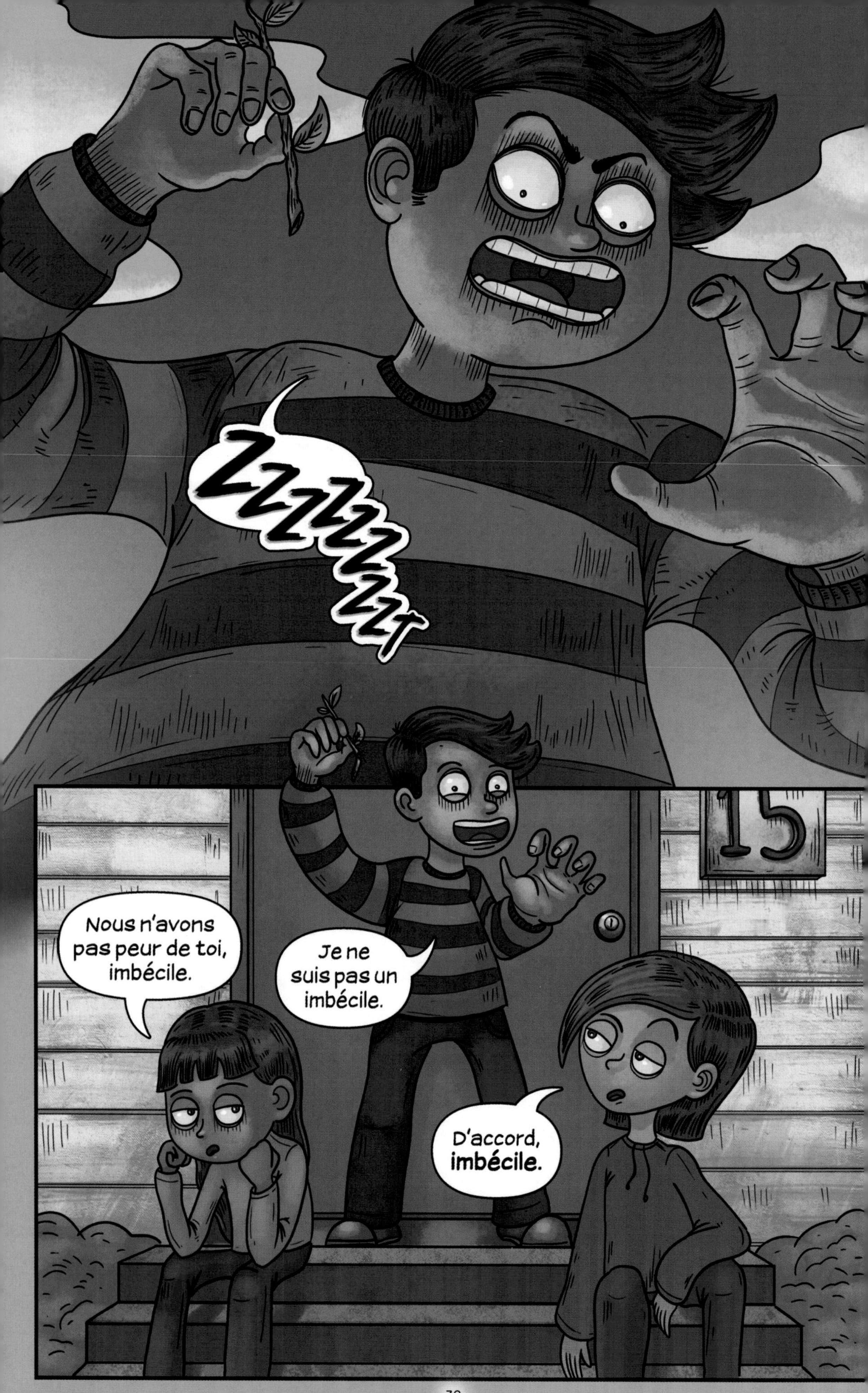
ZZZZZZZZT
Nous n'avons pas peur de toi, imbécile.
Je ne suis pas un imbécile.
D'accord, **imbécile.**

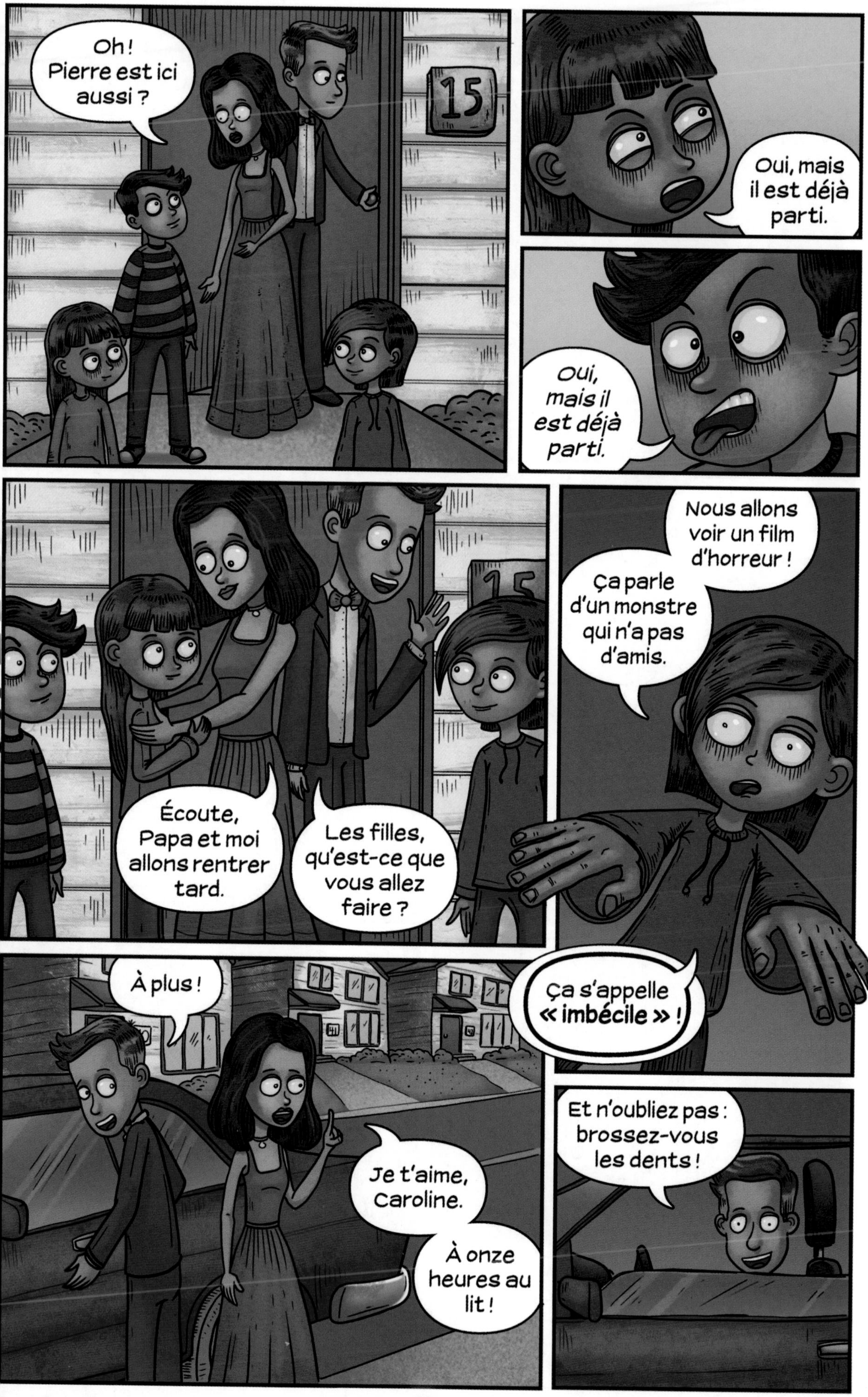
Oh ! Pierre est ici aussi ?
Oui, mais il est déjà parti.
Oui, mais il est déjà parti.
Écoute, Papa et moi allons rentrer tard.
Les filles, qu'est-ce que vous allez faire ?
Nous allons voir un film d'horreur !
Ça parle d'un monstre qui n'a pas d'amis.
Ça s'appelle **« imbécile »** !
À plus !
Je t'aime, Caroline.
À onze heures au lit !
Et n'oubliez pas : brossez-vous les dents !

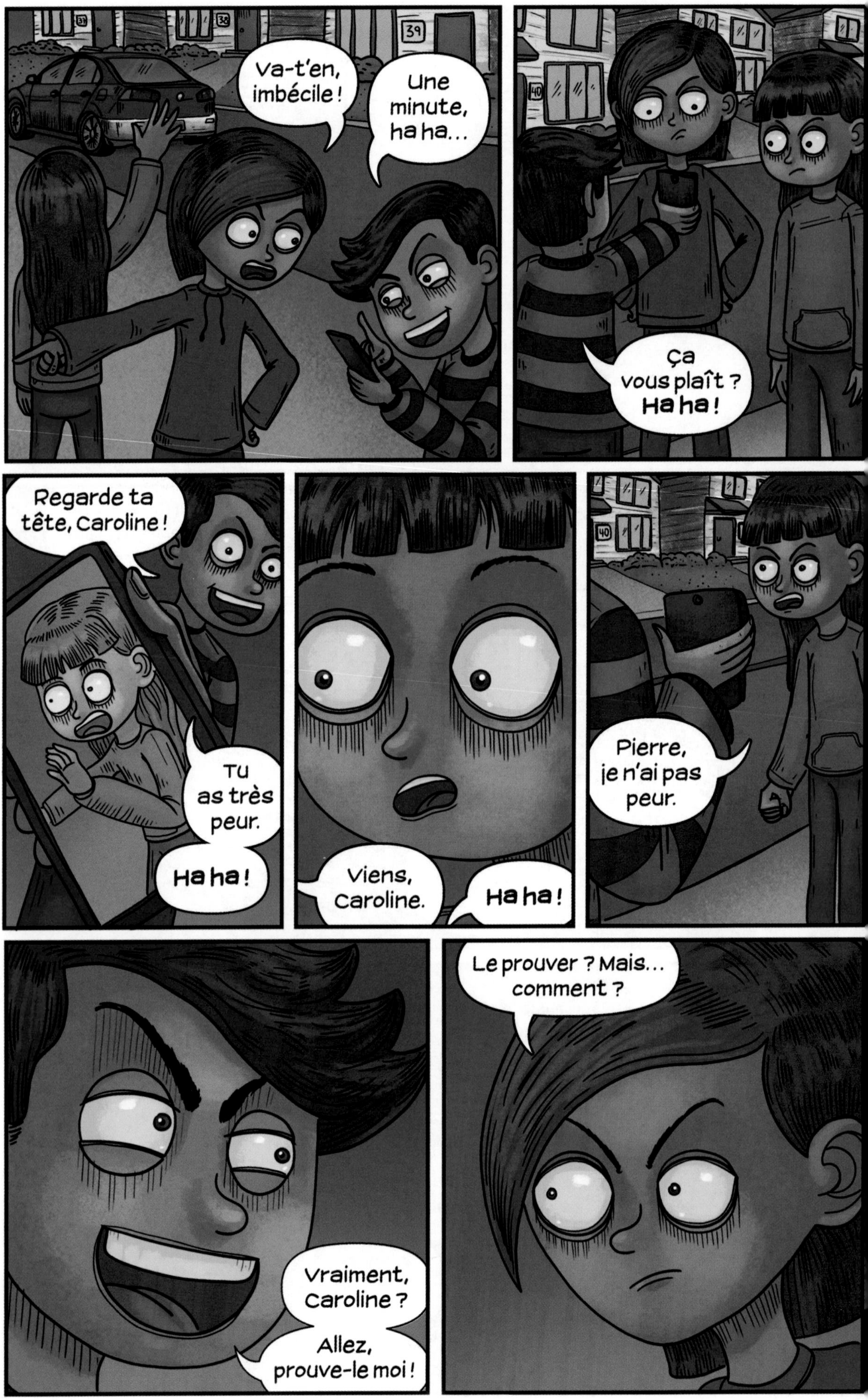
Va-t'en, imbécile !
Une minute, ha ha...
Ça vous plaît ? Ha ha !
Regarde ta tête, Caroline !
Tu as très peur.
Ha ha !
Viens, Caroline.
Ha ha !
Pierre, je n'ai pas peur.
Vraiment, Caroline ?
Allez, prouve-le moi !
Le prouver ? Mais... comment ?

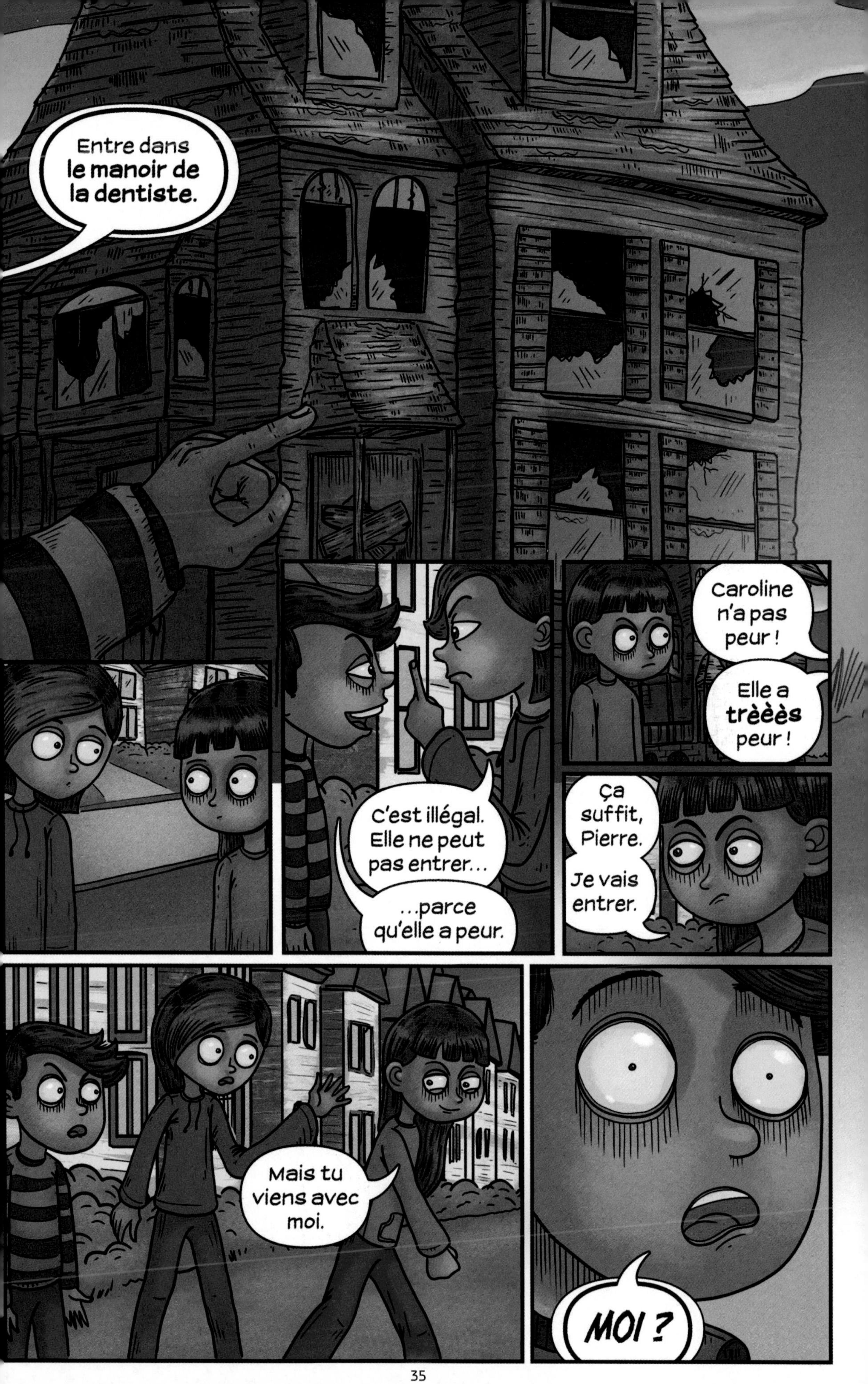
Entre dans le manoir de la dentiste.
C'est illégal. Elle ne peut pas entrer…
…parce qu'elle a peur.
Caroline n'a pas peur !
Elle a trèèès peur !
Ça suffit, Pierre.
Je vais entrer.
Mais tu viens avec moi.
MOI ?

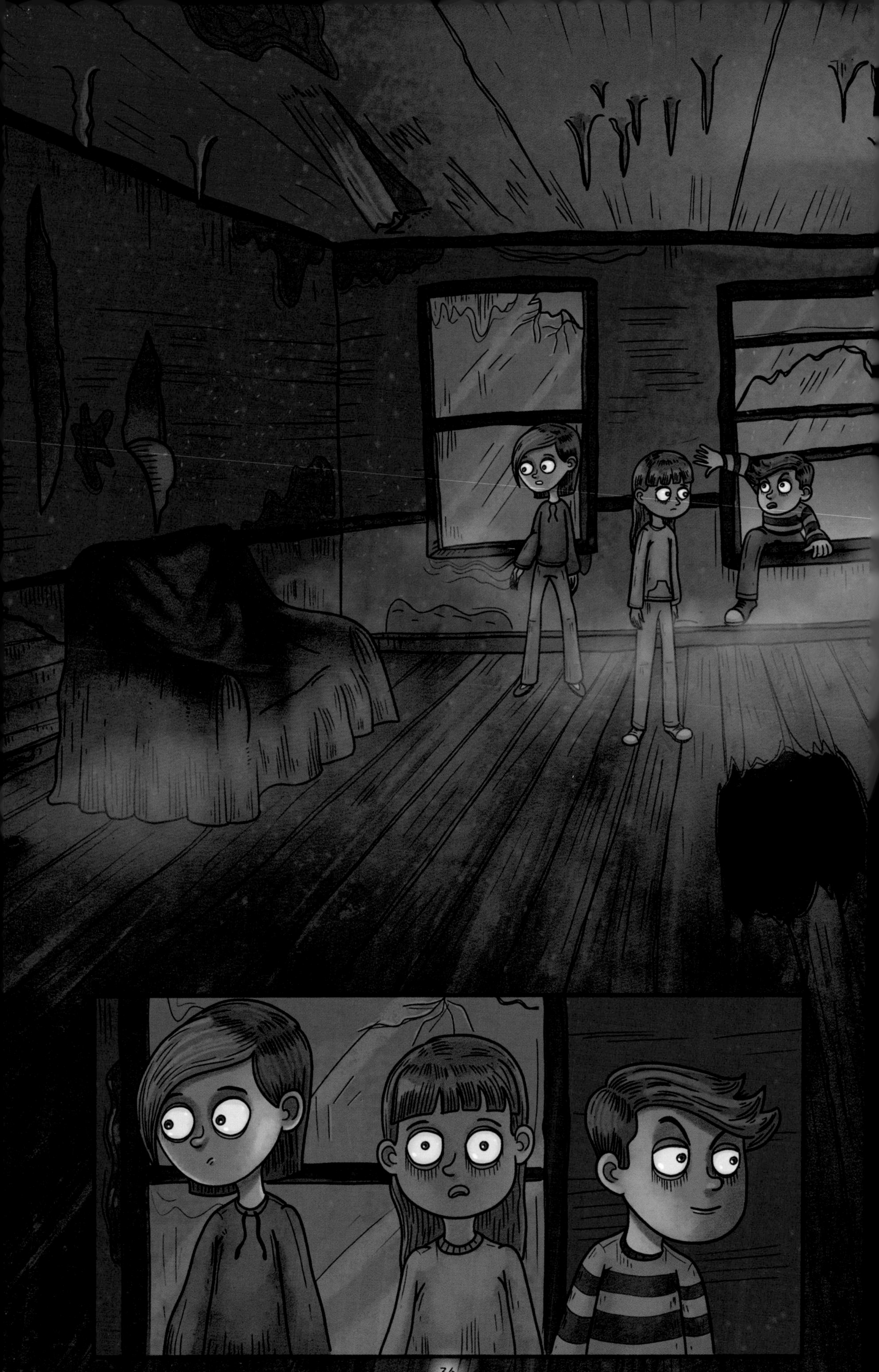

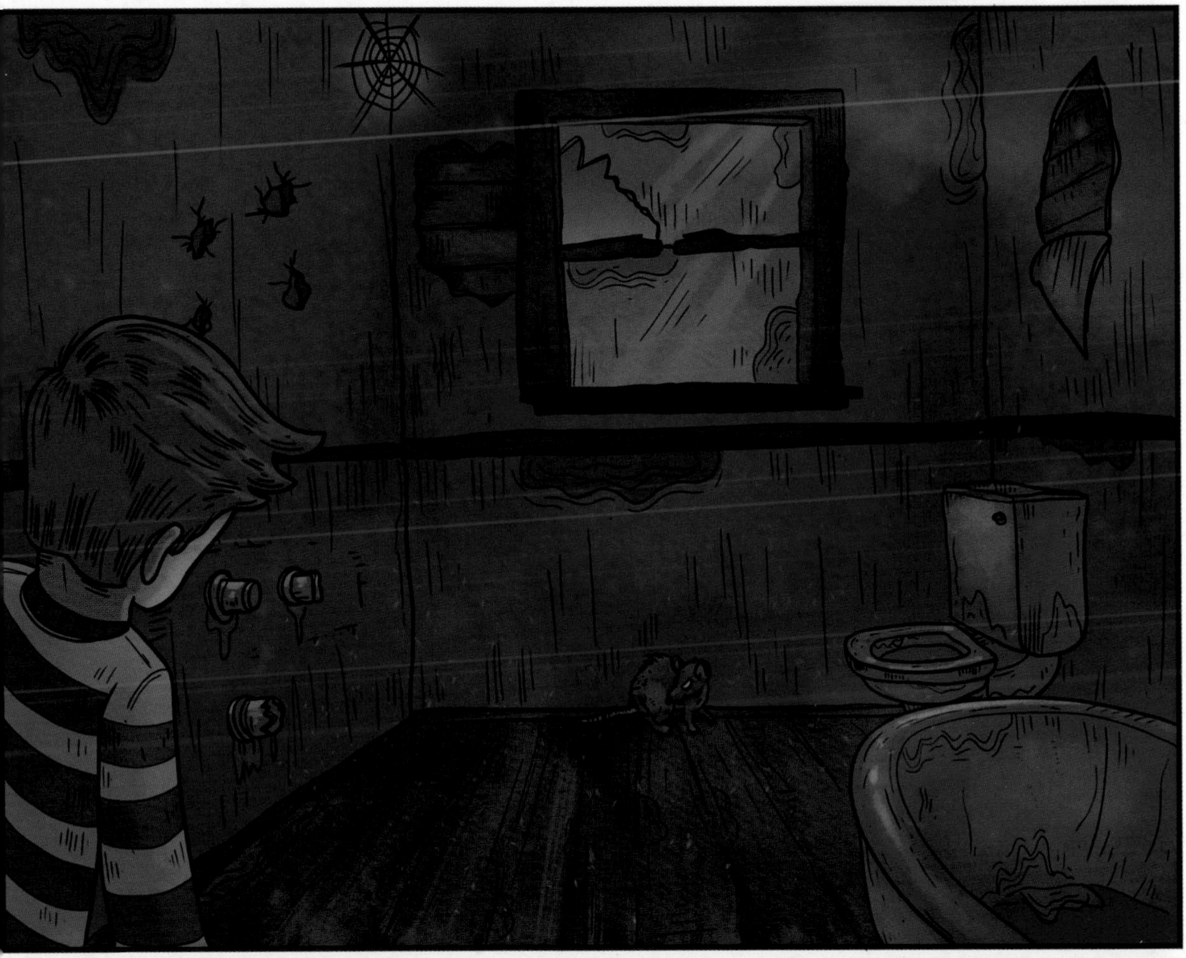

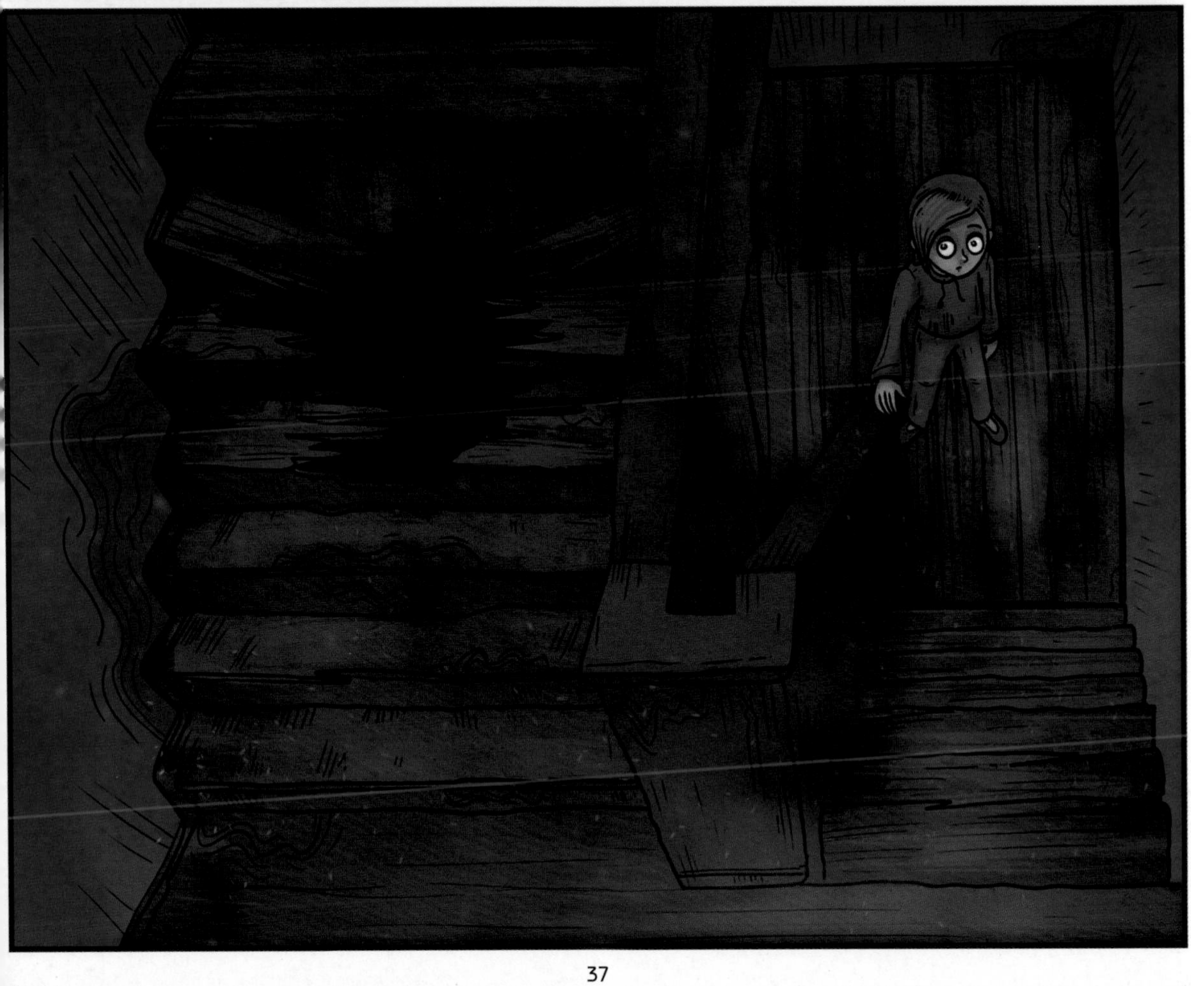

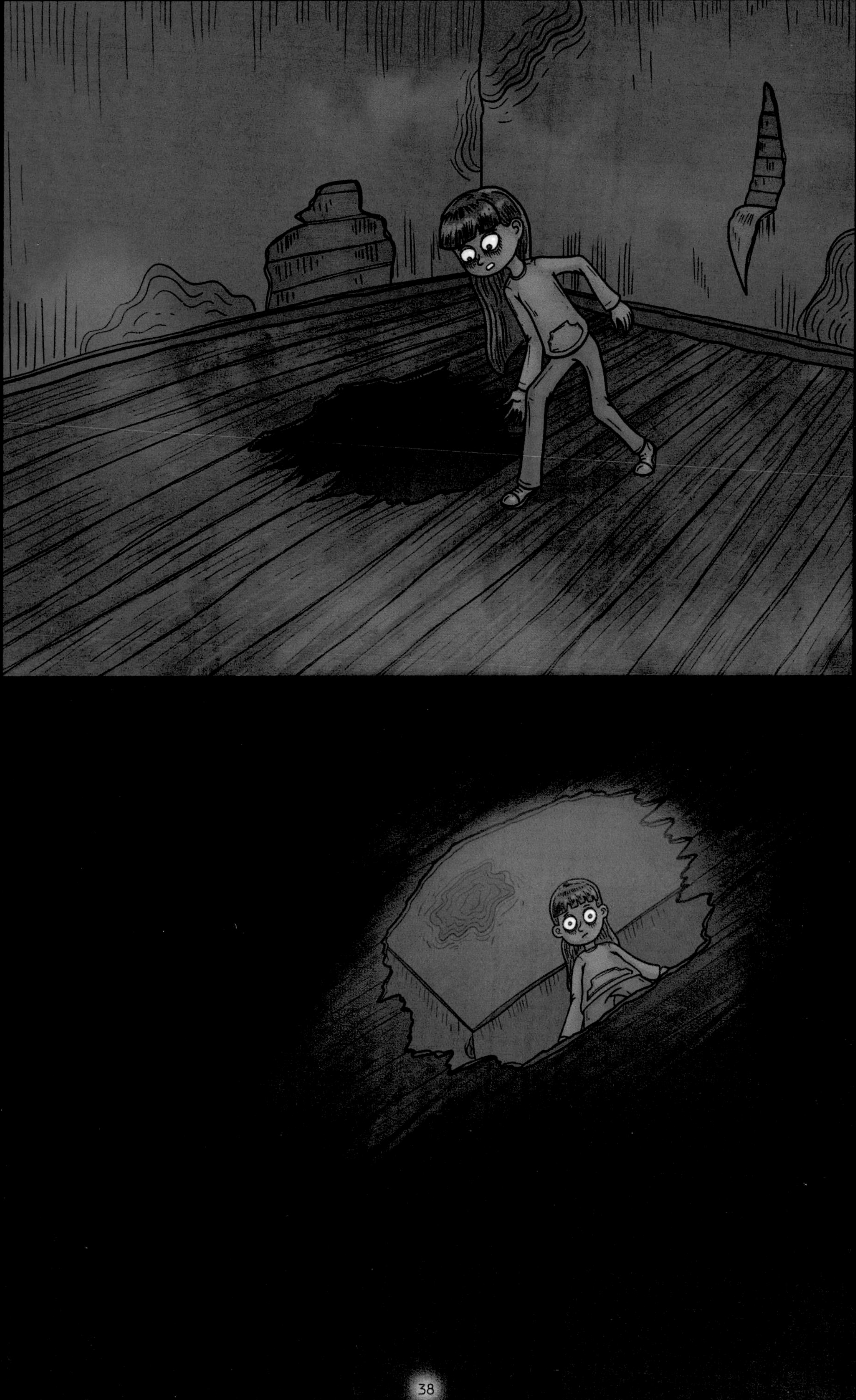

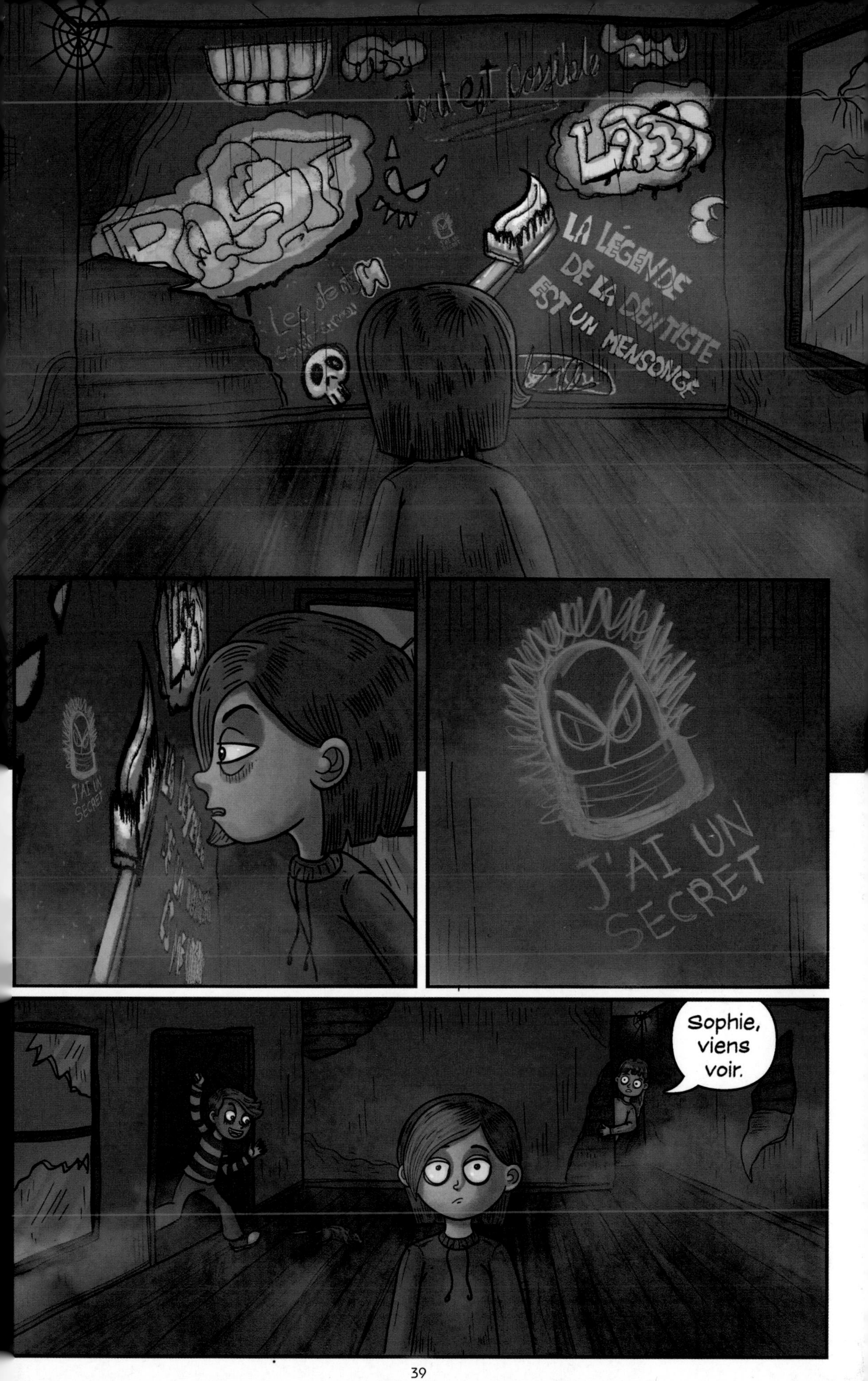
tout est possible
LA LÉGENDE DE LA DENTISTE EST UN MENSONGE
J'AI UN SECRET
J'AI UN SECRET
Sophie, viens voir.

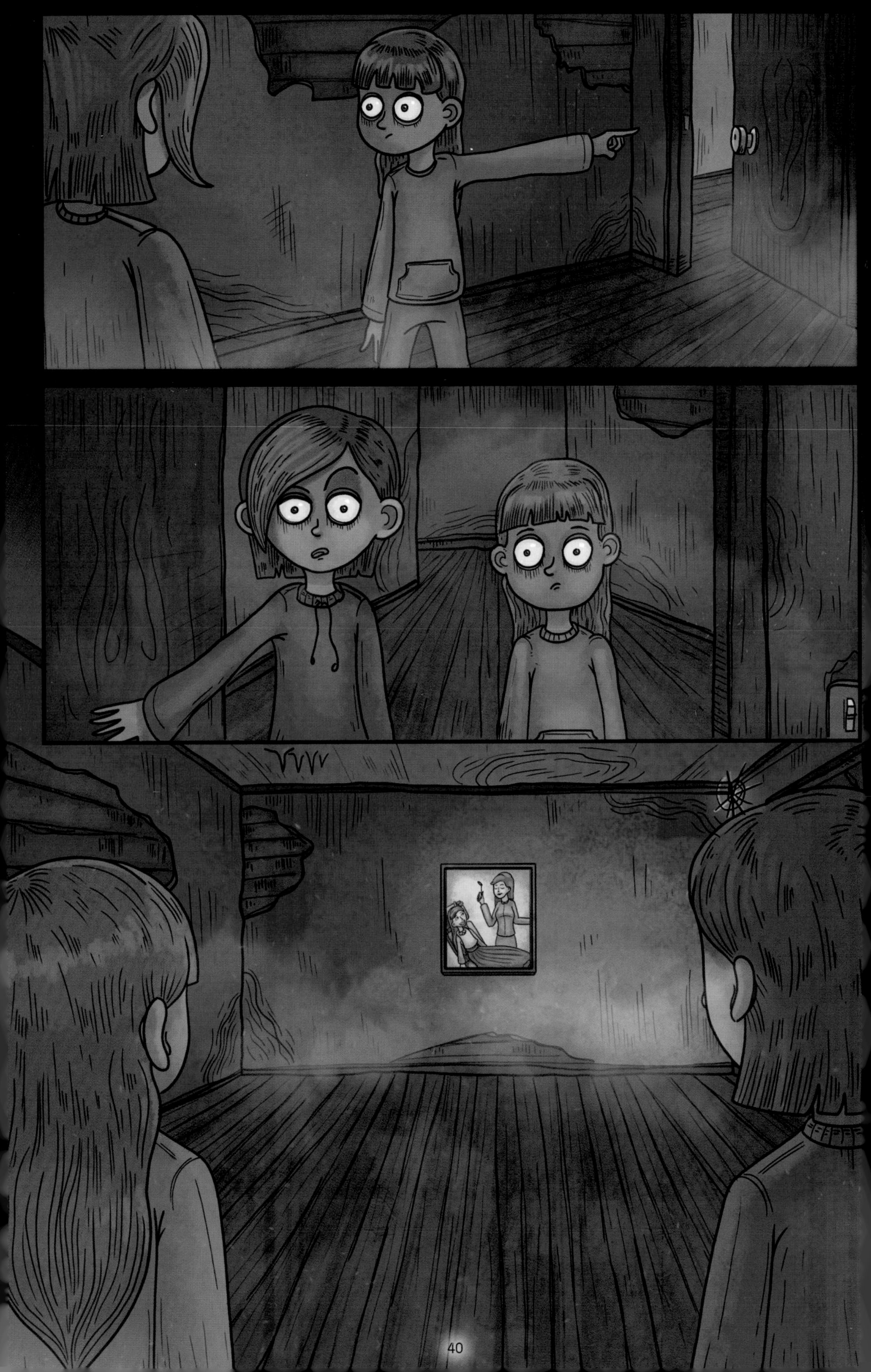

Ha ha ! Génial !

C'est à moi !

Ne le touche pas !

Pierre, non !

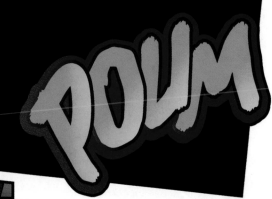

POUM

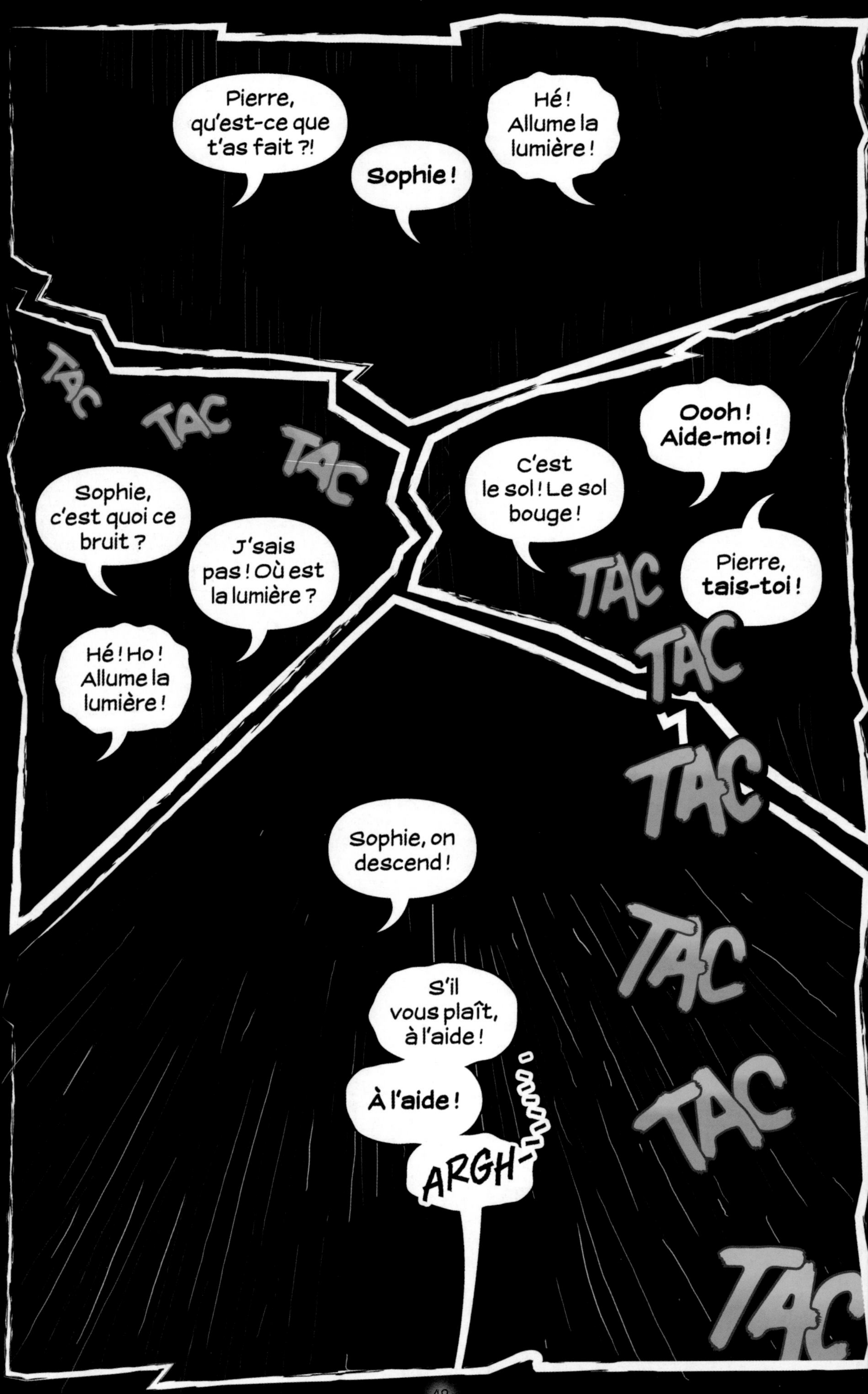

Pierre, qu'est-ce que t'as fait ?!
Sophie !
Hé ! Allume la lumière !
TAC
TAC
TAC
Sophie, c'est quoi ce bruit ?
J'sais pas ! Où est la lumière ?
Hé ! Ho ! Allume la lumière !
Oooh ! Aide-moi !
C'est le sol ! Le sol bouge !
TAC
Pierre, **tais-toi** !
TAC
TAC
Sophie, on descend !
TAC
S'il vous plaît, à l'aide !
À l'aide !
ARGH-
TAC
TAC

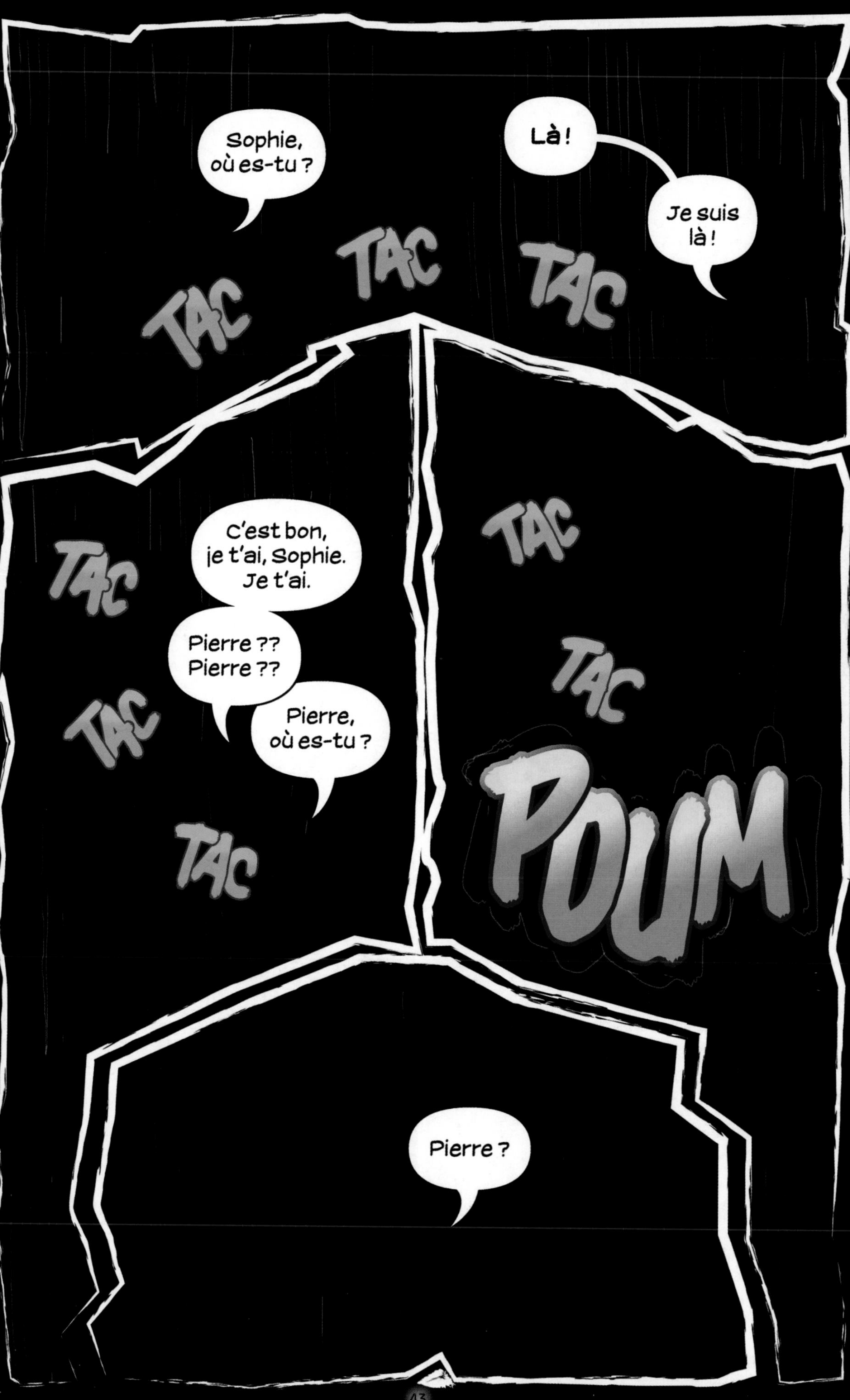
Sophie,
où es-tu ?
Là !
Je suis
là !
TAC
TAC
TAC
C'est bon,
je t'ai, Sophie.
Je t'ai.
TAC
Pierre ??
Pierre ??
TAC
Pierre,
où es-tu ?
TAC
TAC
TAC
POUM
Pierre ?

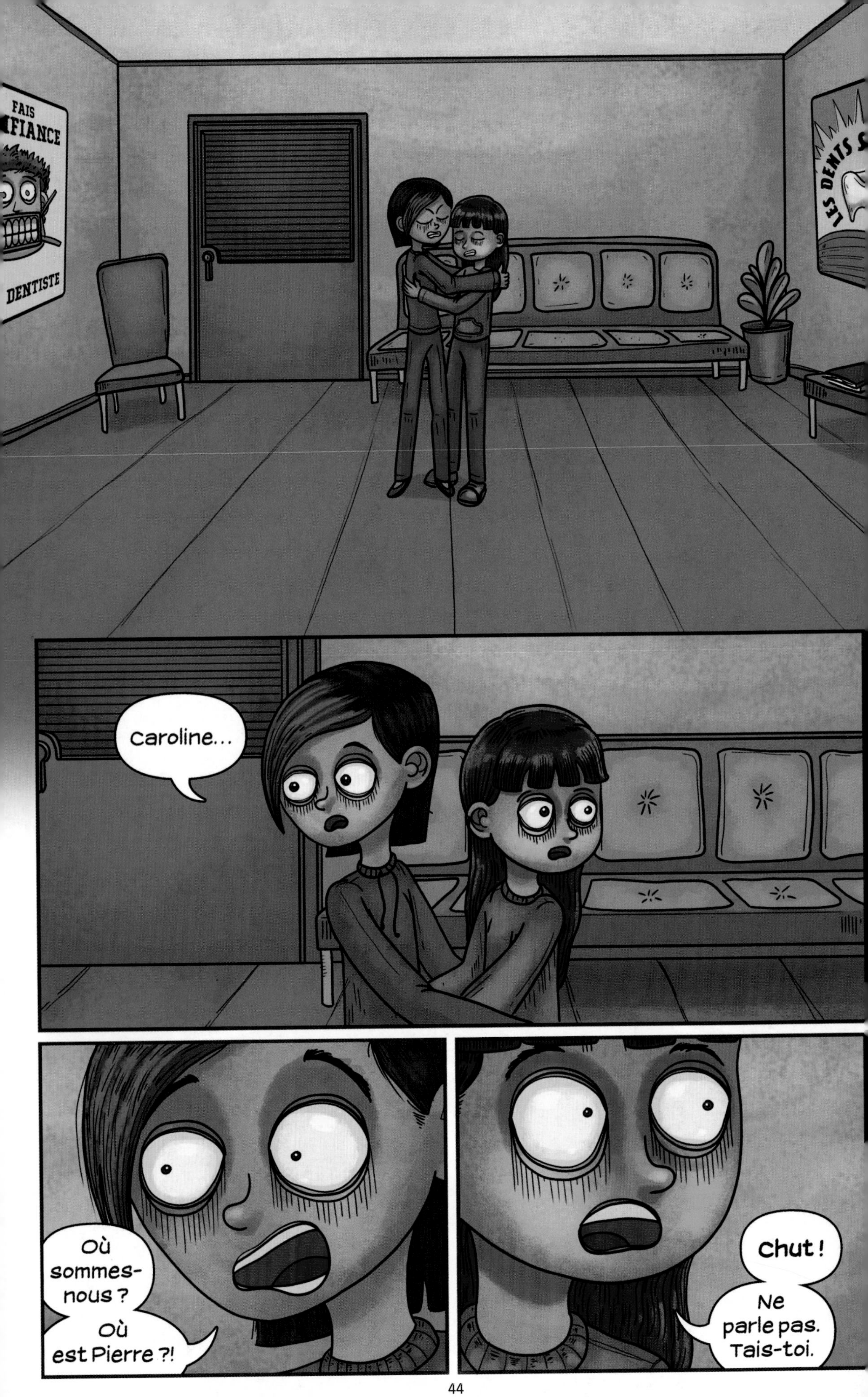
FAIS
DENTISTE
LES DENTS
Caroline...
Où sommes-nous ? Où est Pierre ?!
Chut !
Ne parle pas. Tais-toi.

FAIS
CONFIANCE
À TA DENTIST
LE MAGAZINE DES EXTRACTIONS
TU AS
BEAUCOUP
DE CARIES
RÉCEPTIONNISTE
RÉCEPTIONNISTE
LES DENTS

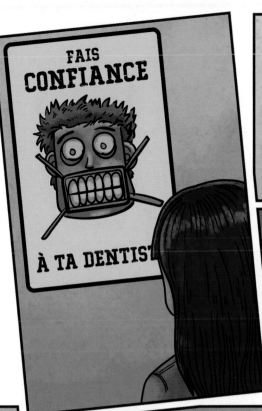

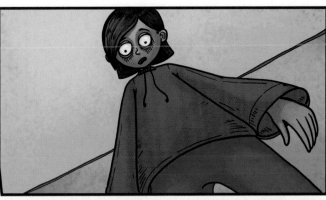

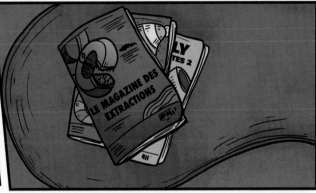

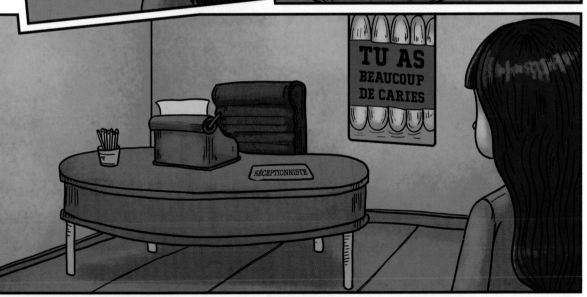

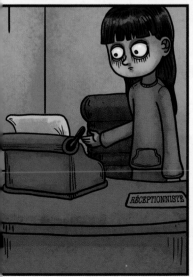

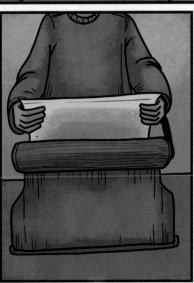

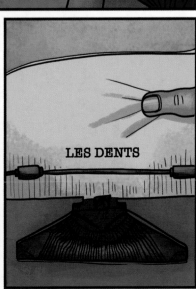

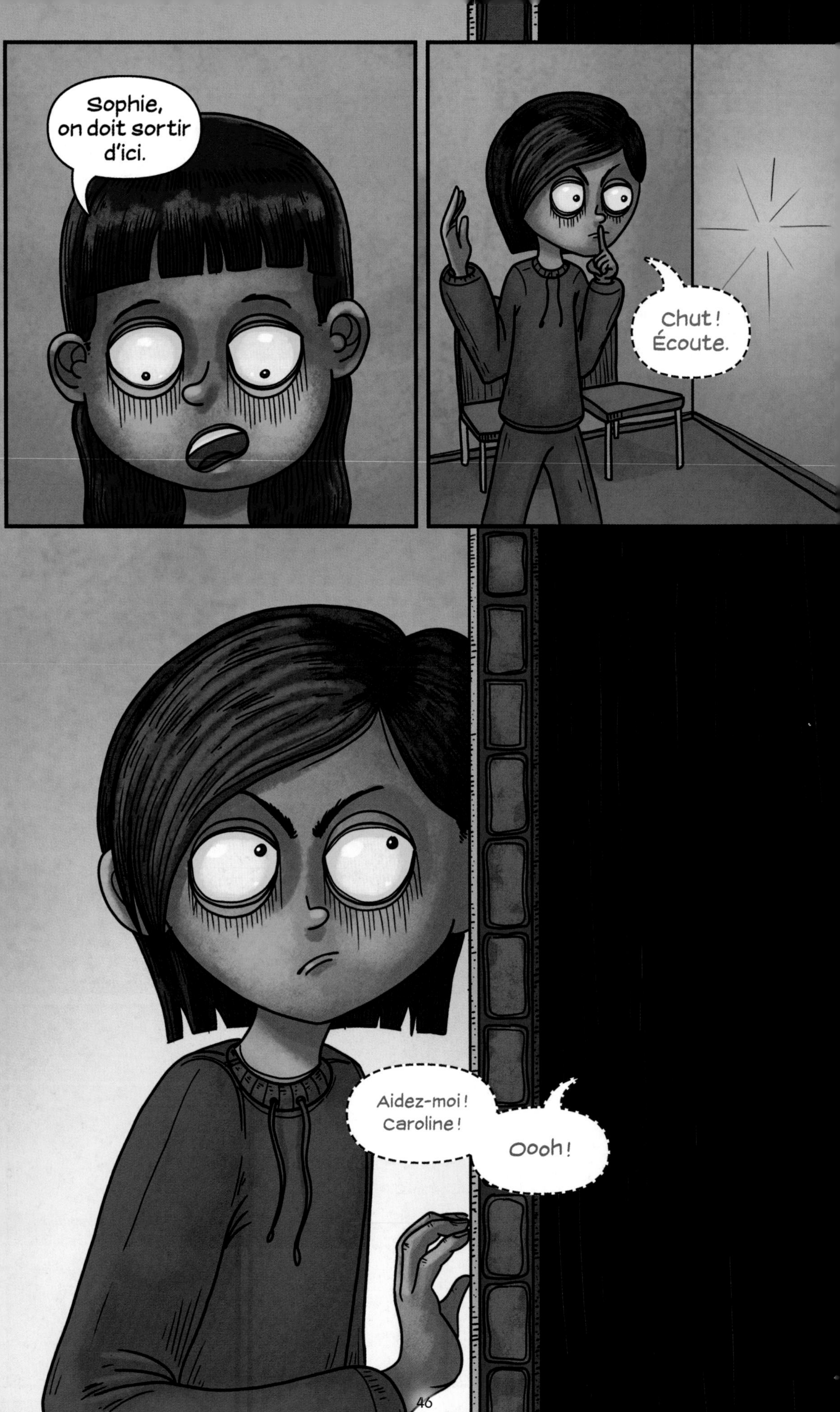
Sophie, on doit sortir d'ici.
Chut ! Écoute.
Aidez-moi ! Caroline !
Oooh !

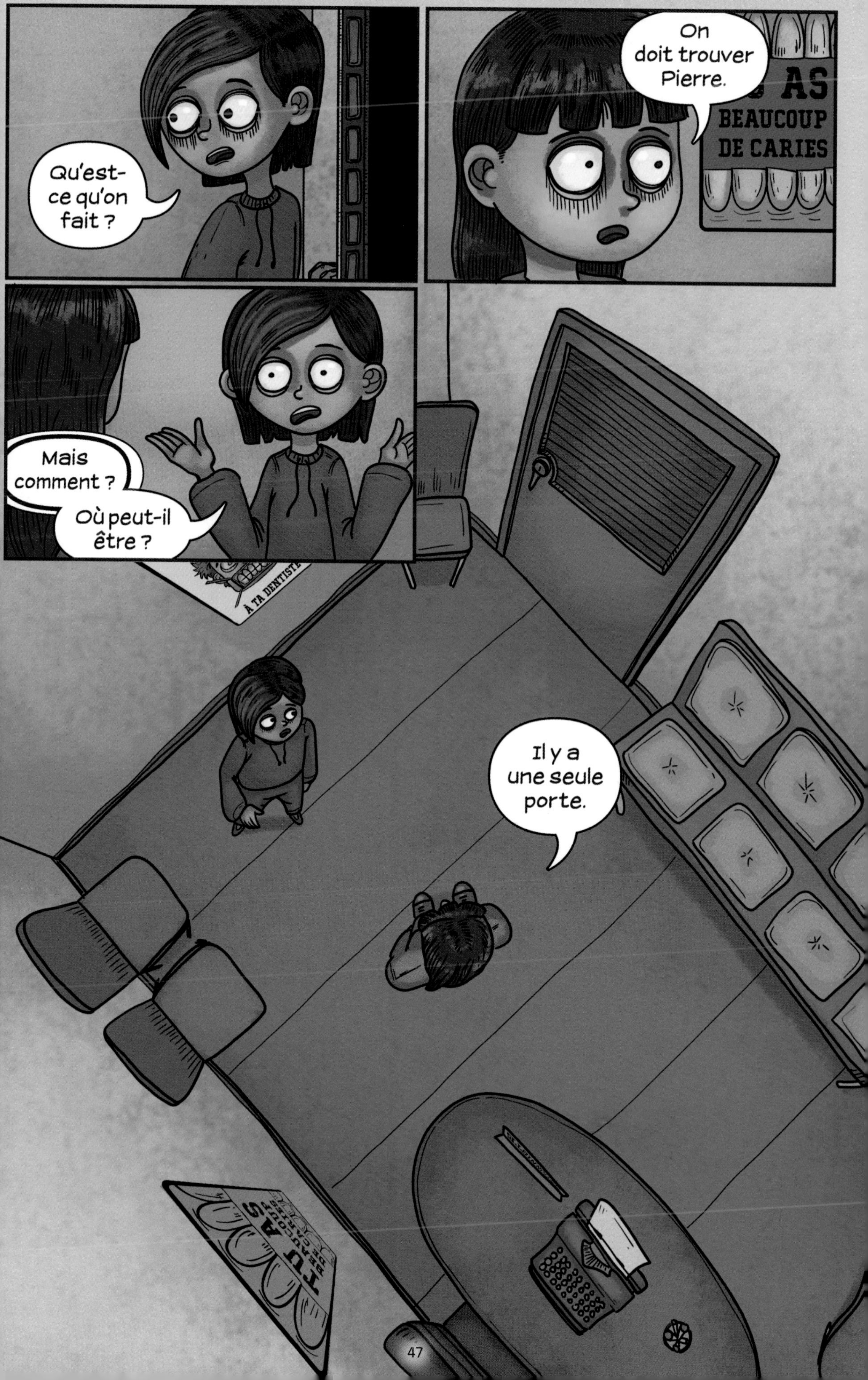
Qu'est-ce qu'on fait ?
On doit trouver Pierre.
AS
BEAUCOUP
DE CARIES
Mais comment ?
Où peut-il être ?
À TA DENTISTE
Il y a une seule porte.
TU AS

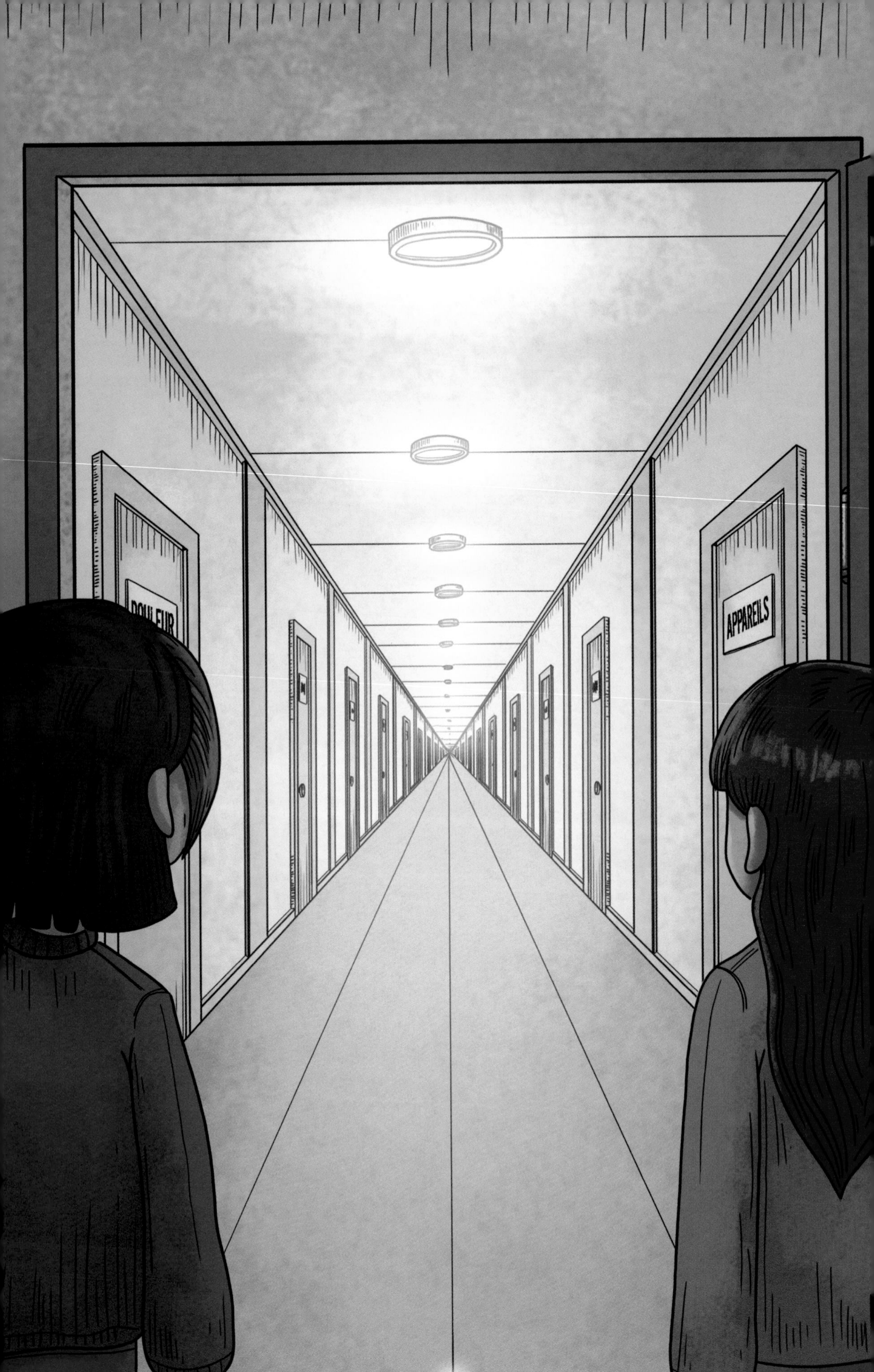
DOULEUR
APPAREILS

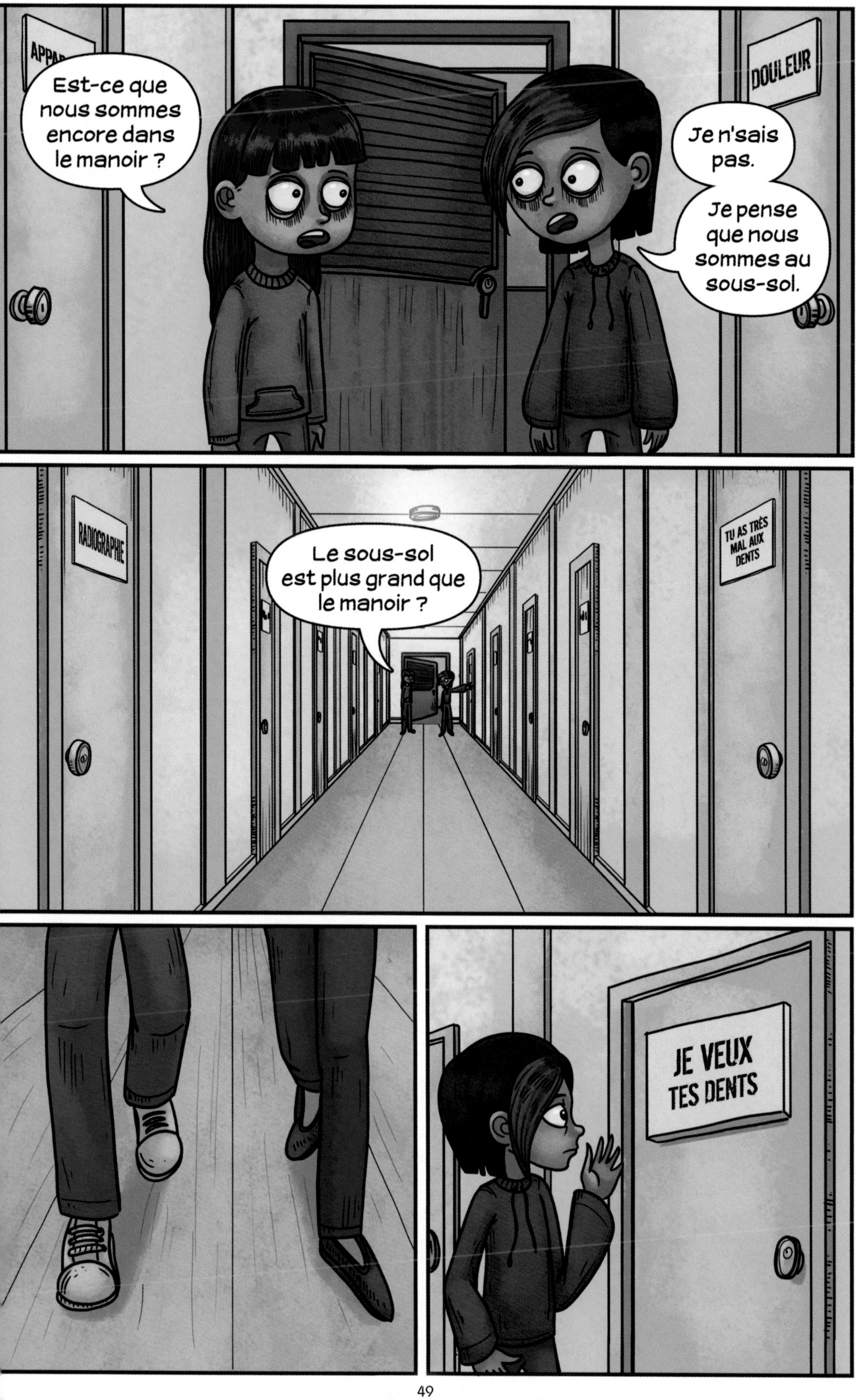
DOULEUR
Est-ce que nous sommes encore dans le manoir ?
Je n'sais pas.
Je pense que nous sommes au sous-sol.
RADIOGRAPHIE
TU AS TRÈS MAL AUX DENTS
Le sous-sol est plus grand que le manoir ?
JE VEUX TES DENTS

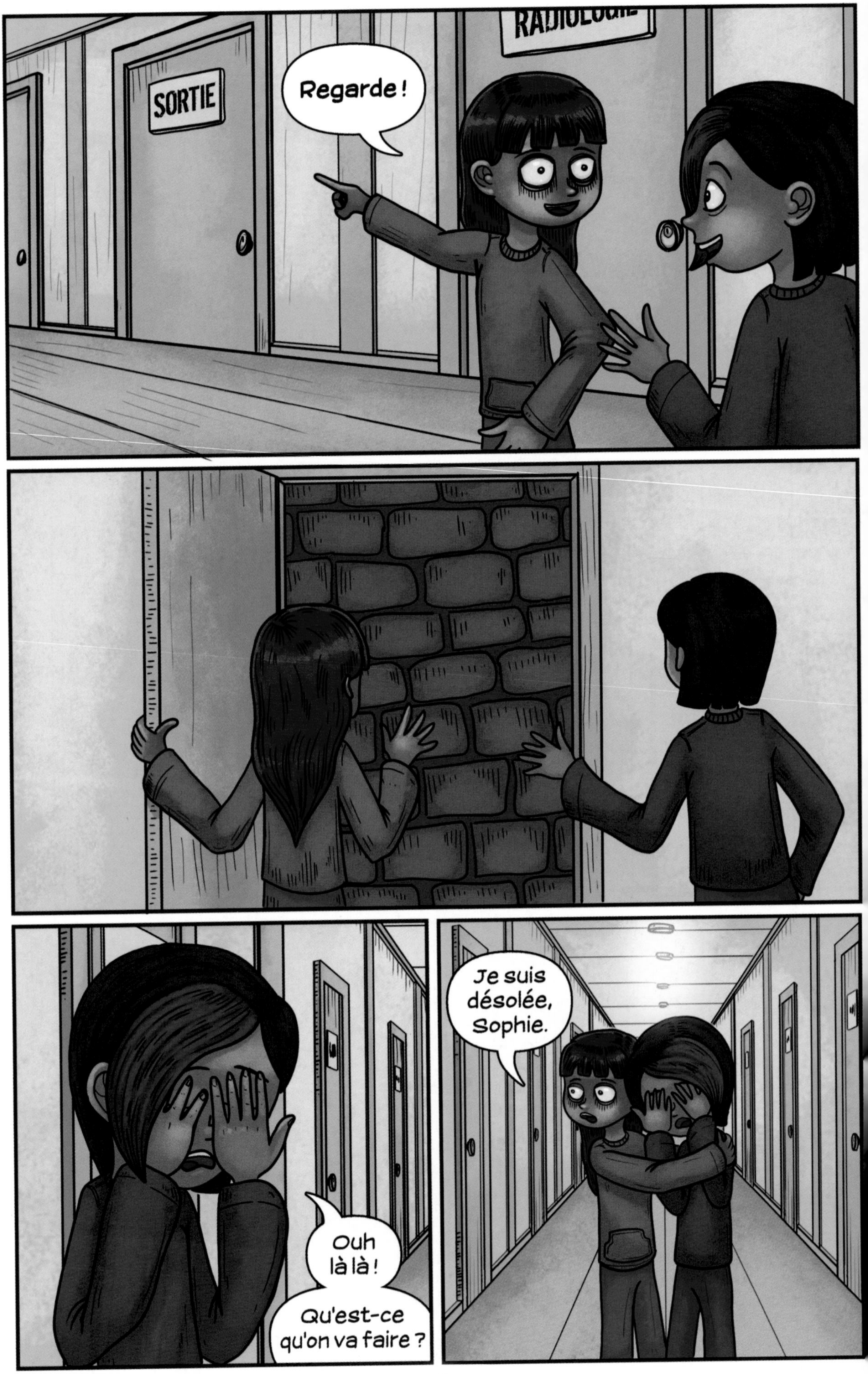
RADIOLOGIE
SORTIE
Regarde !
Ouh là là !
Qu'est-ce qu'on va faire ?
Je suis désolée, Sophie.

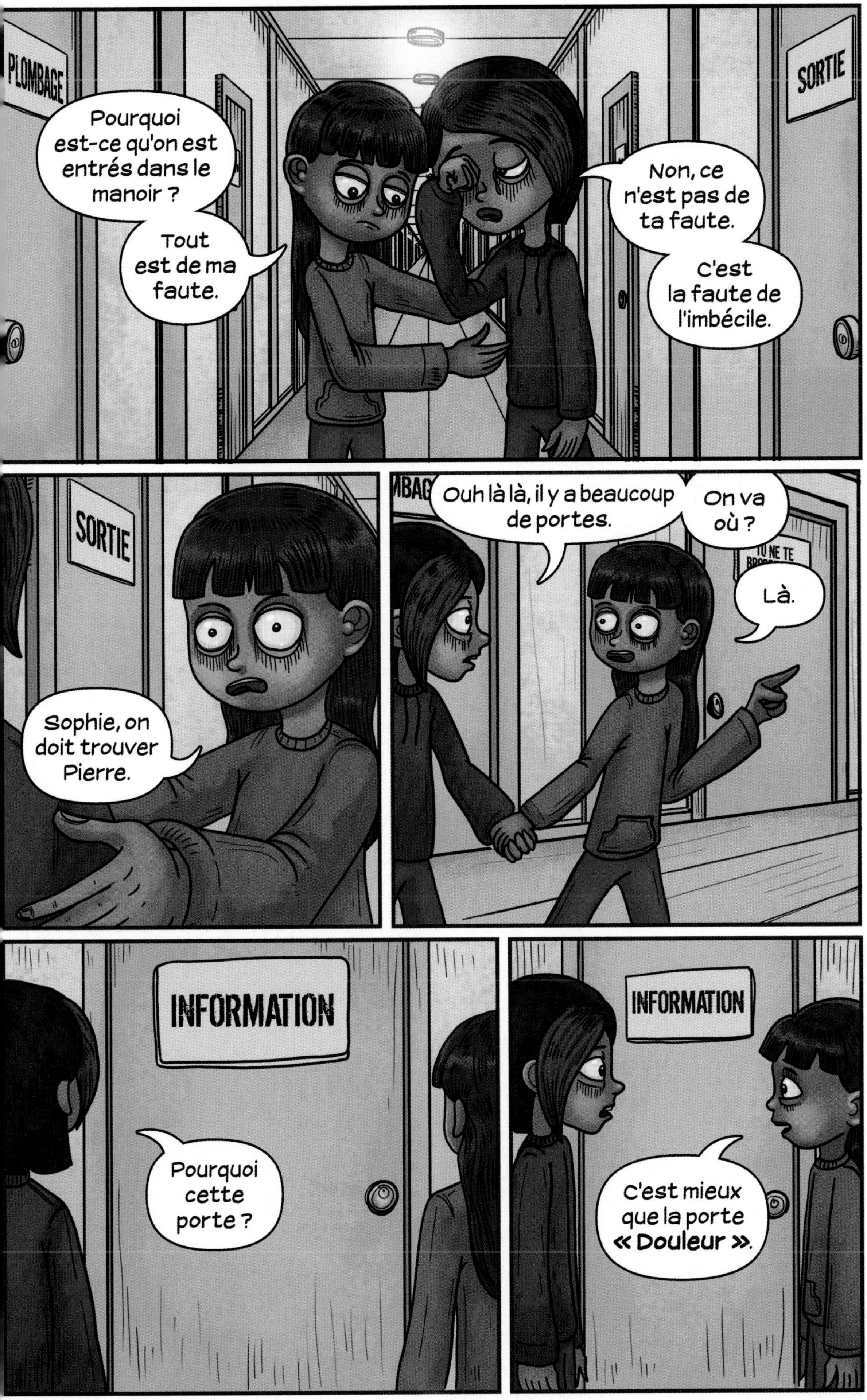
PLOMBAGE
SORTIE
Pourquoi est-ce qu'on est entrés dans le manoir ?
Tout est de ma faute.
Non, ce n'est pas de ta faute.
C'est la faute de l'imbécile.
SORTIE
Sophie, on doit trouver Pierre.
Ouh là là, il y a beaucoup de portes.
On va où ?
Là.
INFORMATION
Pourquoi cette porte ?
INFORMATION
C'est mieux que la porte **« Douleur »**.

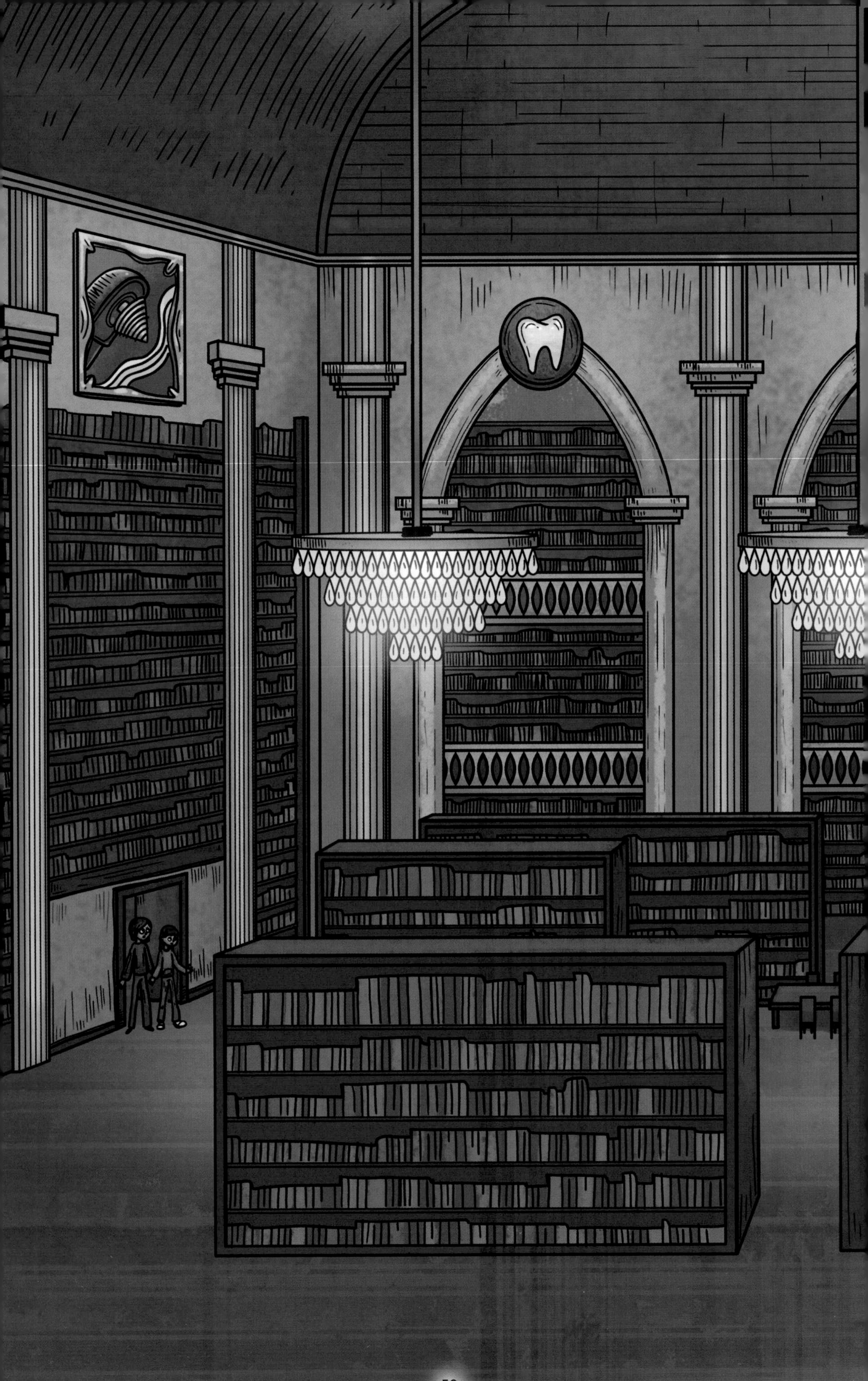

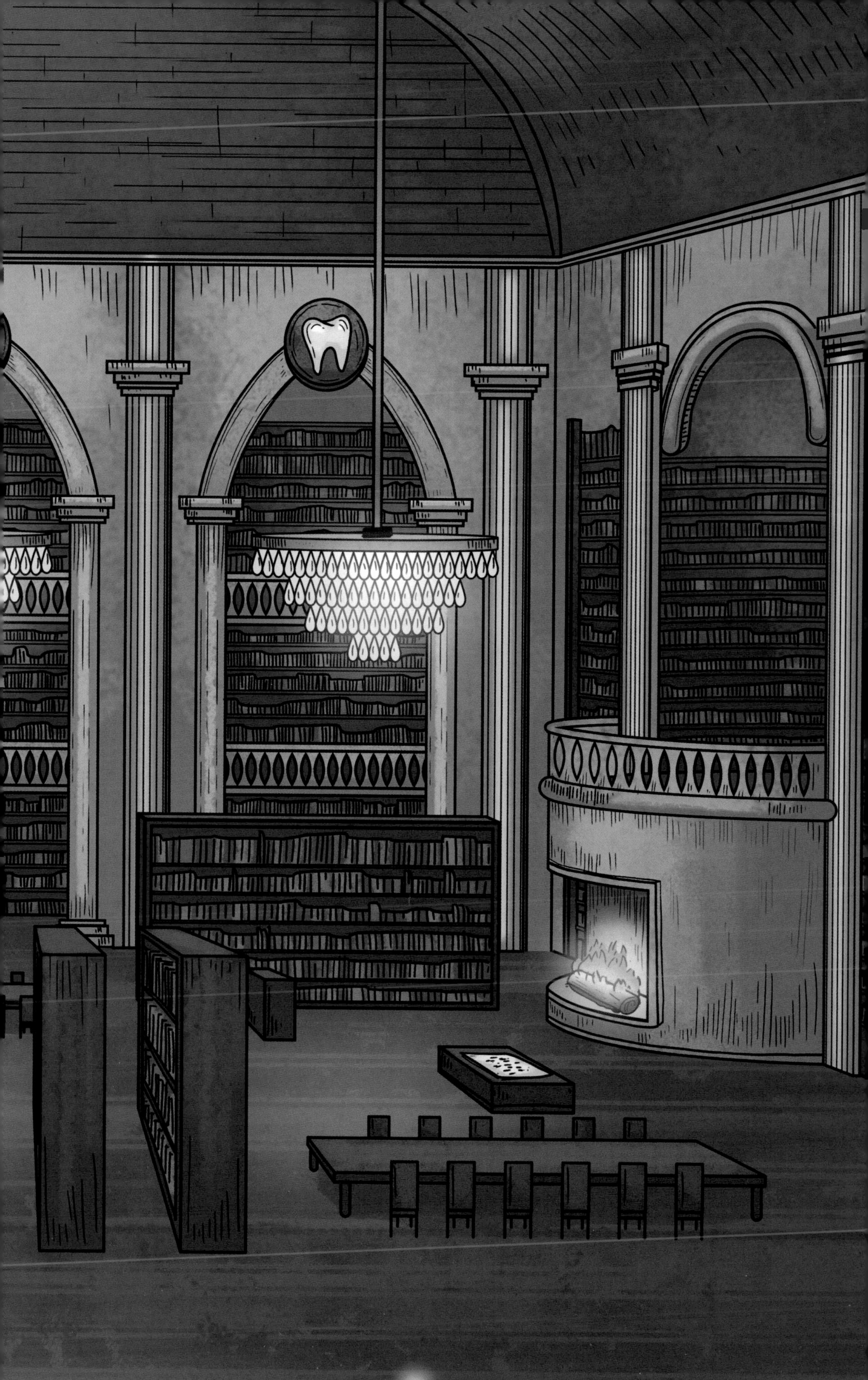

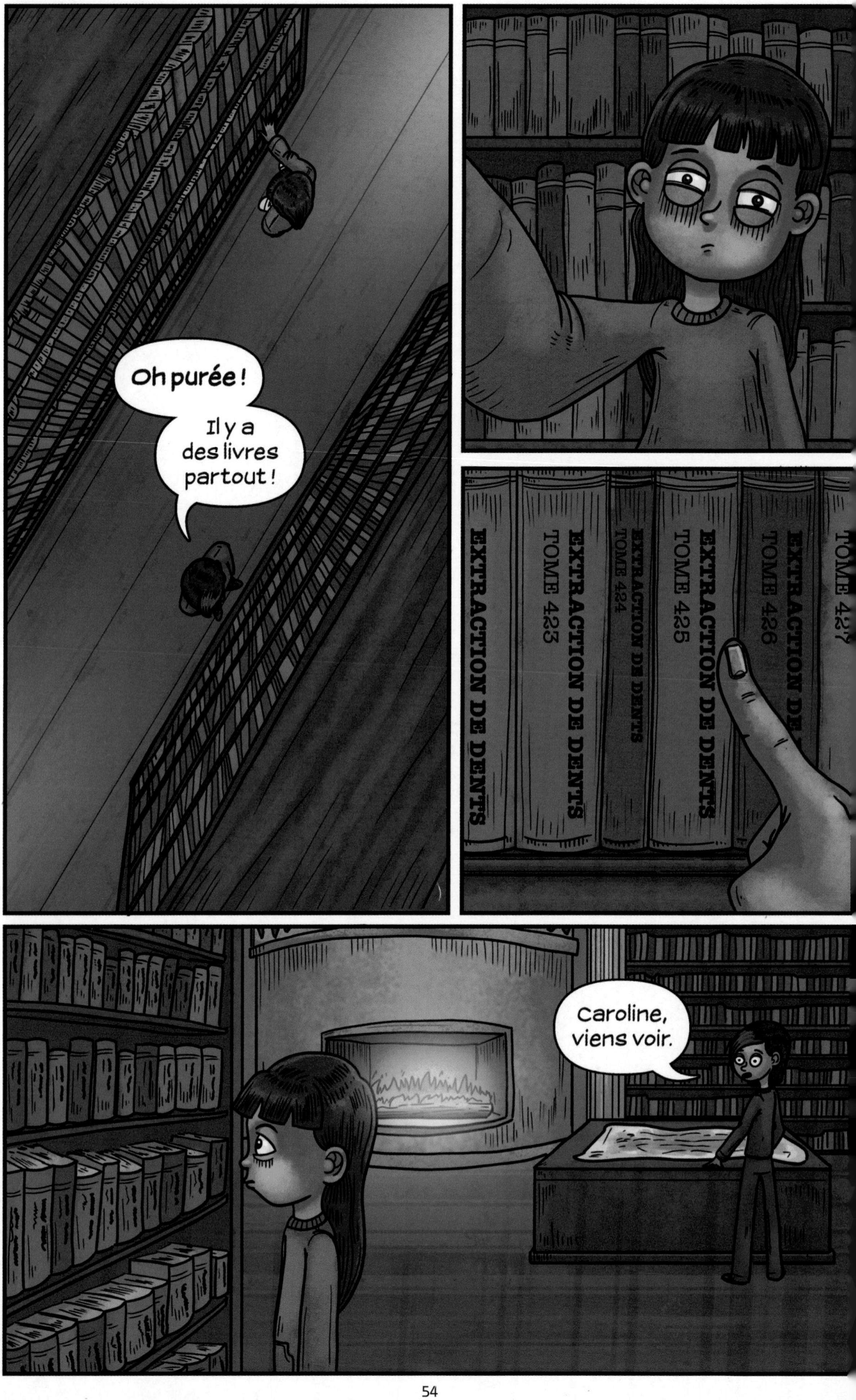
Oh purée !
Il y a des livres partout !
EXTRACTION DE DENTS
EXTRACTION DE DENTS
TOME 423
EXTRACTION DE DENTS
TOME 424
EXTRACTION DE DENTS
TOME 425
EXTRACTION DE
TOME 426
TOME 427
Caroline, viens voir.

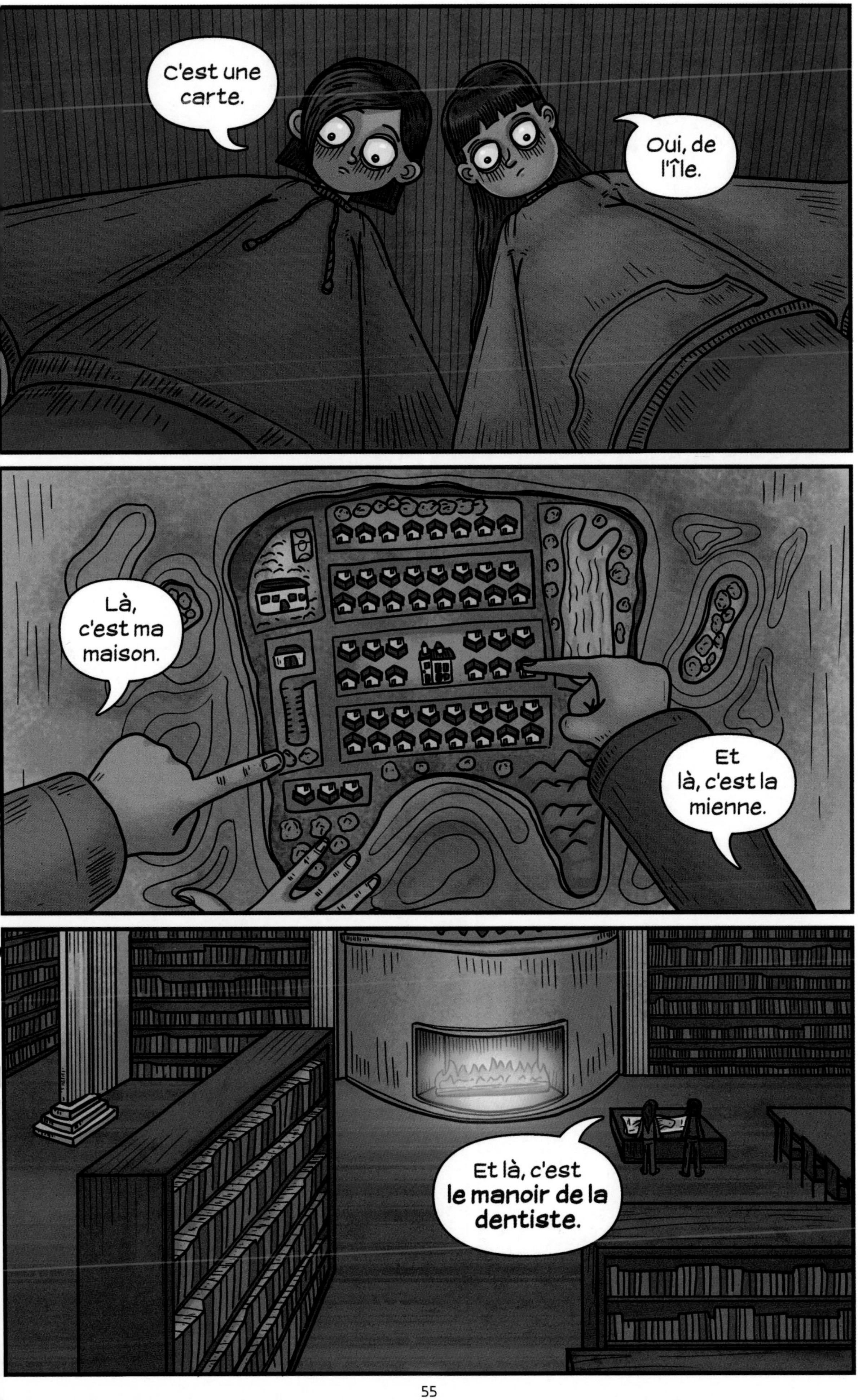
C'est une carte.
Oui, de l'Île.
Là, c'est ma maison.
Et là, c'est la mienne.
Et là, c'est le manoir de la dentiste.

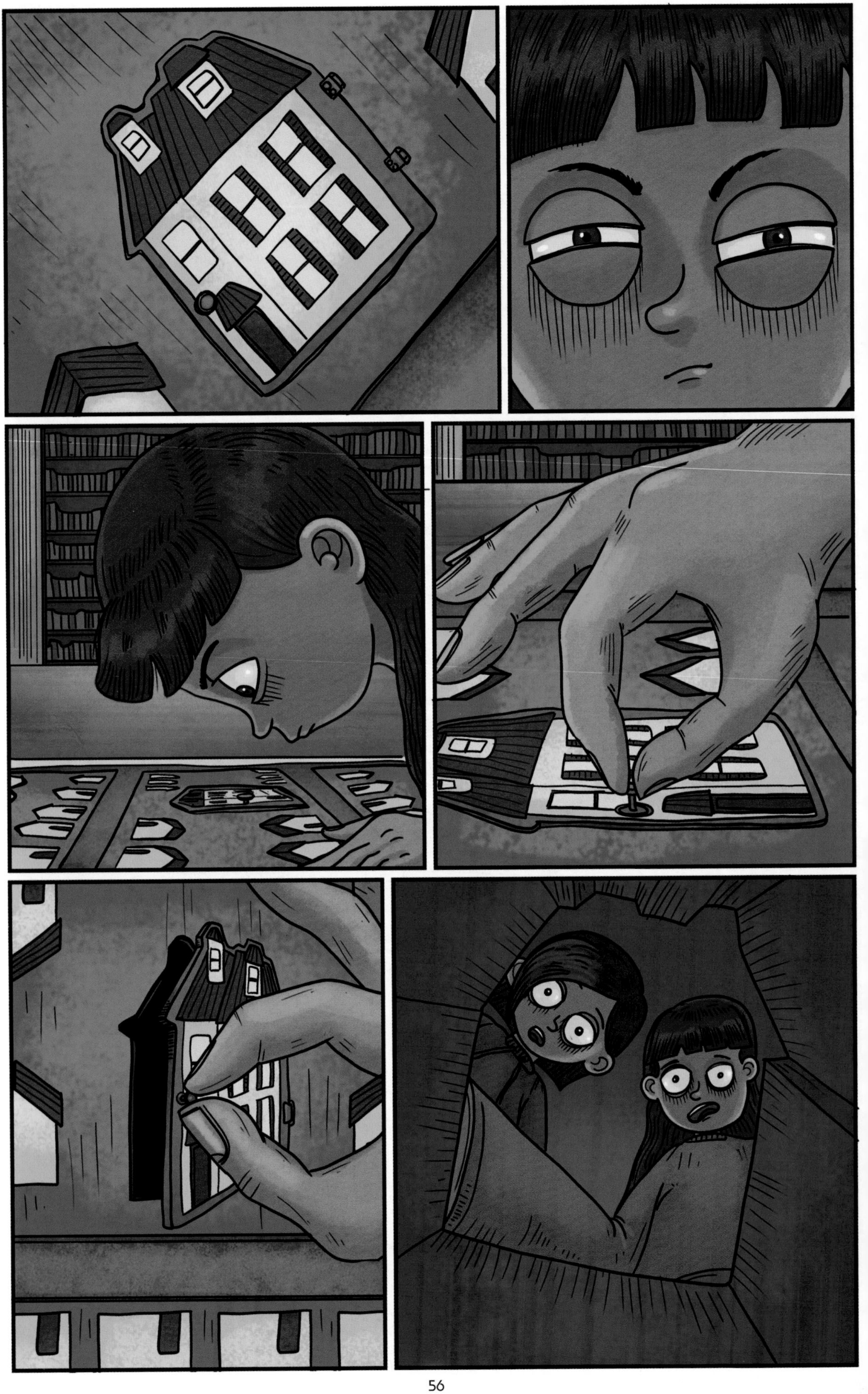

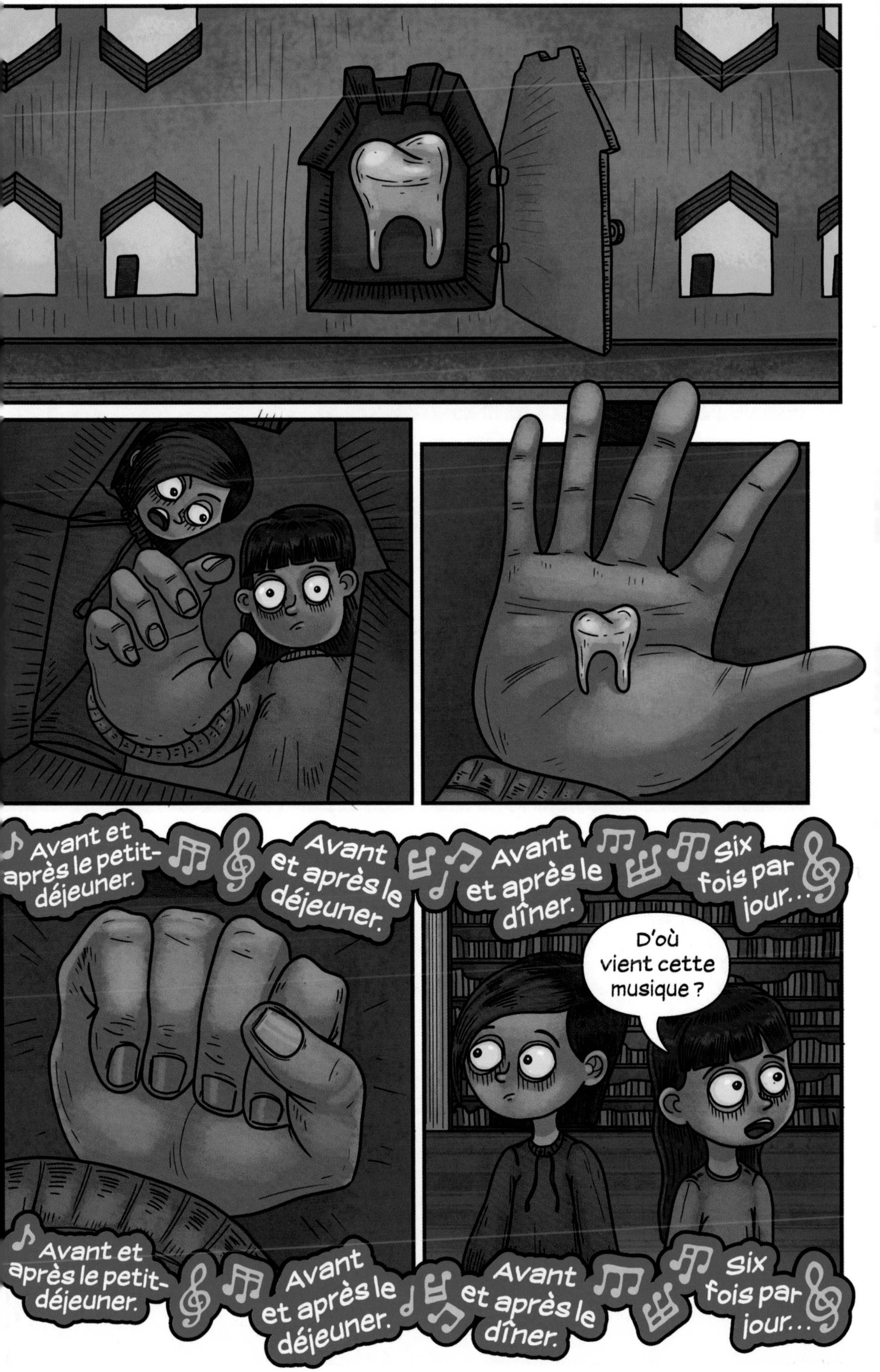
Avant et après le petit-déjeuner.
Avant et après le déjeuner.
Avant et après le dîner.
Six fois par jour…
D'où vient cette musique ?
Avant et après le petit-déjeuner.
Avant et après le déjeuner.
Avant et après le dîner.
Six fois par jour…

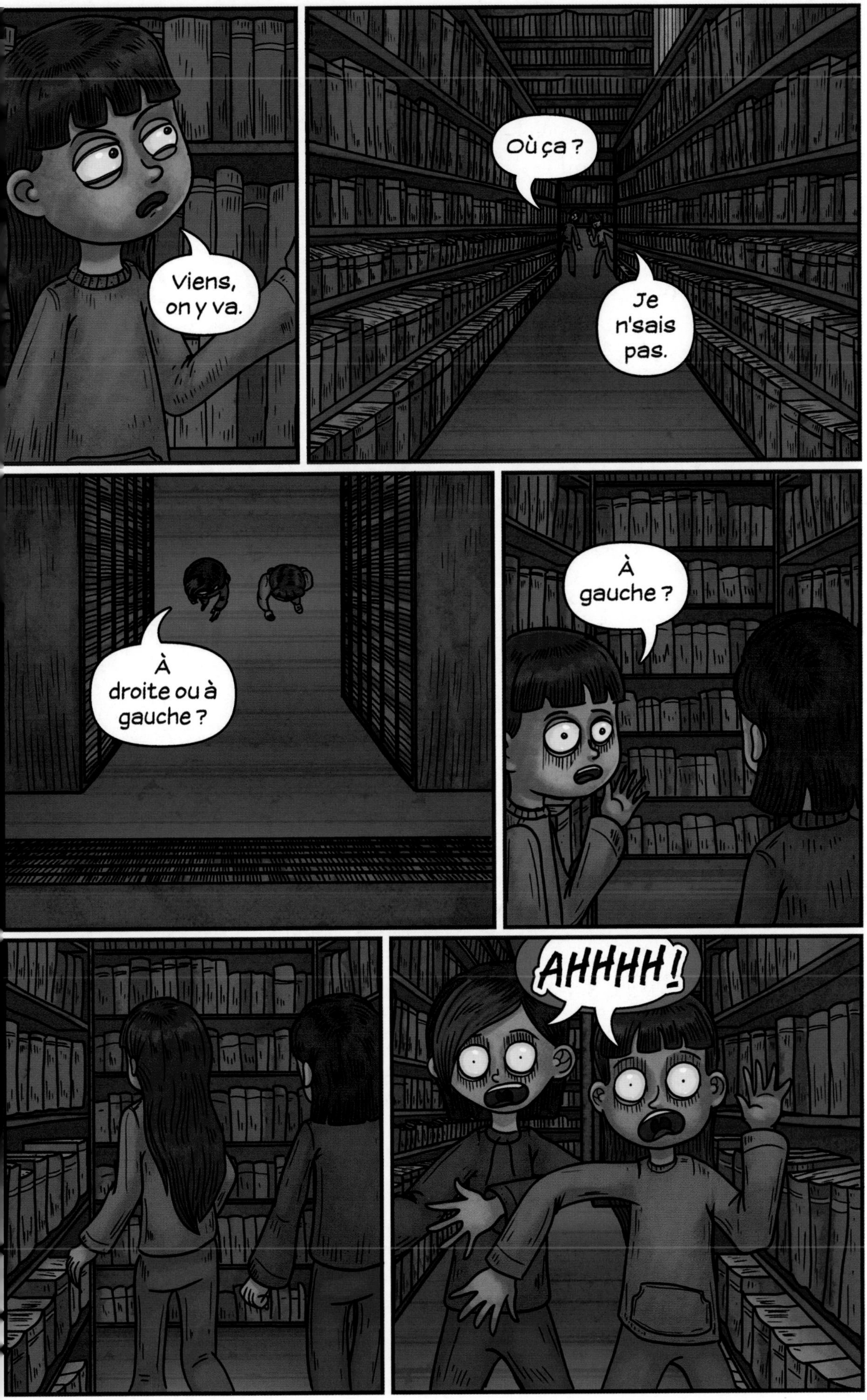
Viens, on y va.
Où ça ?
Je n'sais pas.
À droite ou à gauche ?
À gauche ?
AHHHH !

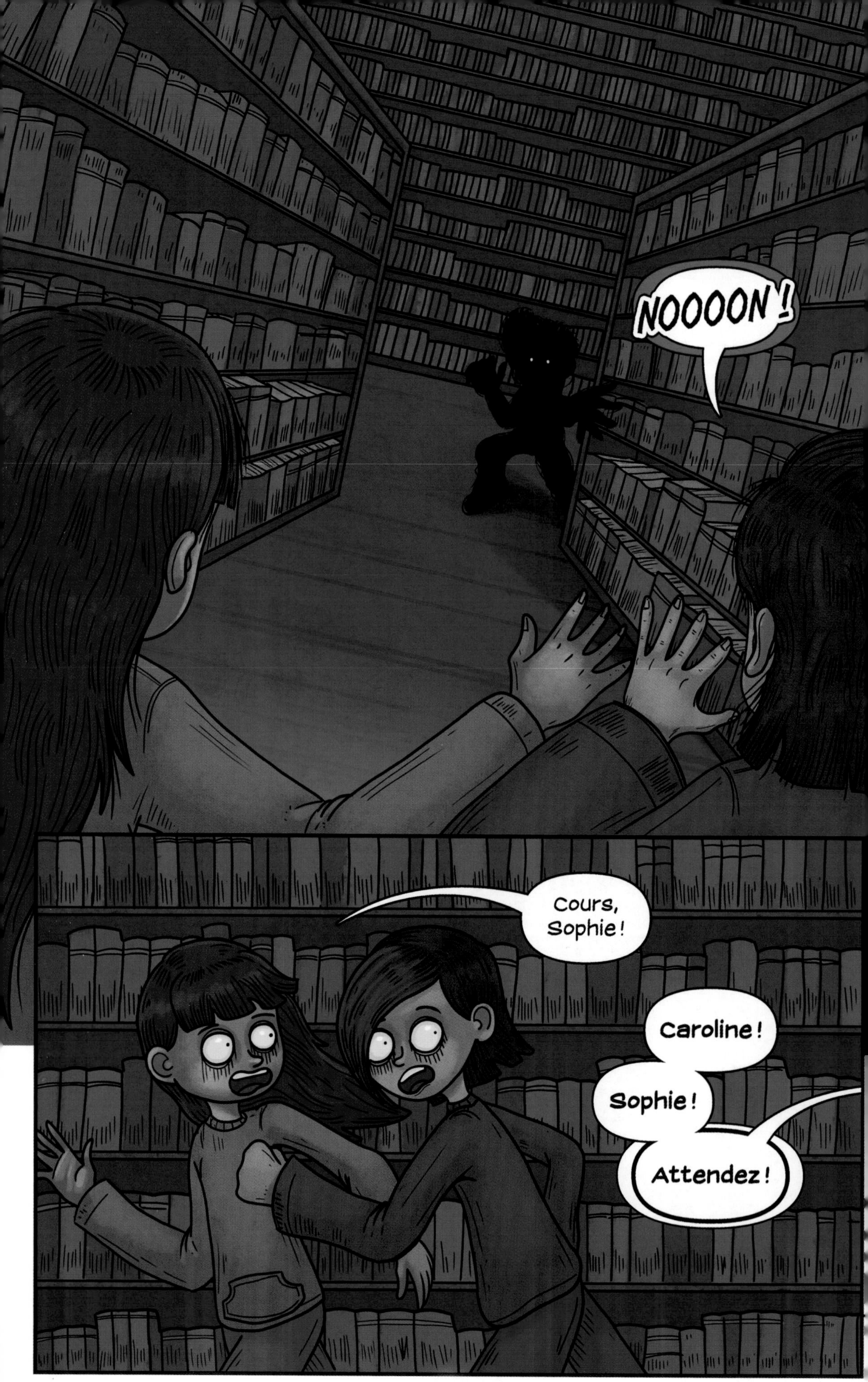
NOOOON !
Cours, Sophie !
Caroline !
Sophie !
Attendez !

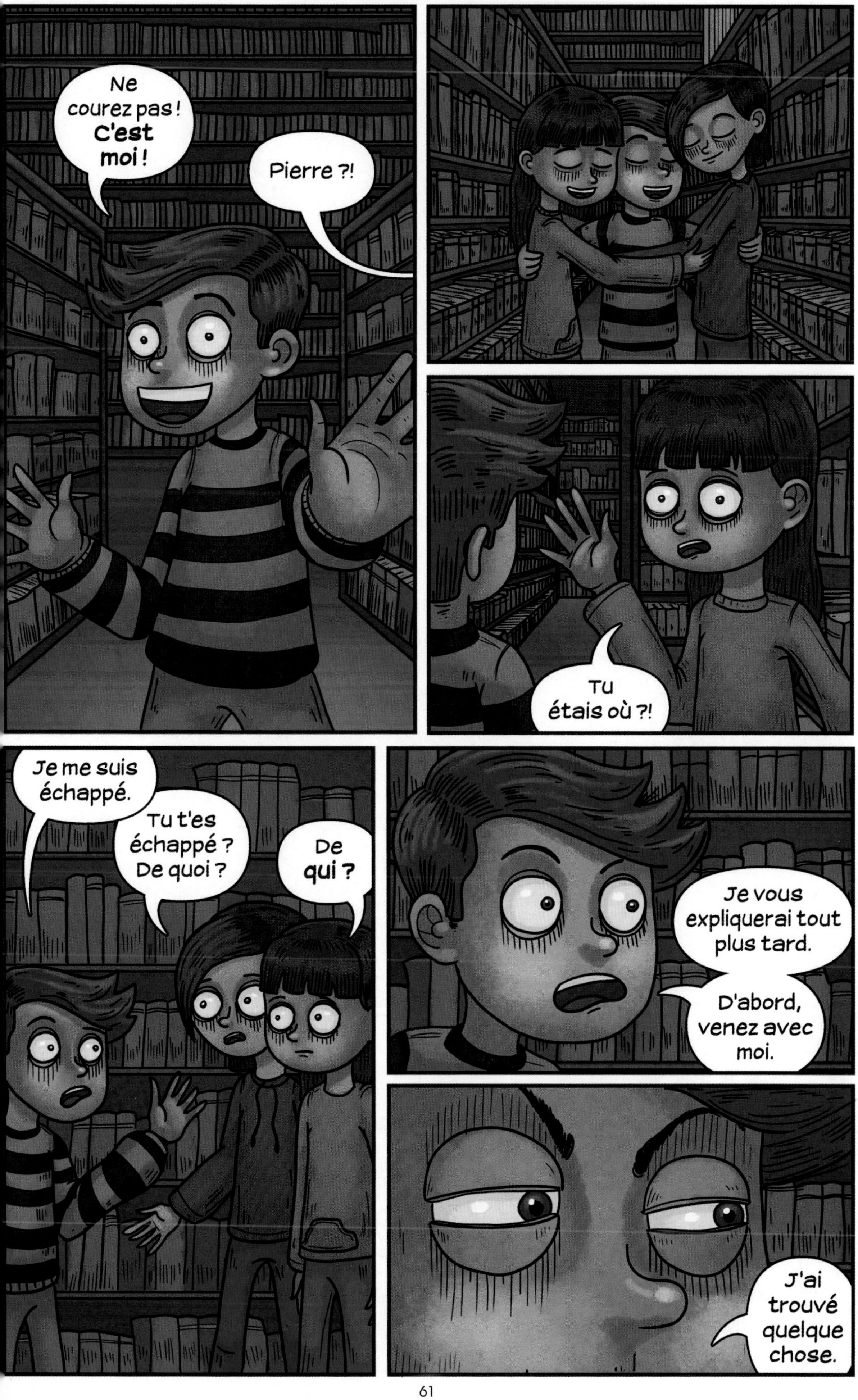
Ne
courez pas !
**C'est
moi !**
Pierre ?!
Tu
étais où ?!
Je me suis
échappé.
Tu t'es
échappé ?
De quoi ?
De
qui ?
Je vous
expliquerai tout
plus tard.
D'abord,
venez avec
moi.
J'ai
trouvé
quelque
chose.

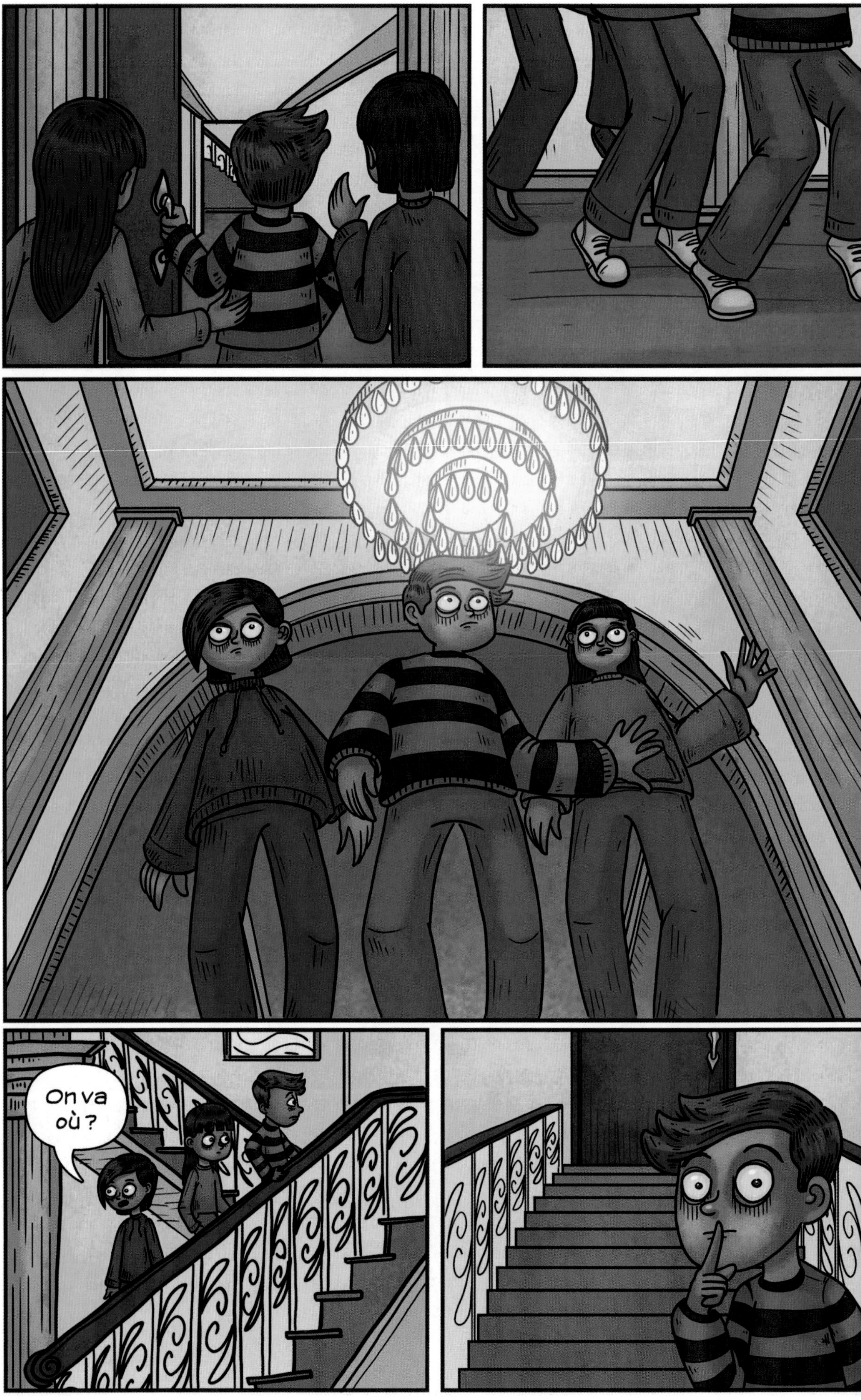
On va où ?

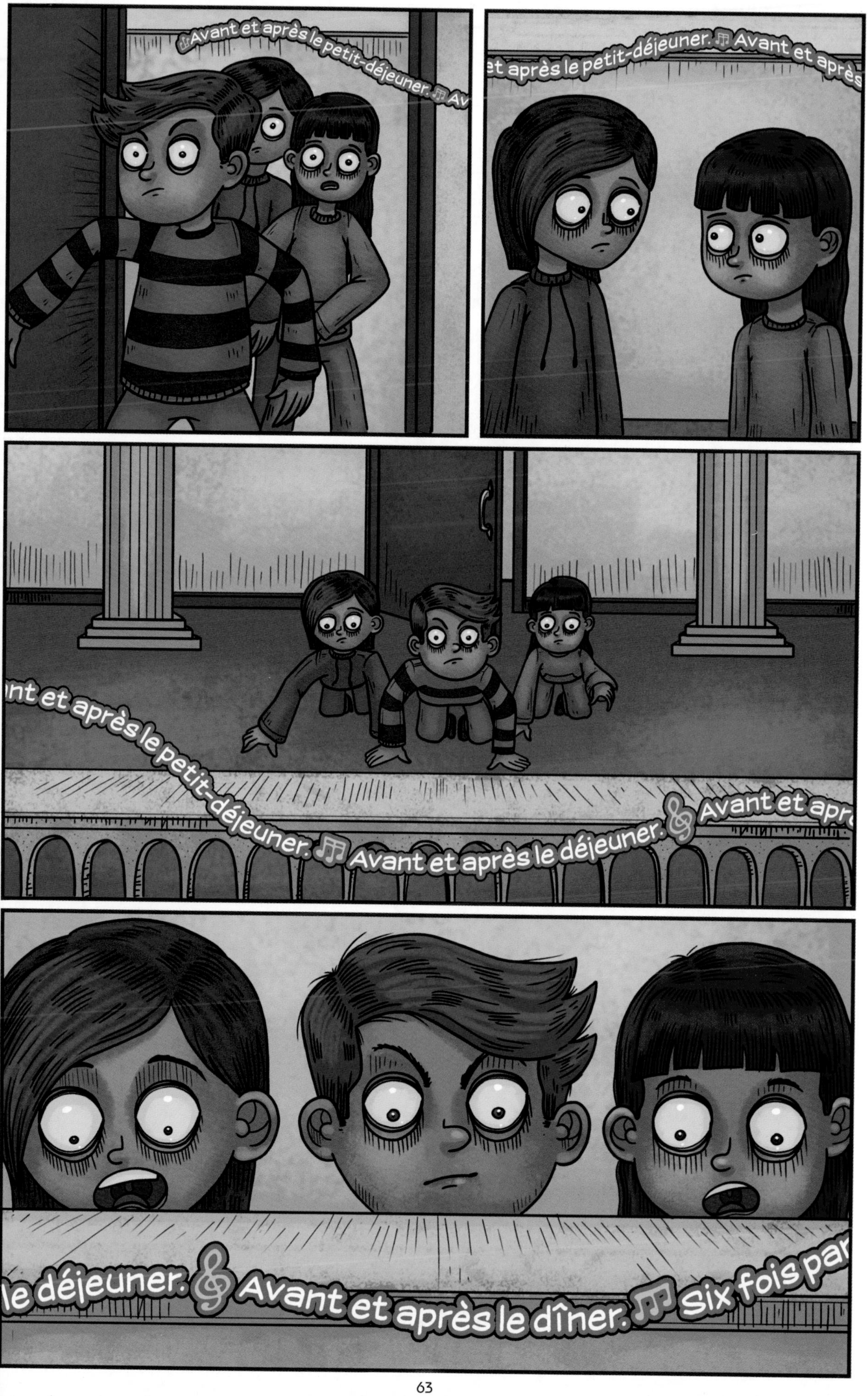
Avant et après le petit-déjeuner. Av
et après le petit-déjeuner. Avant et après
nt et après le petit-déjeuner. Avant et après le déjeuner. Avant et apr
le déjeuner. Avant et après le dîner. Six fois par

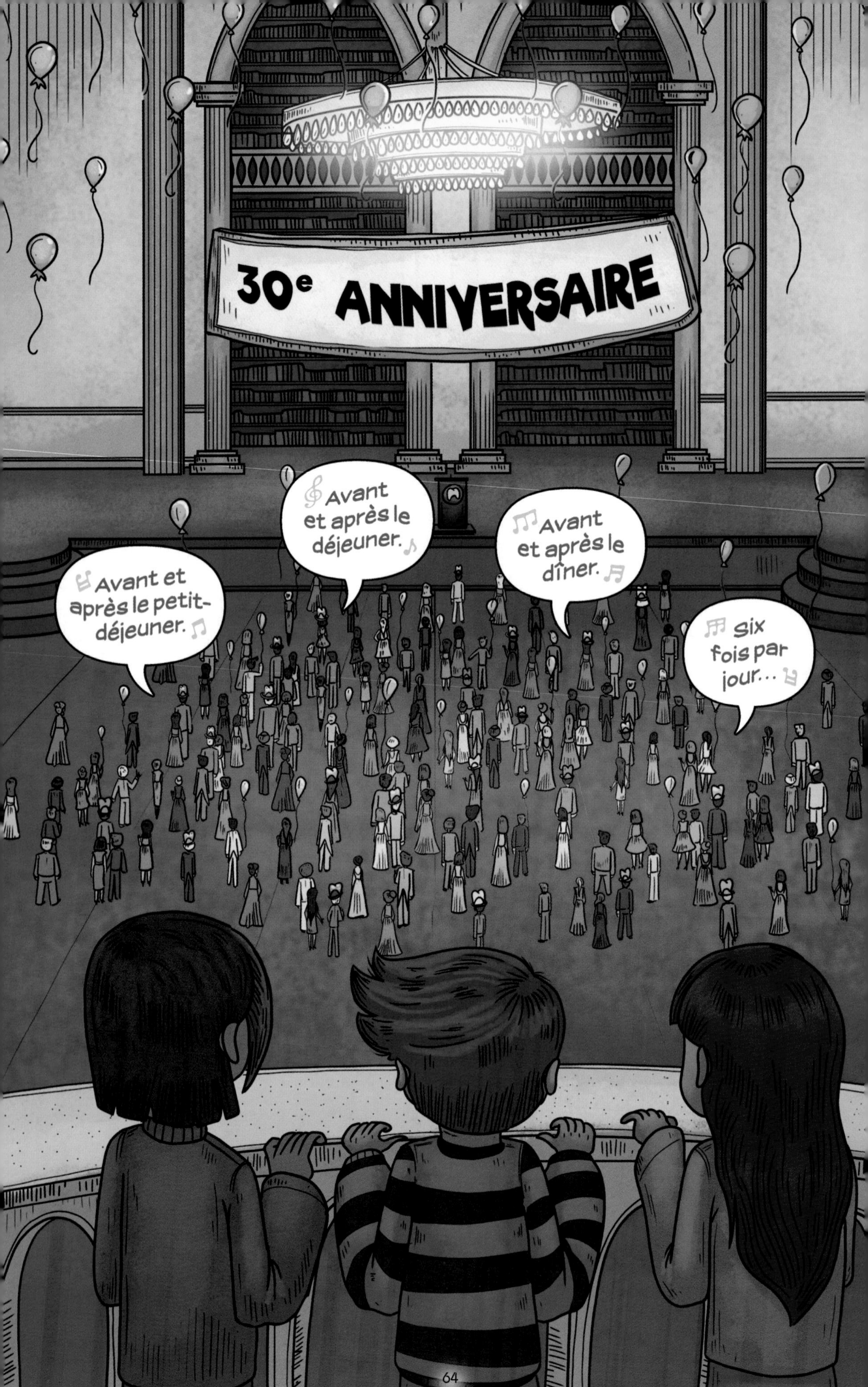
30e ANNIVERSAIRE
Avant et après le petit-déjeuner.
Avant et après le déjeuner.
Avant et après le dîner.
Six fois par jour…

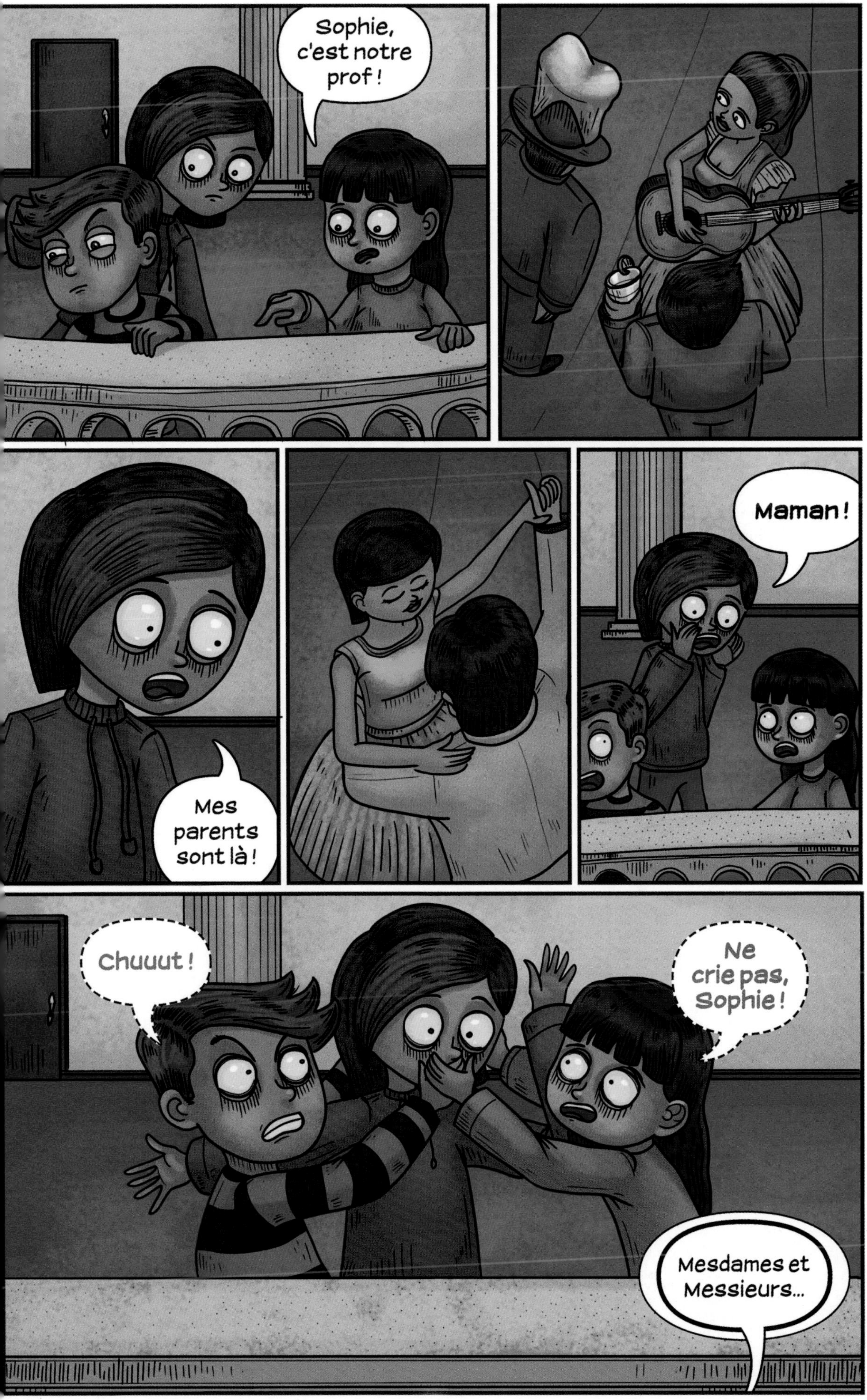
Sophie, c'est notre prof !
Mes parents sont là !
Maman !
Chuuut !
Ne crie pas, Sophie !
Mesdames et Messieurs...

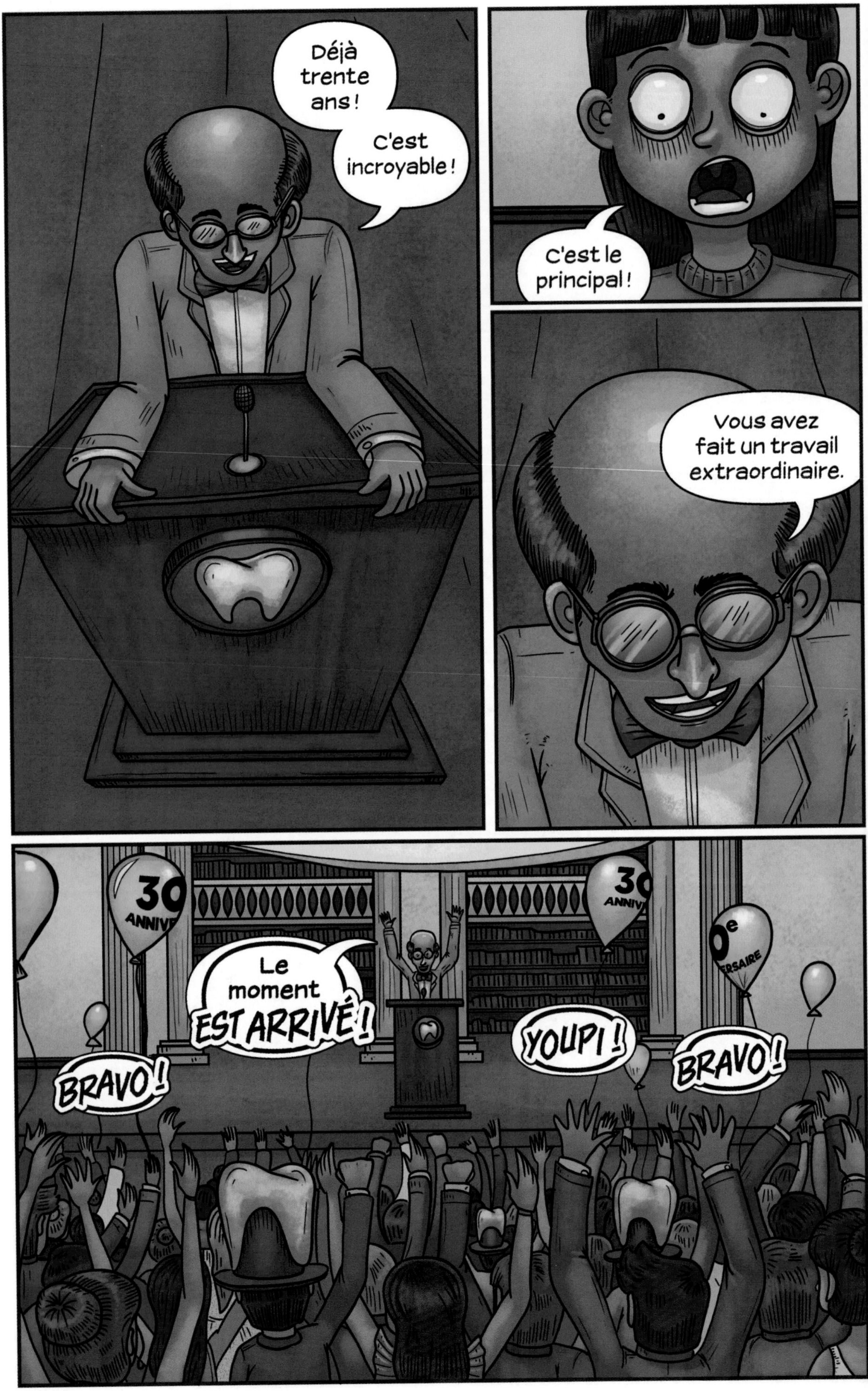
Déjà trente ans !
C'est incroyable !
C'est le principal !
Vous avez fait un travail extraordinaire.
Le moment EST ARRIVÉ !
BRAVO !
YOUPI !
BRAVO !

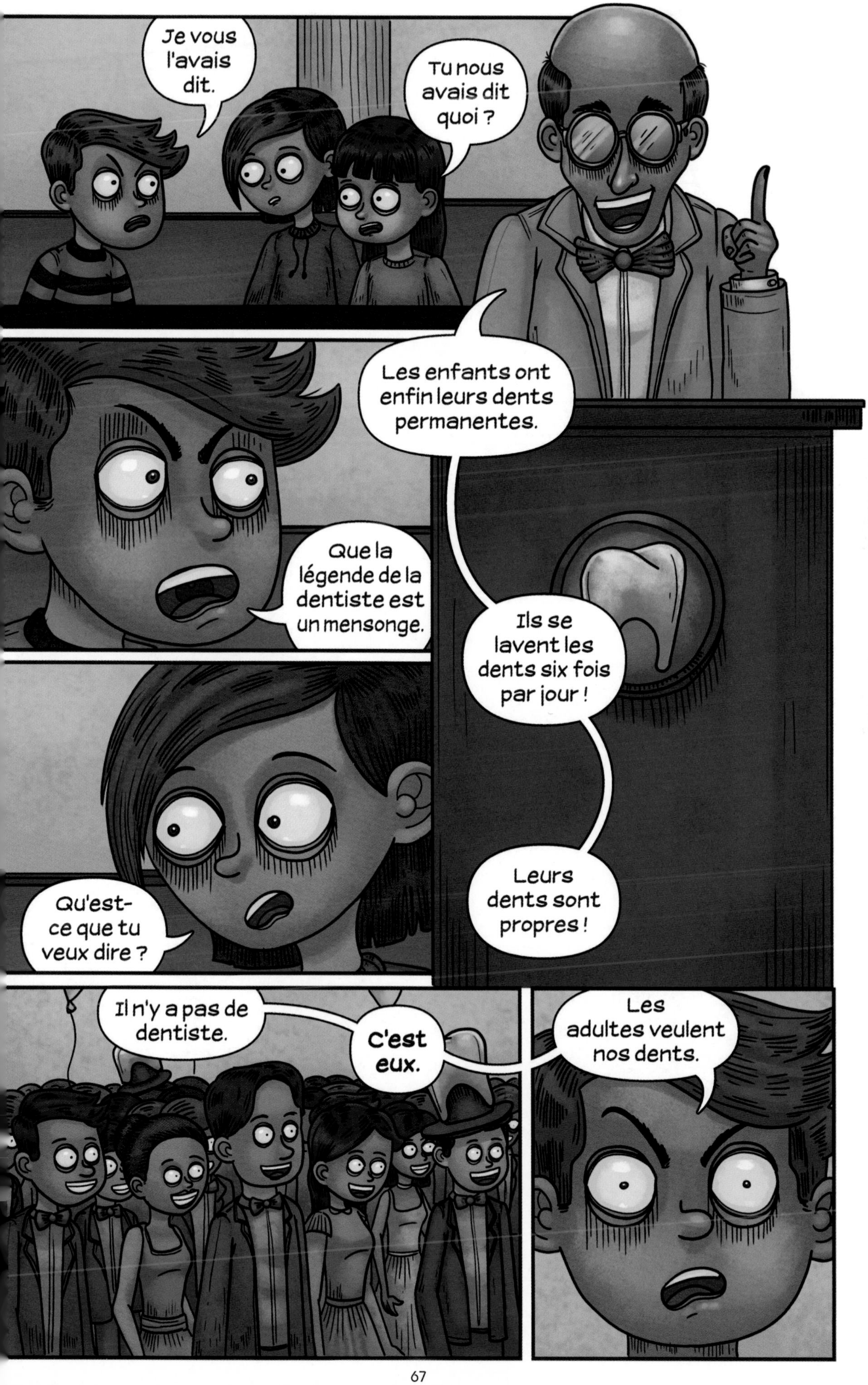
Je vous l'avais dit.
Tu nous avais dit quoi ?
Les enfants ont enfin leurs dents permanentes.
Que la légende de la dentiste est un mensonge.
Ils se lavent les dents six fois par jour !
Qu'est-ce que tu veux dire ?
Leurs dents sont propres !
Il n'y a pas de dentiste.
C'est eux.
Les adultes veulent nos dents.

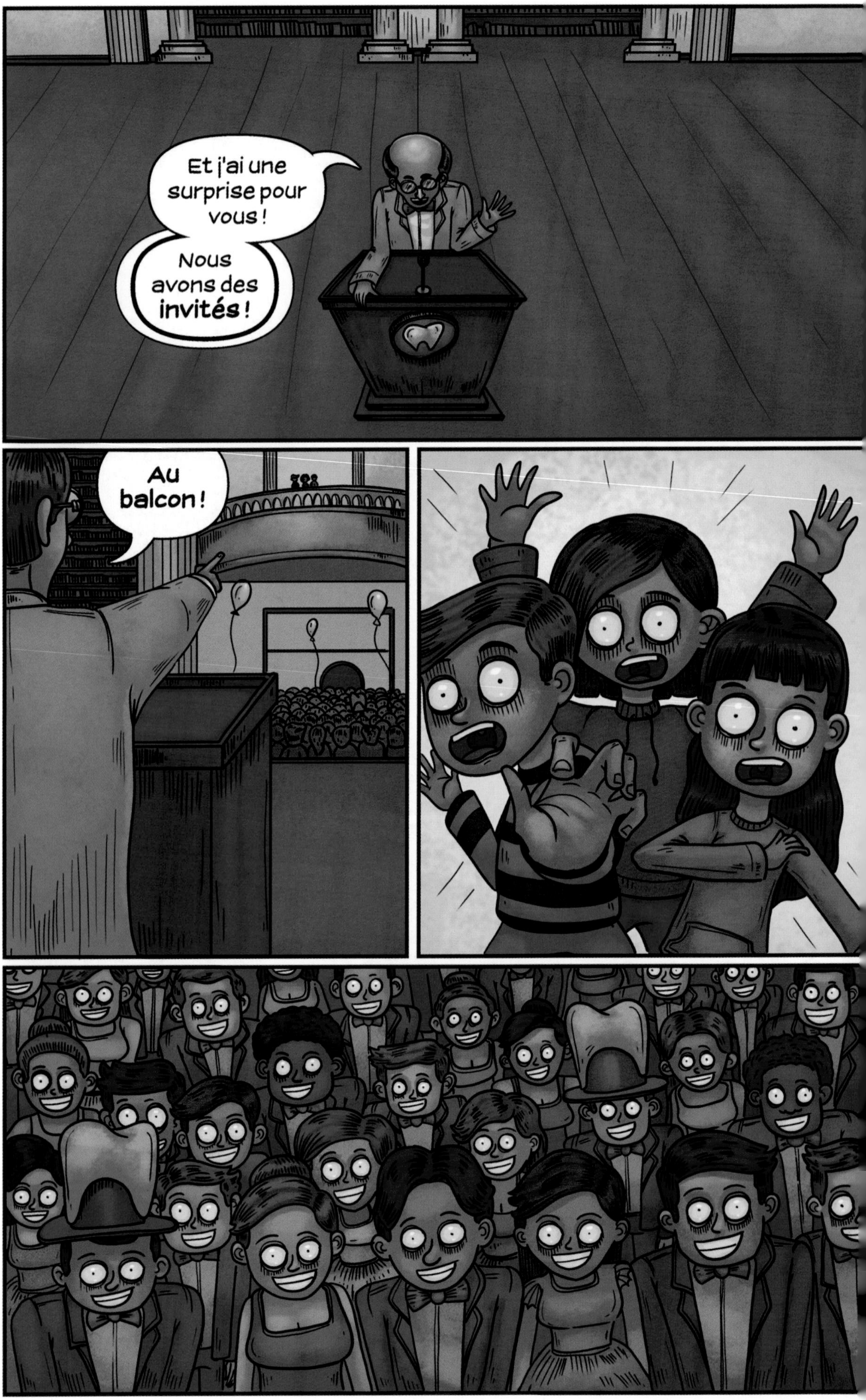
Et j'ai une surprise pour vous !
Nous avons des **invités** !
Au balcon !

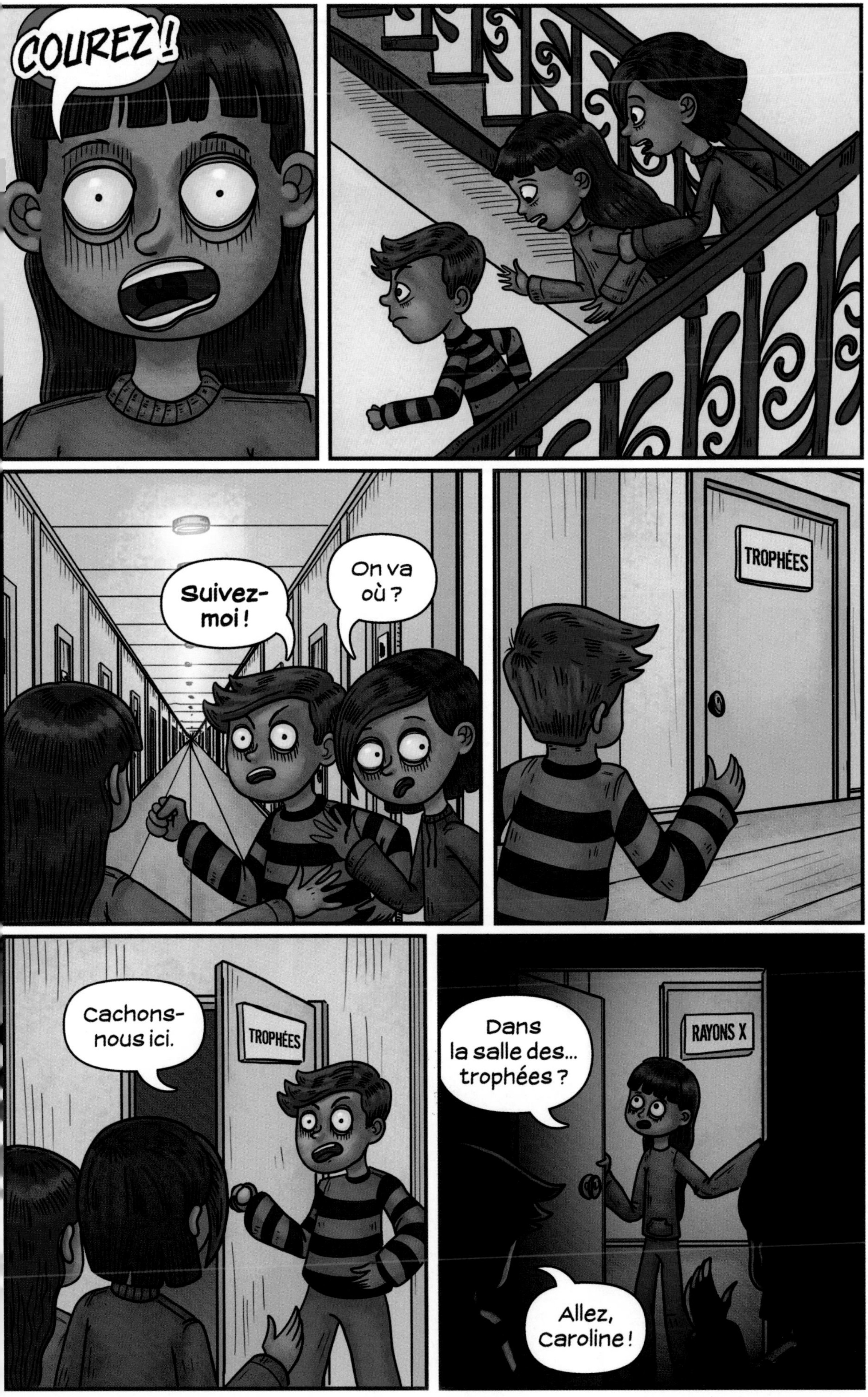
COUREZ !
Suivez-moi !
On va où ?
TROPHÉES
Cachons-nous ici.
TROPHÉES
Dans la salle des… trophées ?
RAYONS X
Allez, Caroline !

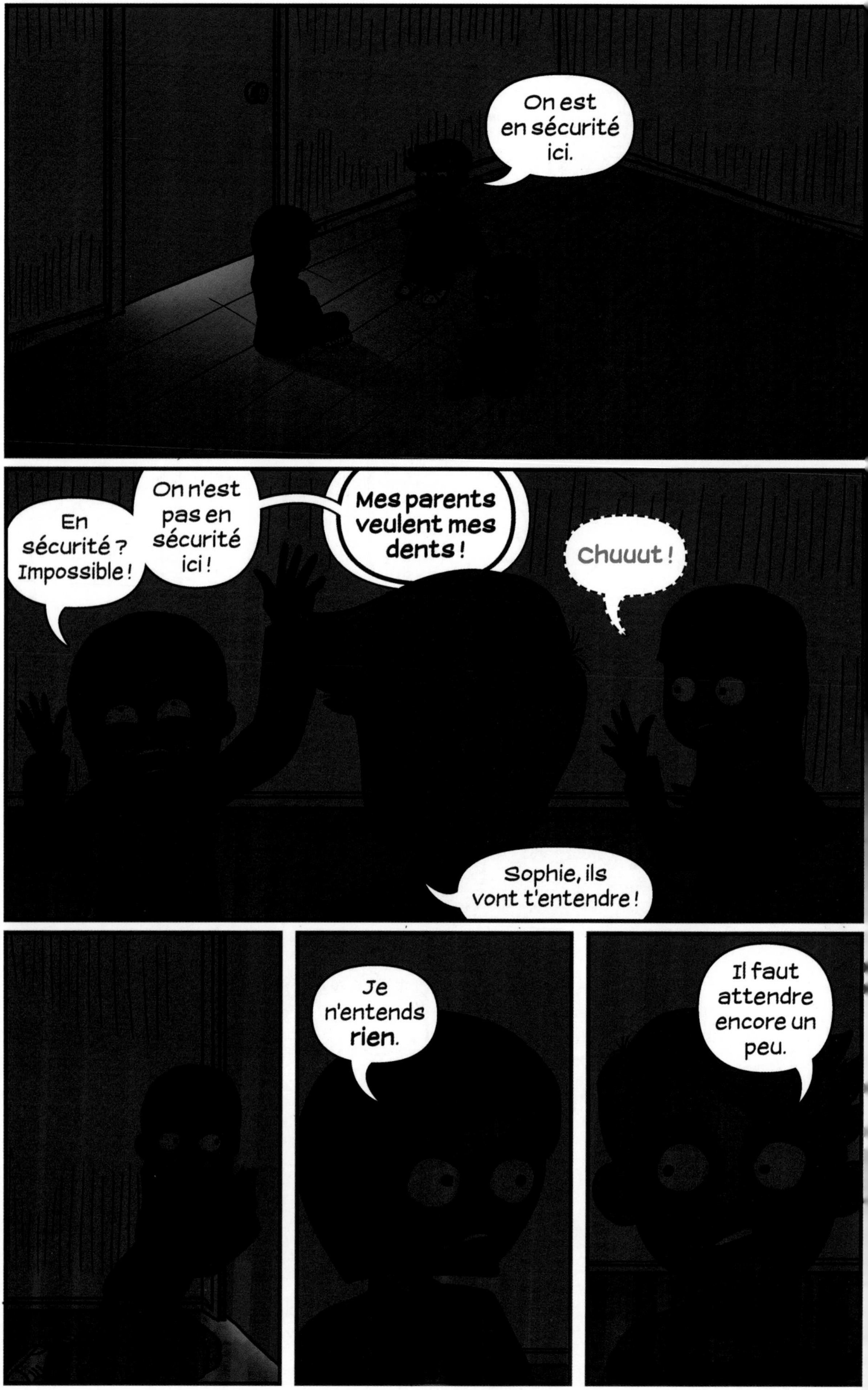
On est en sécurité ici.
En sécurité ? Impossible !
On n'est pas en sécurité ici !
Mes parents veulent mes dents !
Chuuut !
Sophie, ils vont t'entendre !
Je n'entends rien.
Il faut attendre encore un peu.

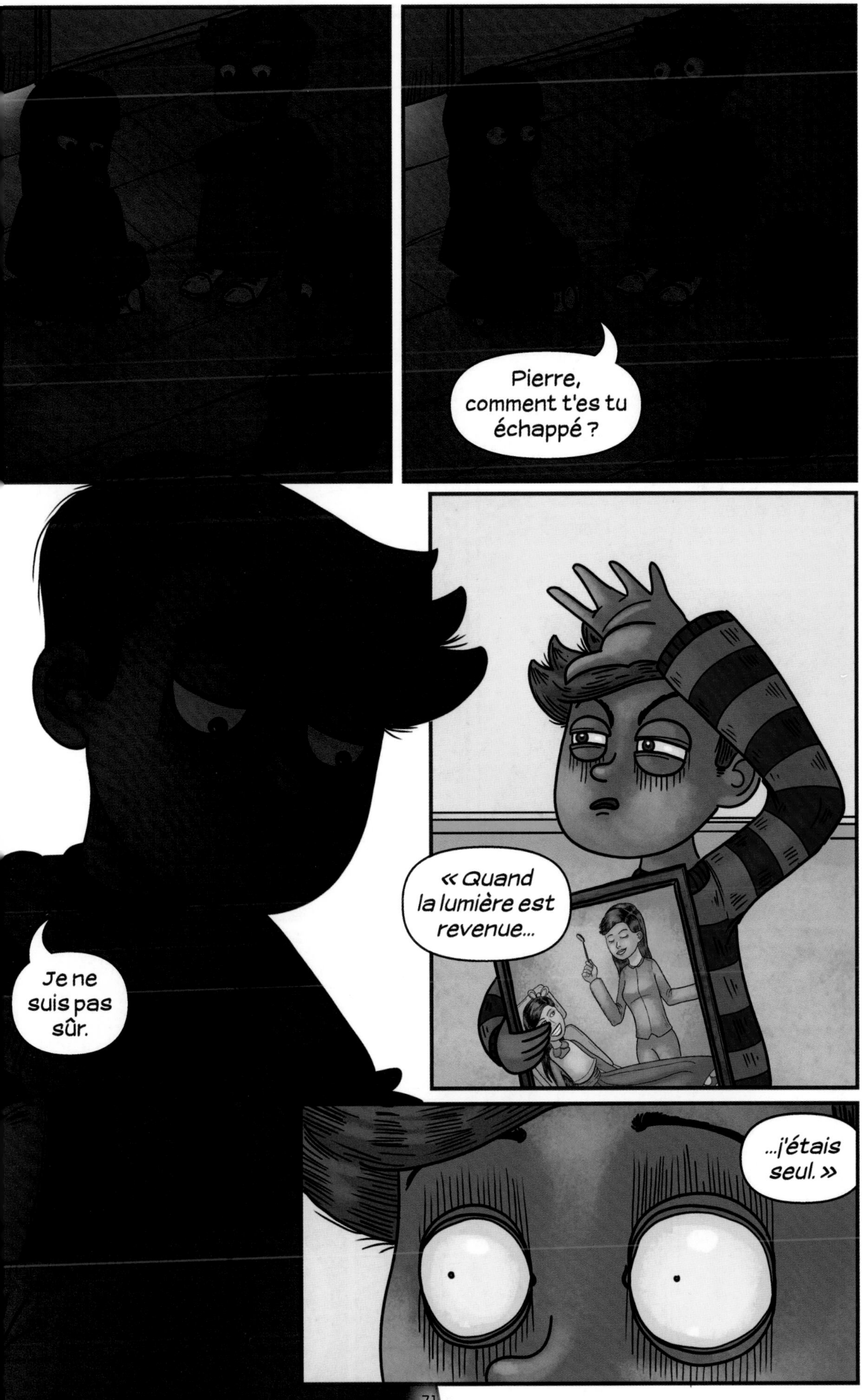
Pierre, comment t'es tu échappé ?
Je ne suis pas sûr.
« Quand la lumière est revenue...
...j'étais seul. »

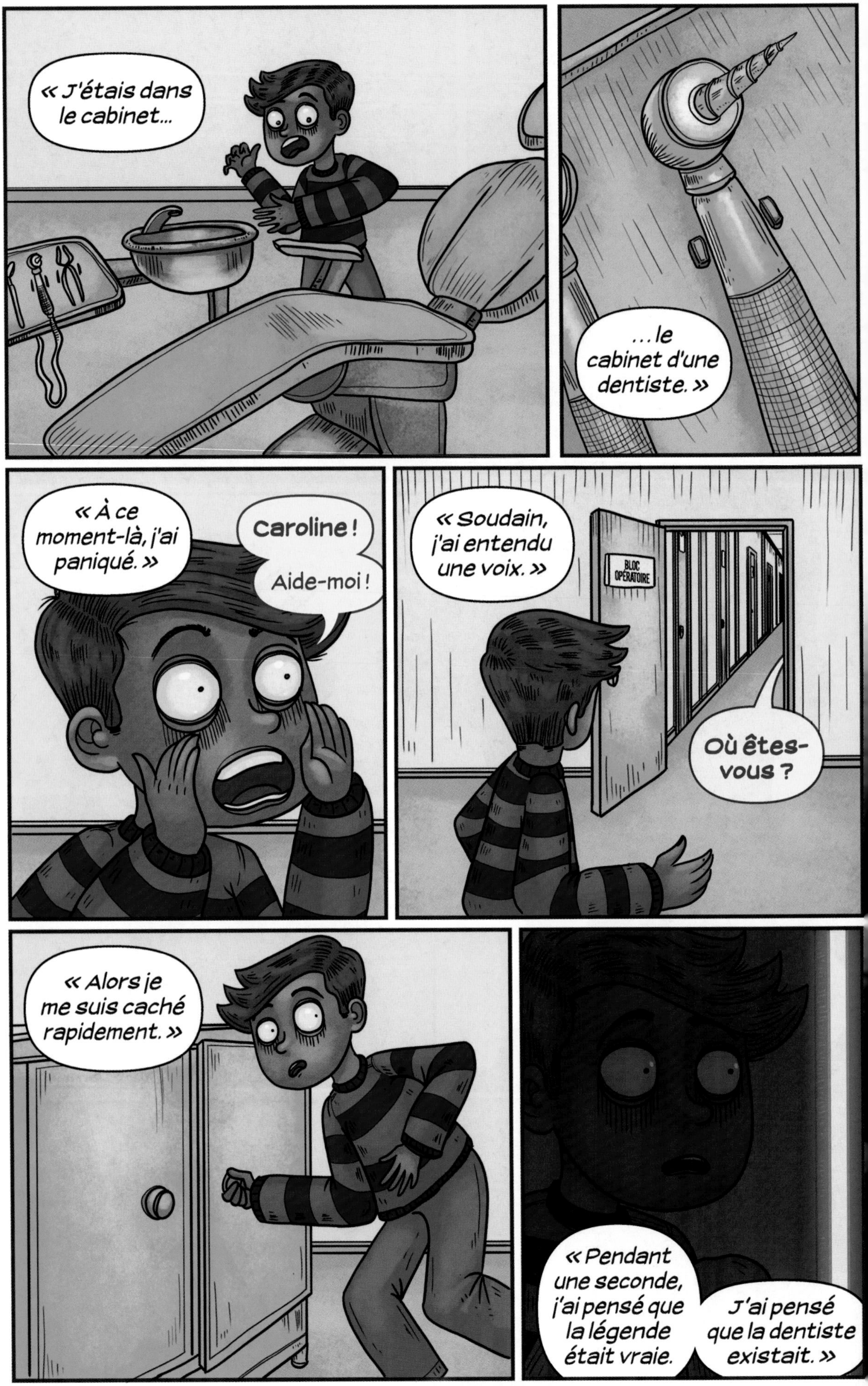
« J'étais dans le cabinet...
... le cabinet d'une dentiste. »
« À ce moment-là, j'ai paniqué. »
Caroline !
Aide-moi !
« Soudain, j'ai entendu une voix. »
BLOC OPÉRATOIRE
Où êtes-vous ?
« Alors je me suis caché rapidement. »
« Pendant une seconde, j'ai pensé que la légende était vraie.
J'ai pensé que la dentiste existait. »

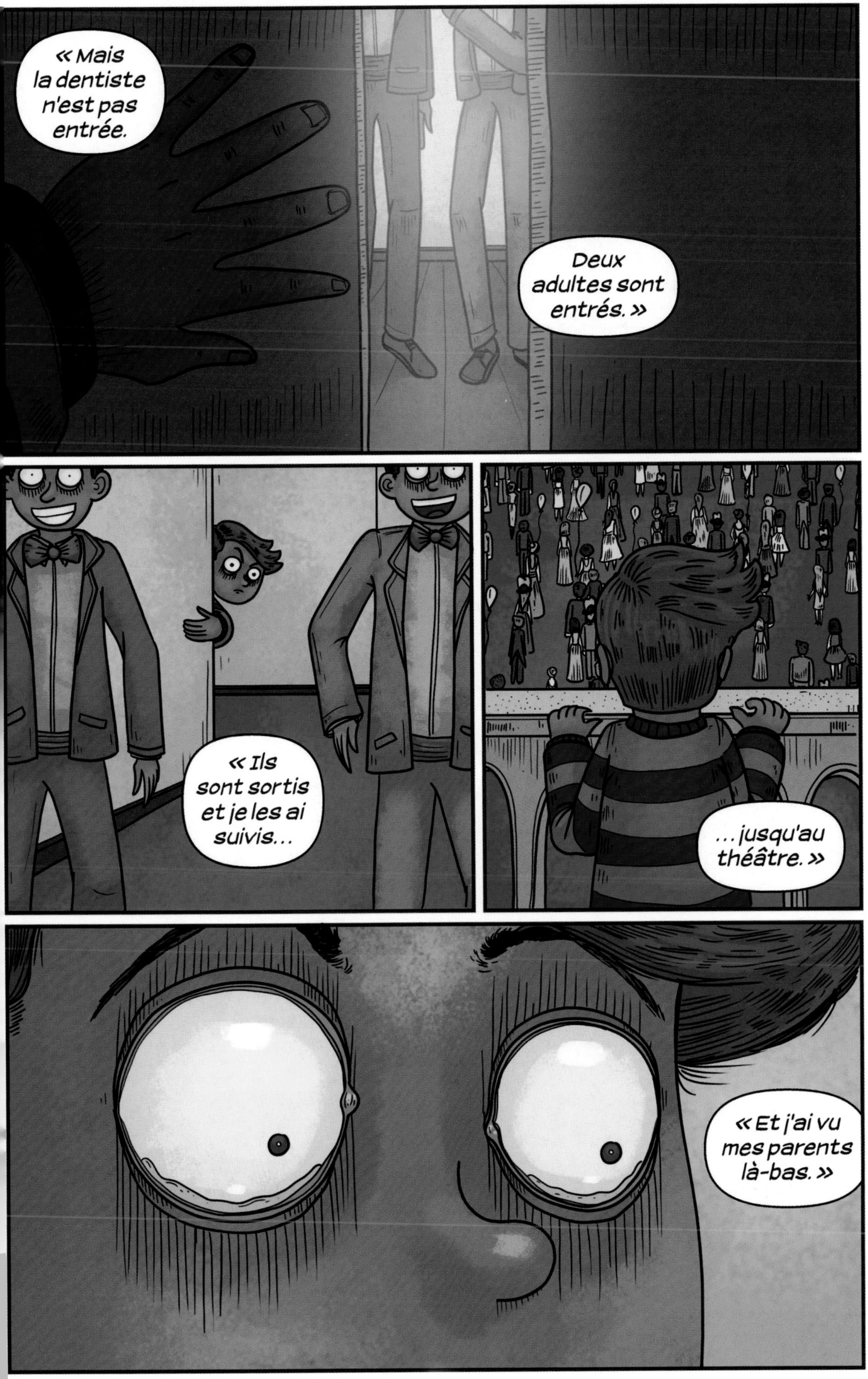
« Mais la dentiste n'est pas entrée.
Deux adultes sont entrés. »
« Ils sont sortis et je les ai suivis…
… jusqu'au théâtre. »
« Et j'ai vu mes parents là-bas. »

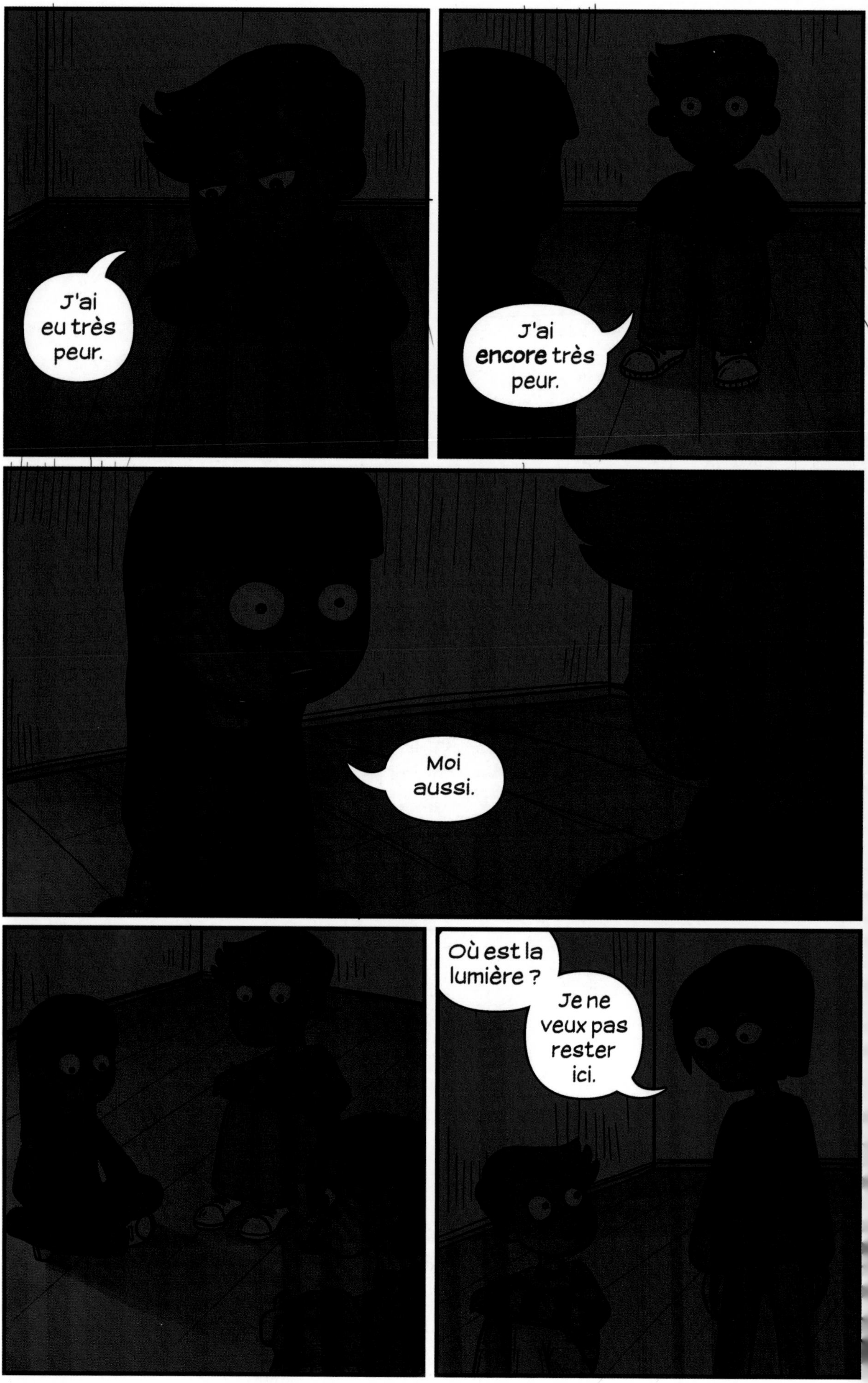
J'ai eu très peur.
J'ai encore très peur.
Moi aussi.
Où est la lumière ?
Je ne veux pas rester ici.

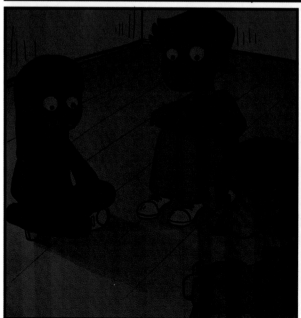

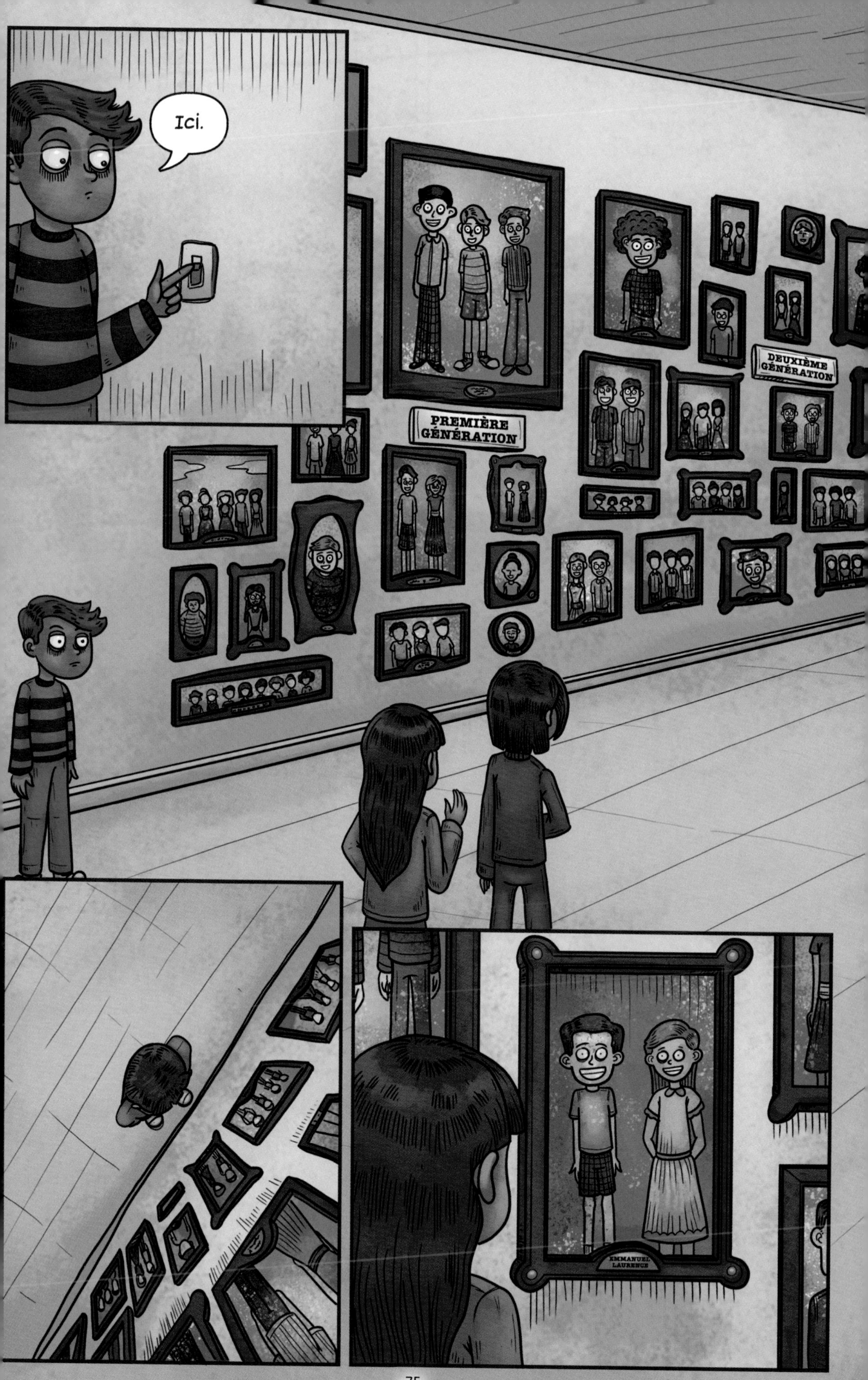
Ici.
PREMIÈRE GÉNÉRATION
DEUXIÈME GÉNÉRATION
EMMANUEL LAURENCE

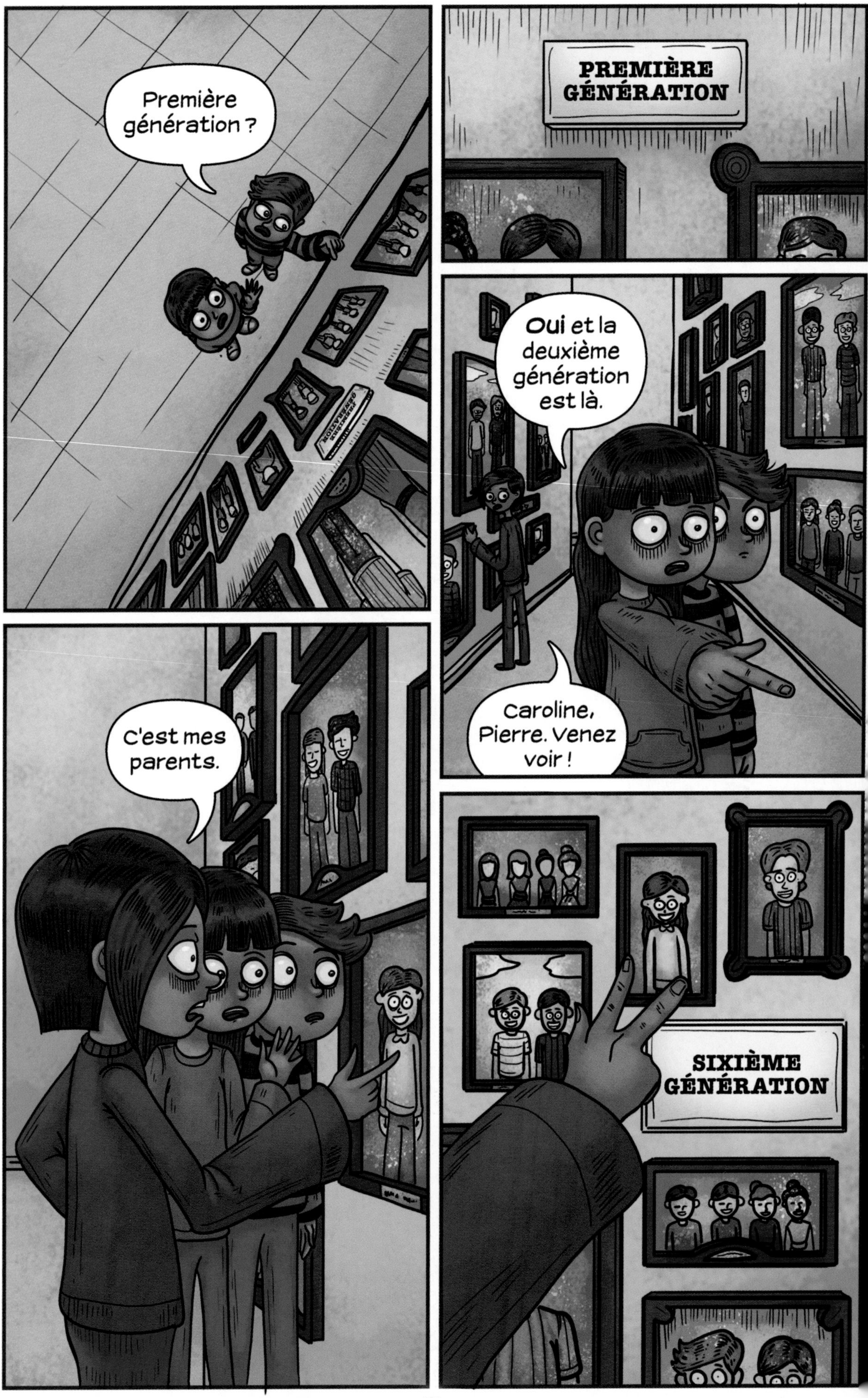

Première génération ?
PREMIÈRE GÉNÉRATION
Oui et la deuxième génération est là.
Caroline, Pierre. Venez voir !
C'est mes parents.
SIXIÈME GÉNÉRATION

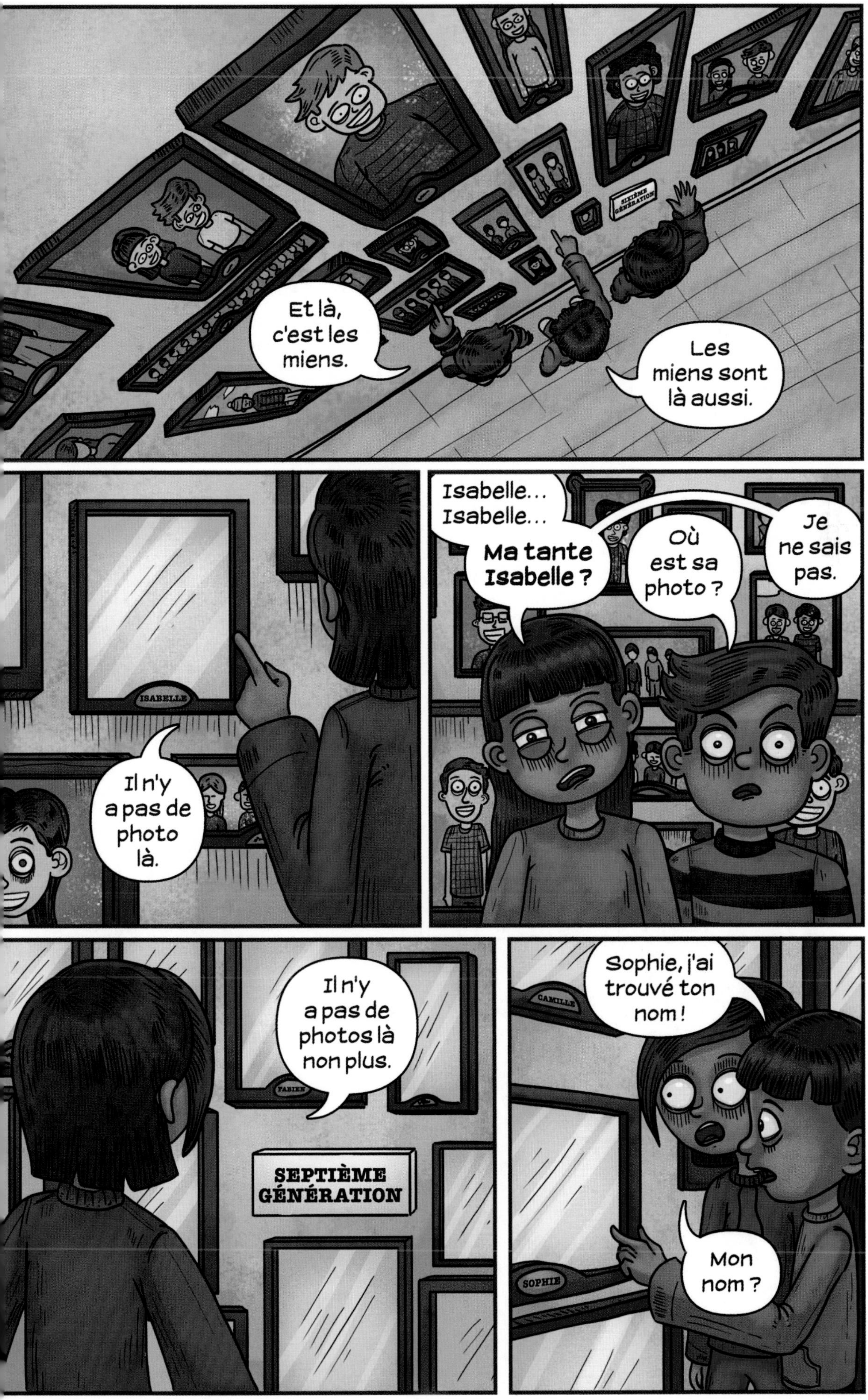
SIXIÈME GÉNÉRATION
Et là, c'est les miens.
Les miens sont là aussi.
ISABELLE
Il n'y a pas de photo là.
Isabelle... Isabelle...
Ma tante Isabelle ?
Où est sa photo ?
Je ne sais pas.
FABIEN
Il n'y a pas de photos là non plus.
SEPTIÈME GÉNÉRATION
CAMILLE
Sophie, j'ai trouvé ton nom !
SOPHIE
Mon nom ?

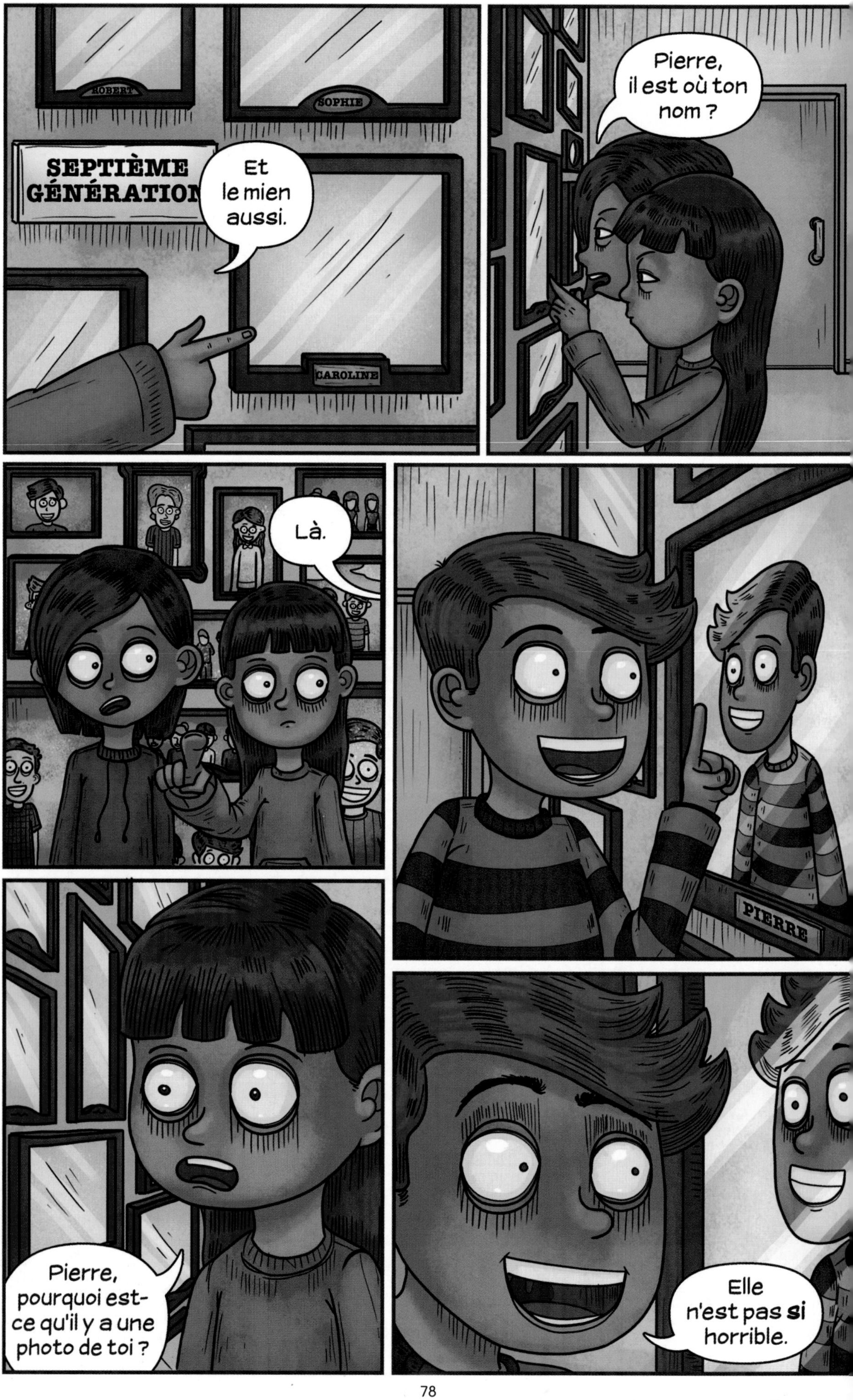
ROBERT
SOPHIE
SEPTIÈME GÉNÉRATION
Et le mien aussi.
CAROLINE
Pierre, il est où ton nom ?
Là.
PIERRE
Pierre, pourquoi est-ce qu'il y a une photo de toi ?
Elle n'est pas **si** horrible.

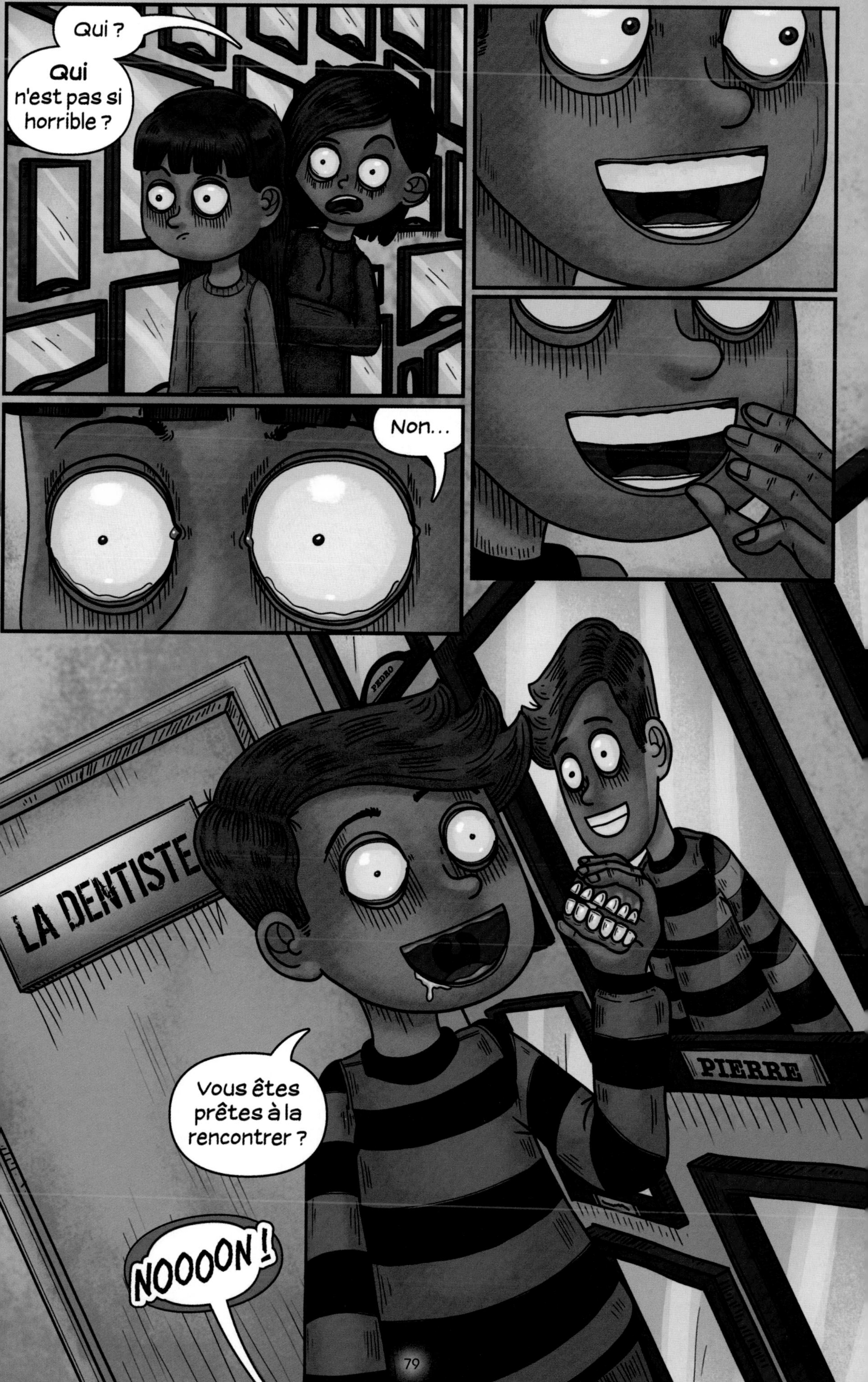
Qui ?
Qui n'est pas si horrible ?
Non…
LA DENTISTE
PEDRO
PIERRE
Vous êtes prêtes à la rencontrer ?
NOOOON !

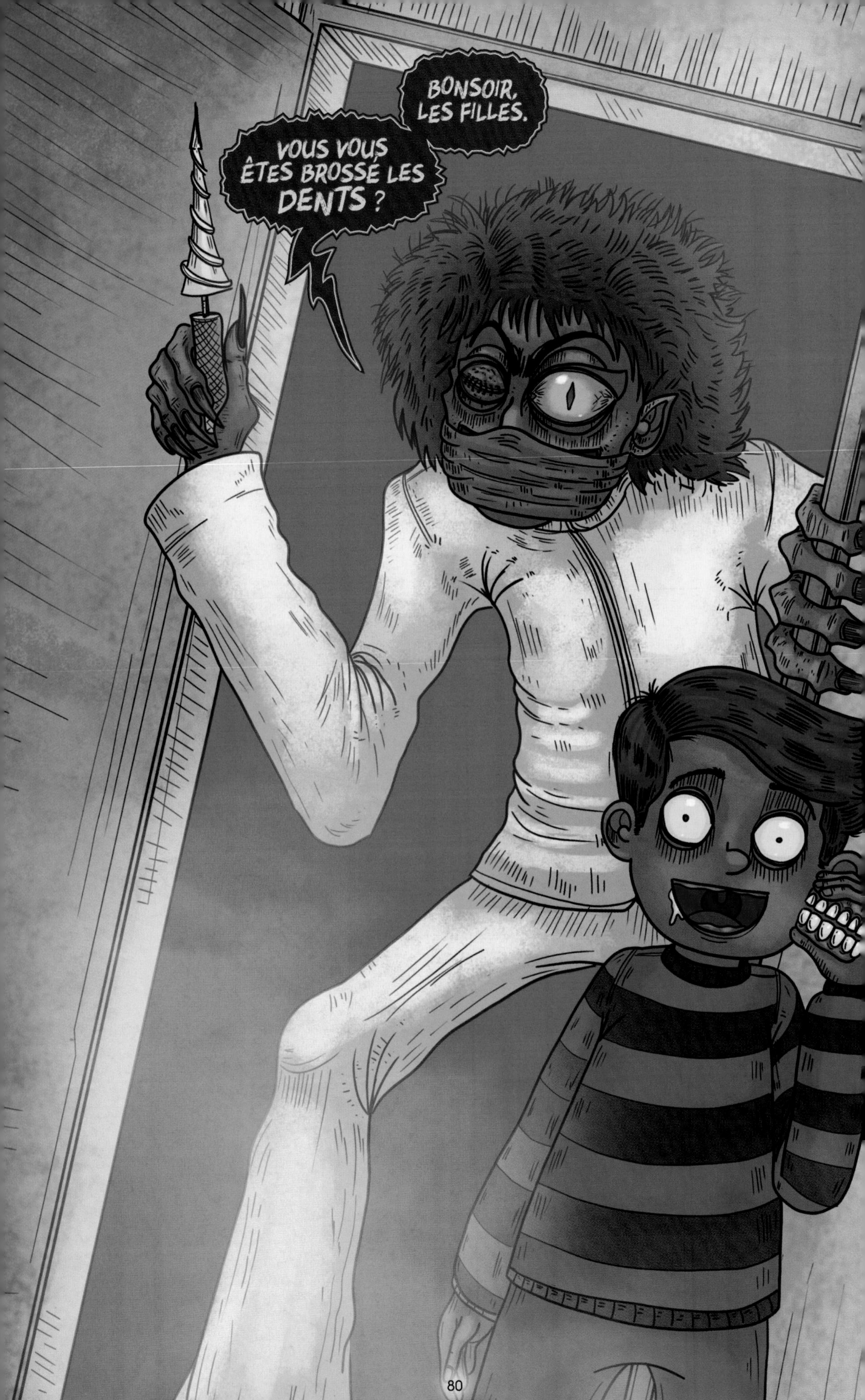
BONSOIR, LES FILLES.
VOUS VOUS ÊTES BROSSÉ LES DENTS ?

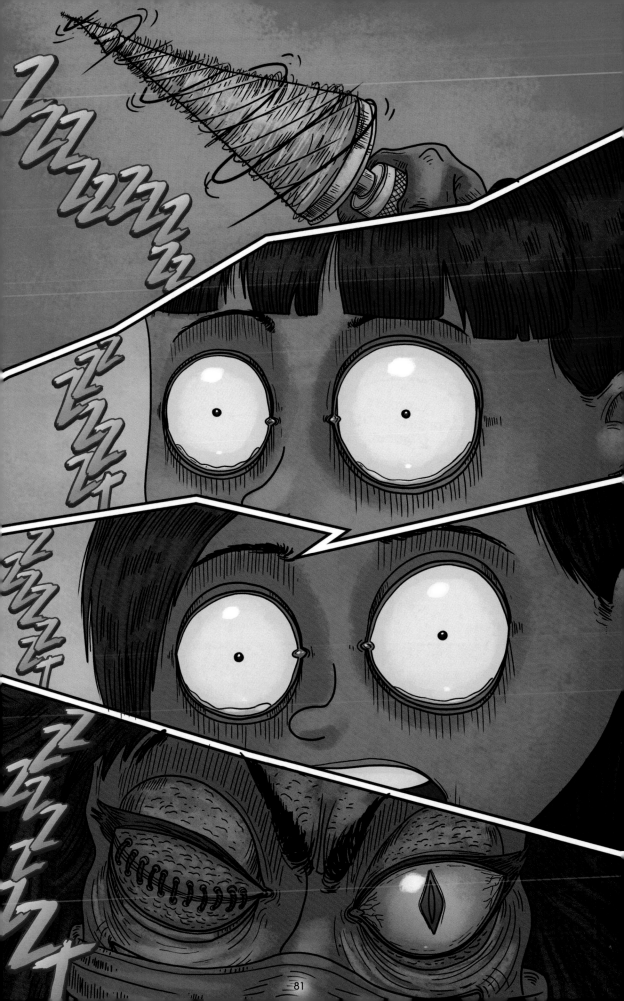

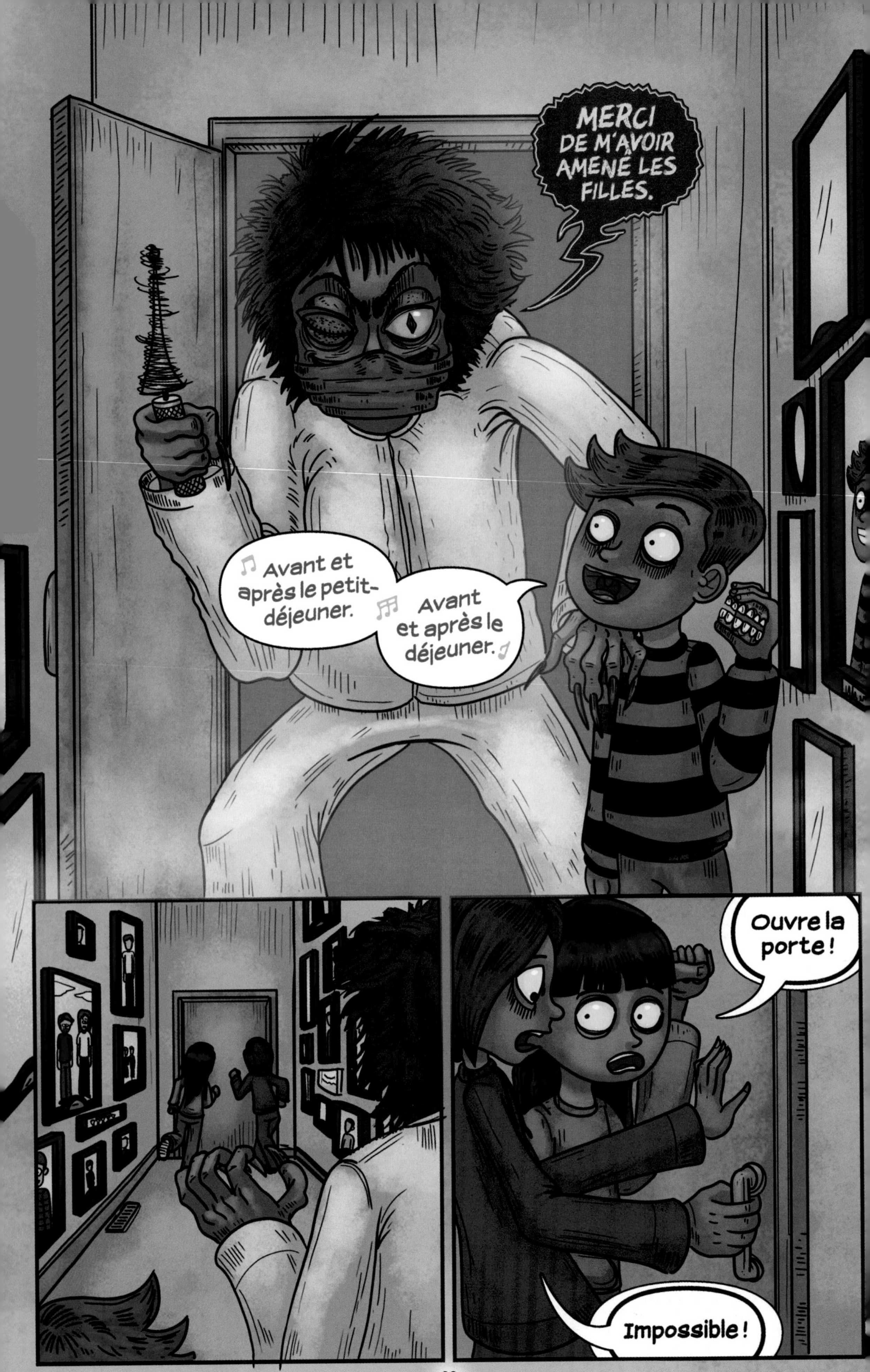
MERCI DE M'AVOIR AMENÉ LES FILLES.
Avant et après le petit-déjeuner.
Avant et après le déjeuner.
Ouvre la porte !
Impossible !

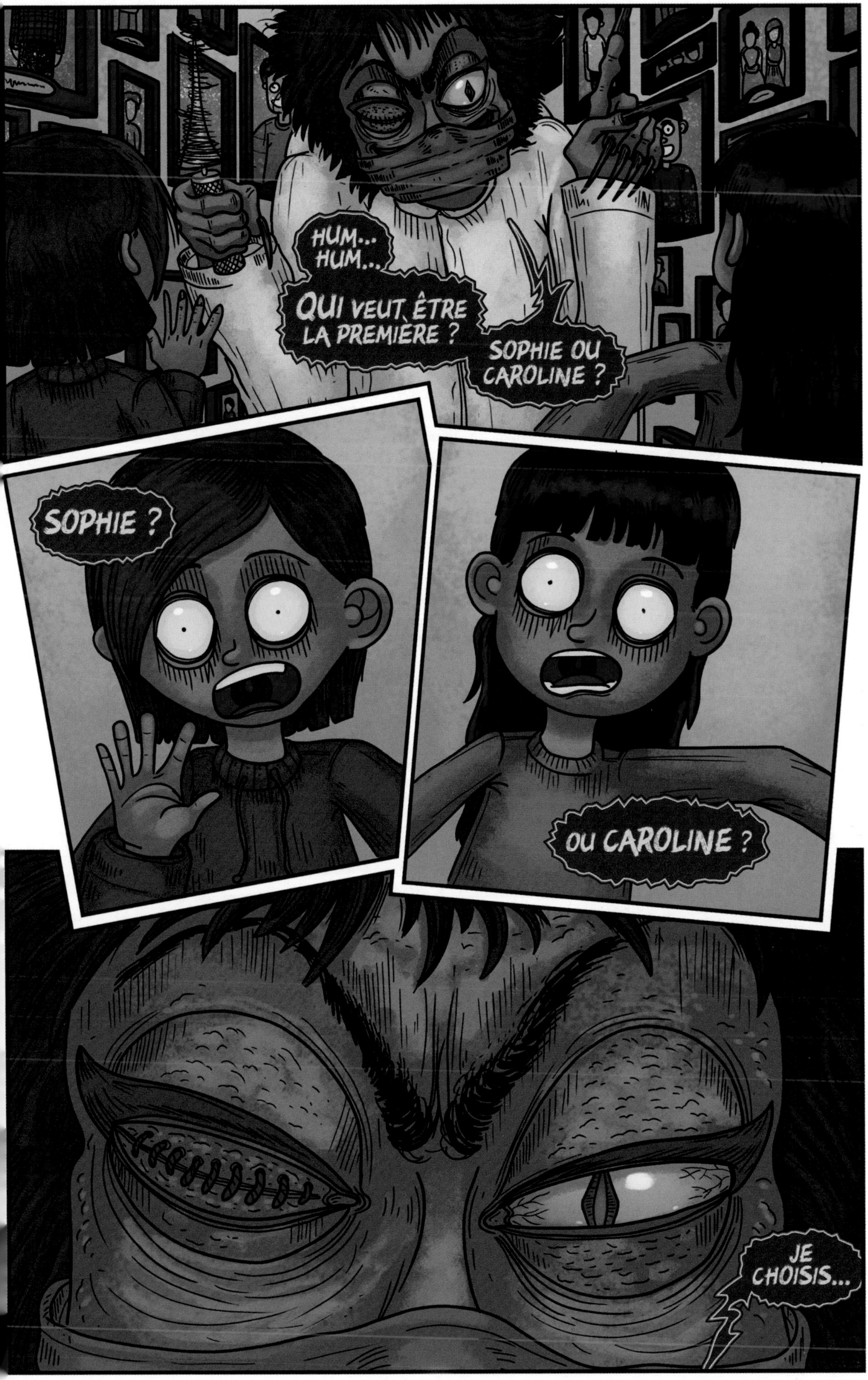
HUM... HUM...
QUI VEUT ÊTRE LA PREMIÈRE ?
SOPHIE OU CAROLINE ?
SOPHIE ?
OU CAROLINE ?
JE CHOISIS...

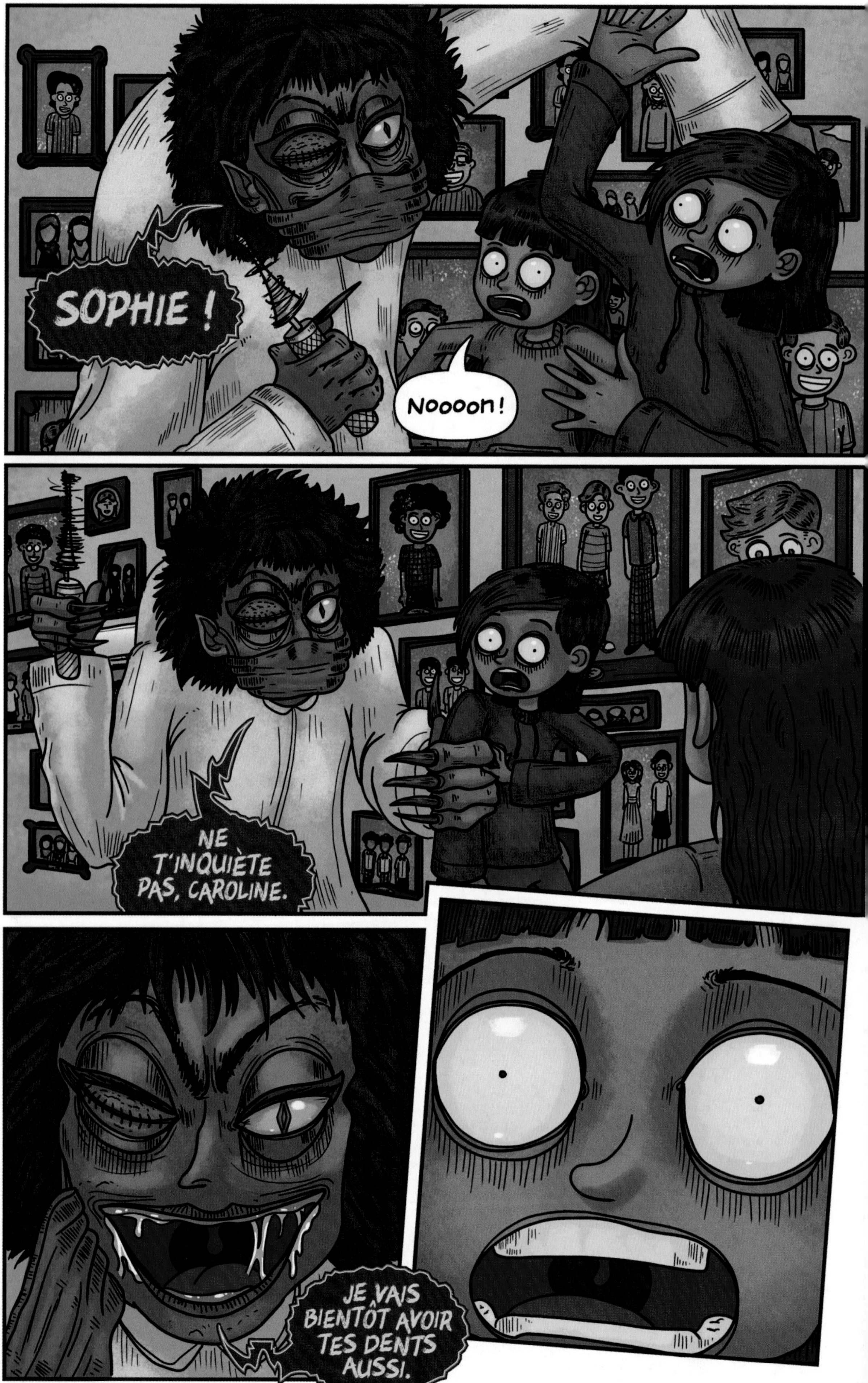
SOPHIE !
Noooon!
NE T'INQUIÈTE PAS, CAROLINE.
JE VAIS BIENTÔT AVOIR TES DENTS AUSSI.

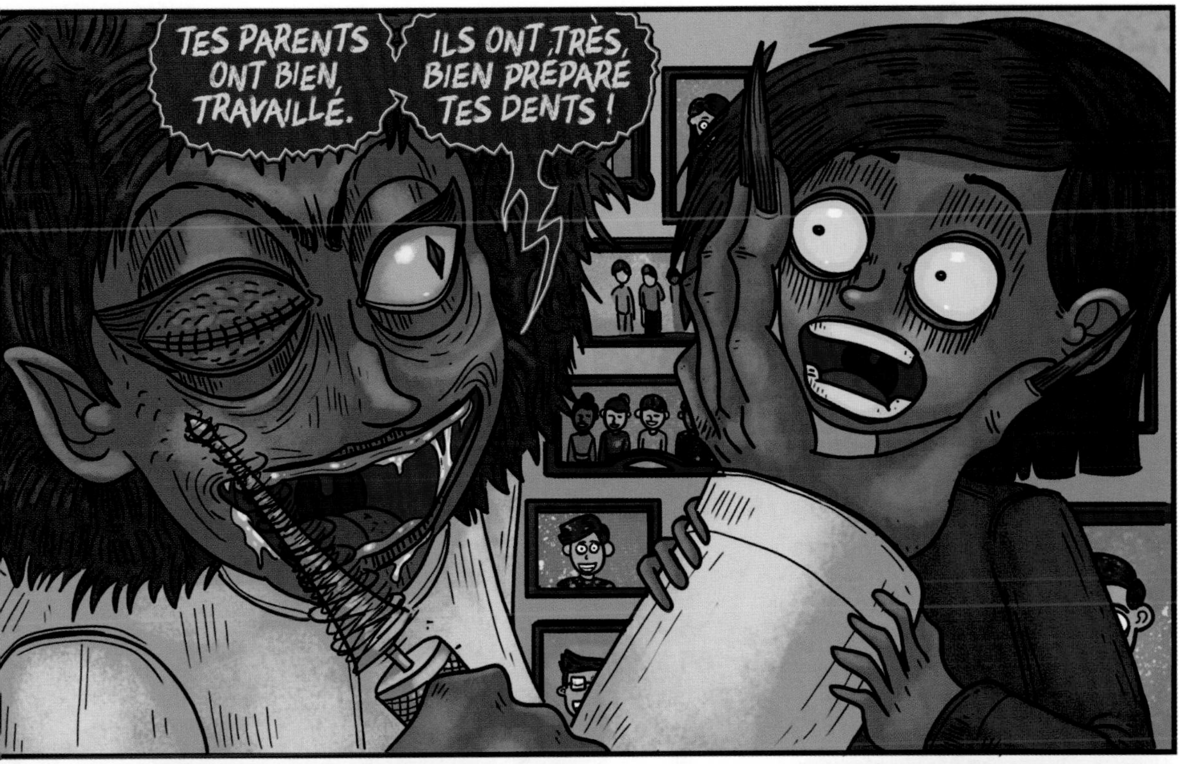
TES PARENTS ONT BIEN TRAVAILLÉ.
ILS ONT TRÈS, BIEN PRÉPARÉ TES DENTS !

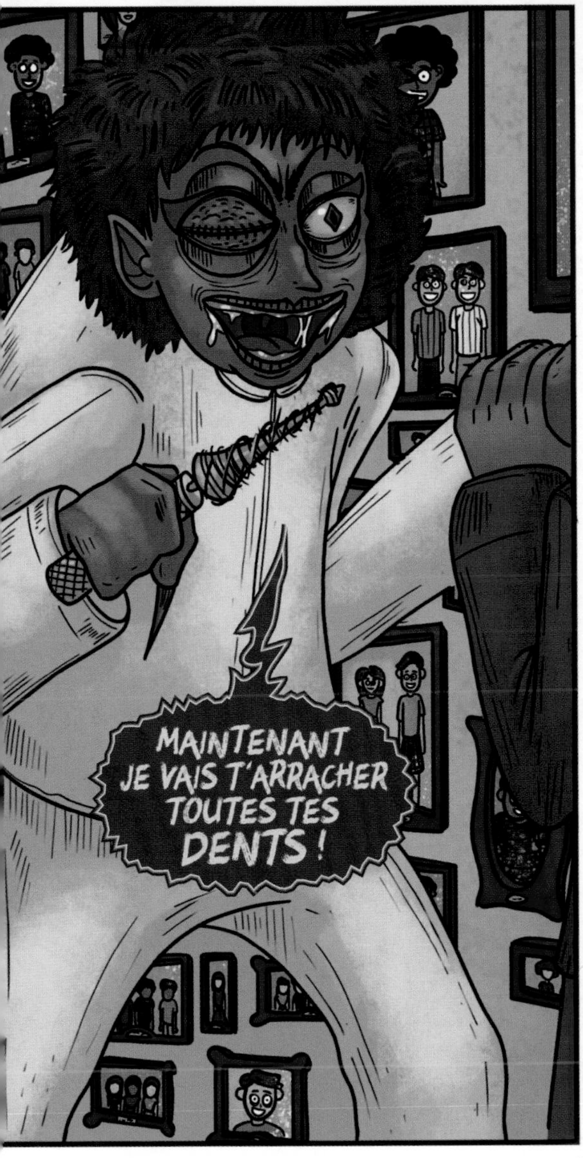
MAINTENANT JE VAIS T'ARRACHER TOUTES TES DENTS !

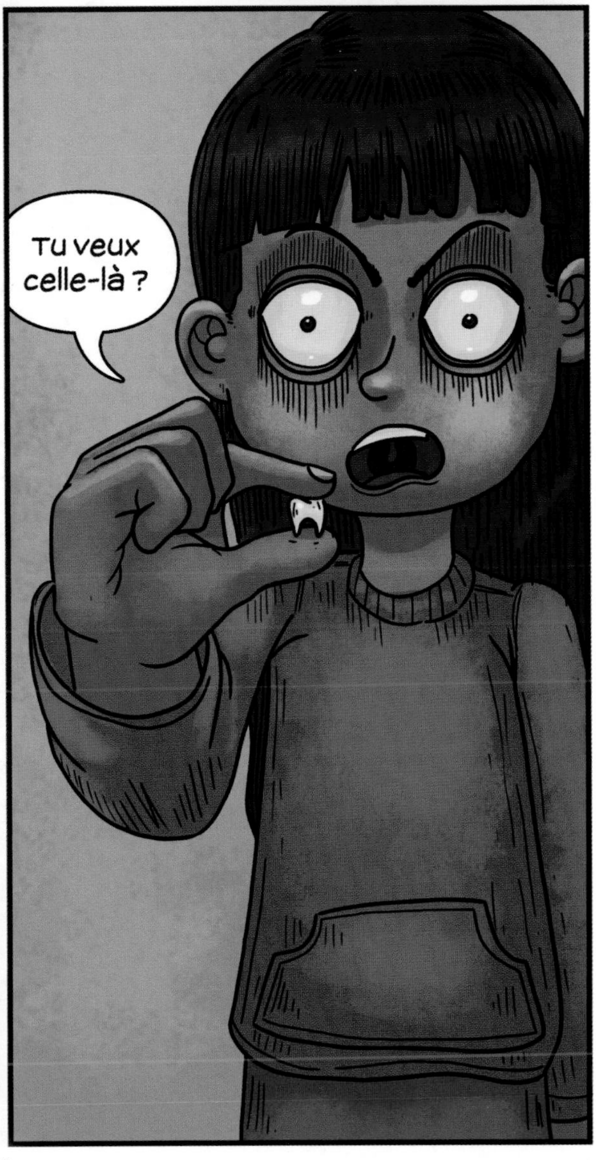
Tu veux celle-là ?

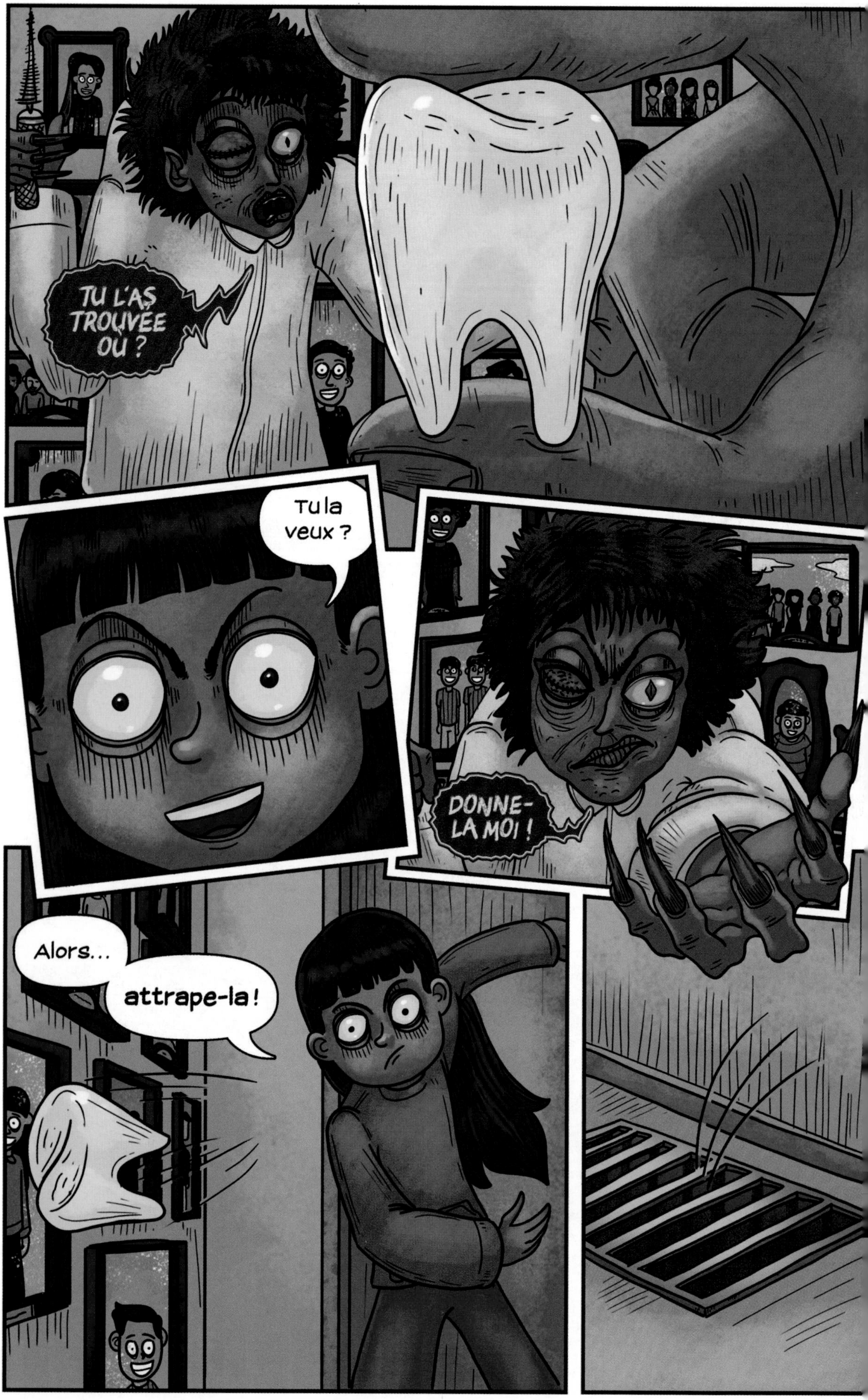
TU L'AS TROUVÉE OÙ ?
Tu la veux ?
DONNE-LA MOI !
Alors...
attrape-la !

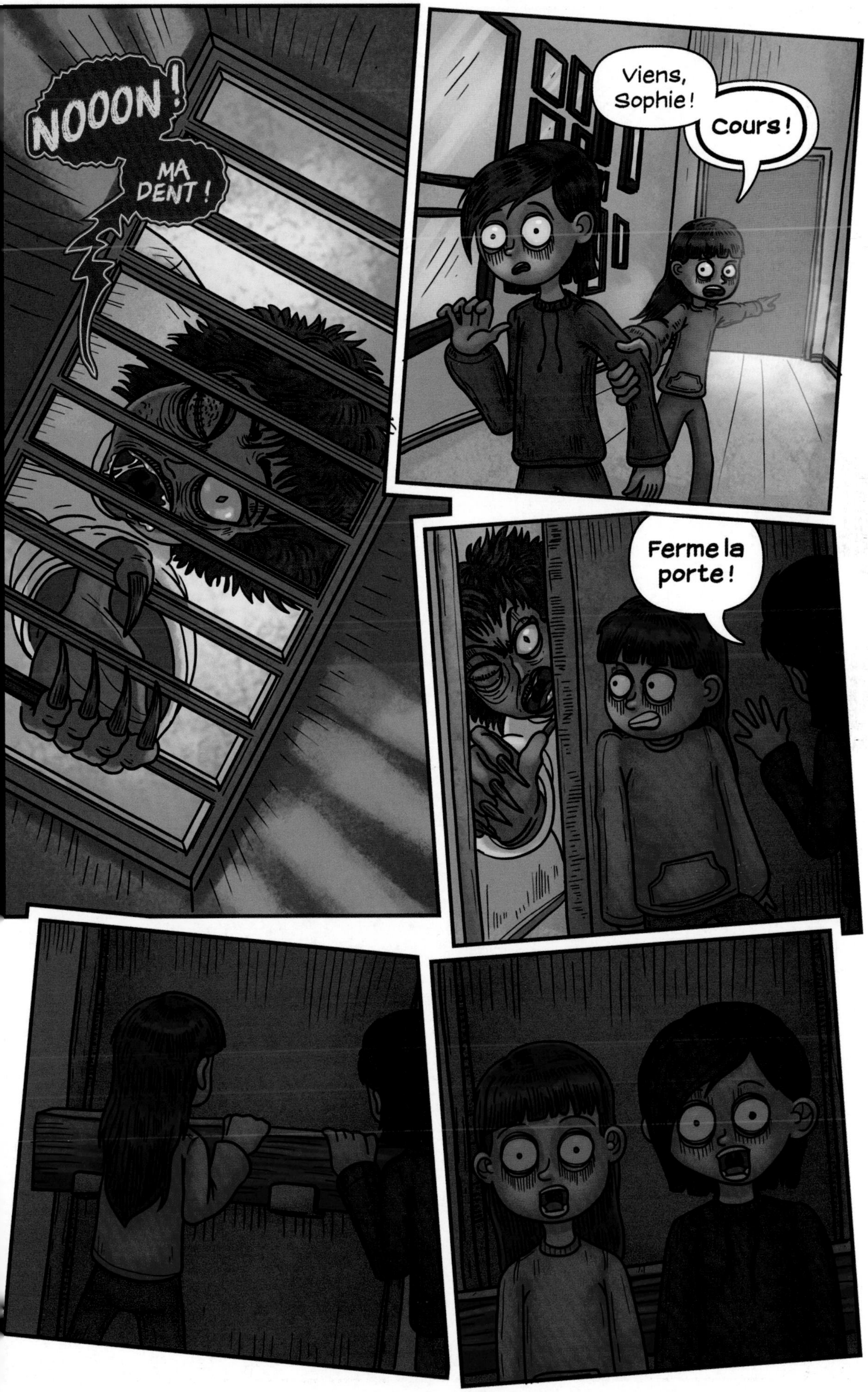
NOOON !
MA DENT !
Viens, Sophie !
Cours !
Ferme la porte !

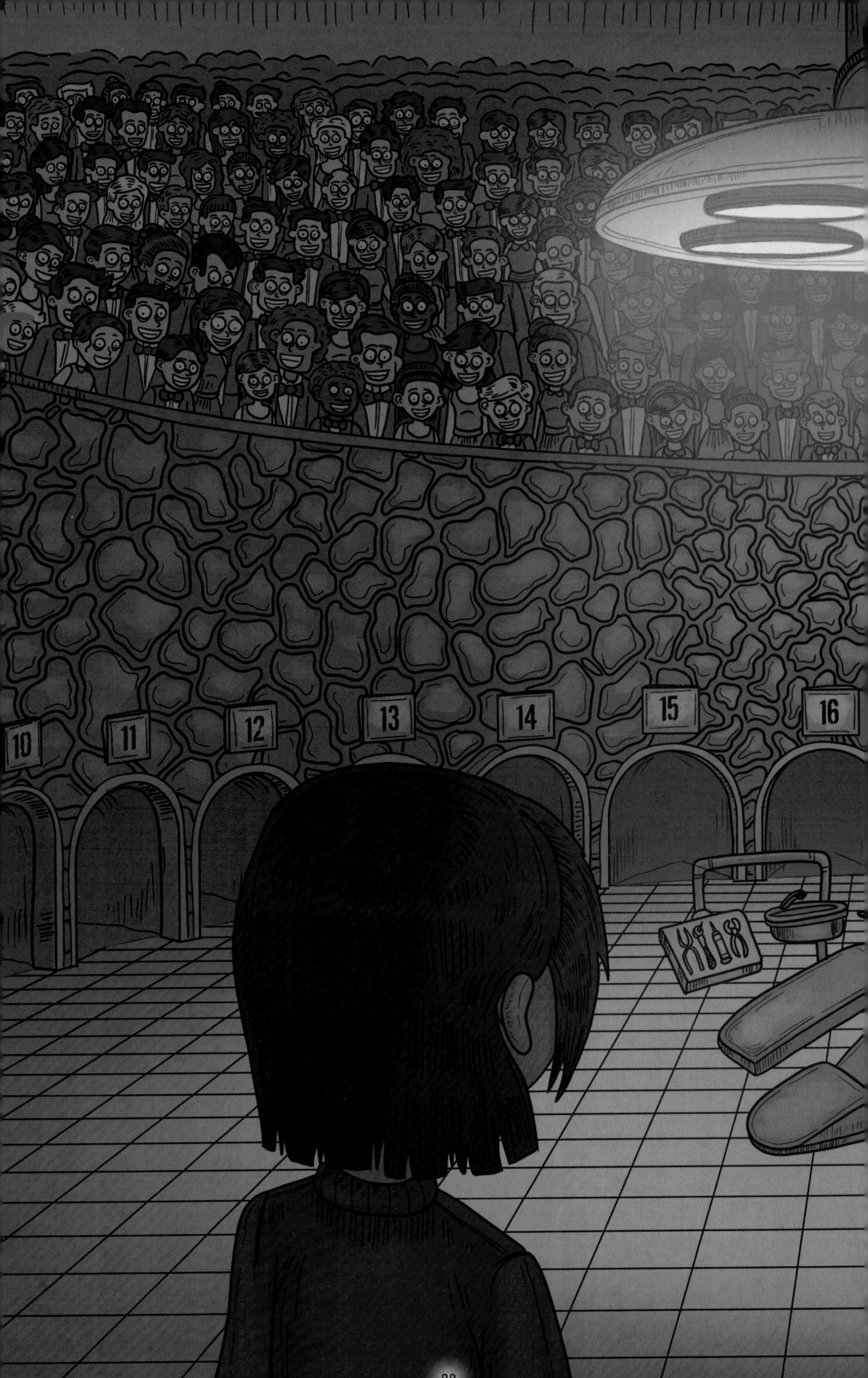
10
11
12
13
14
15
16

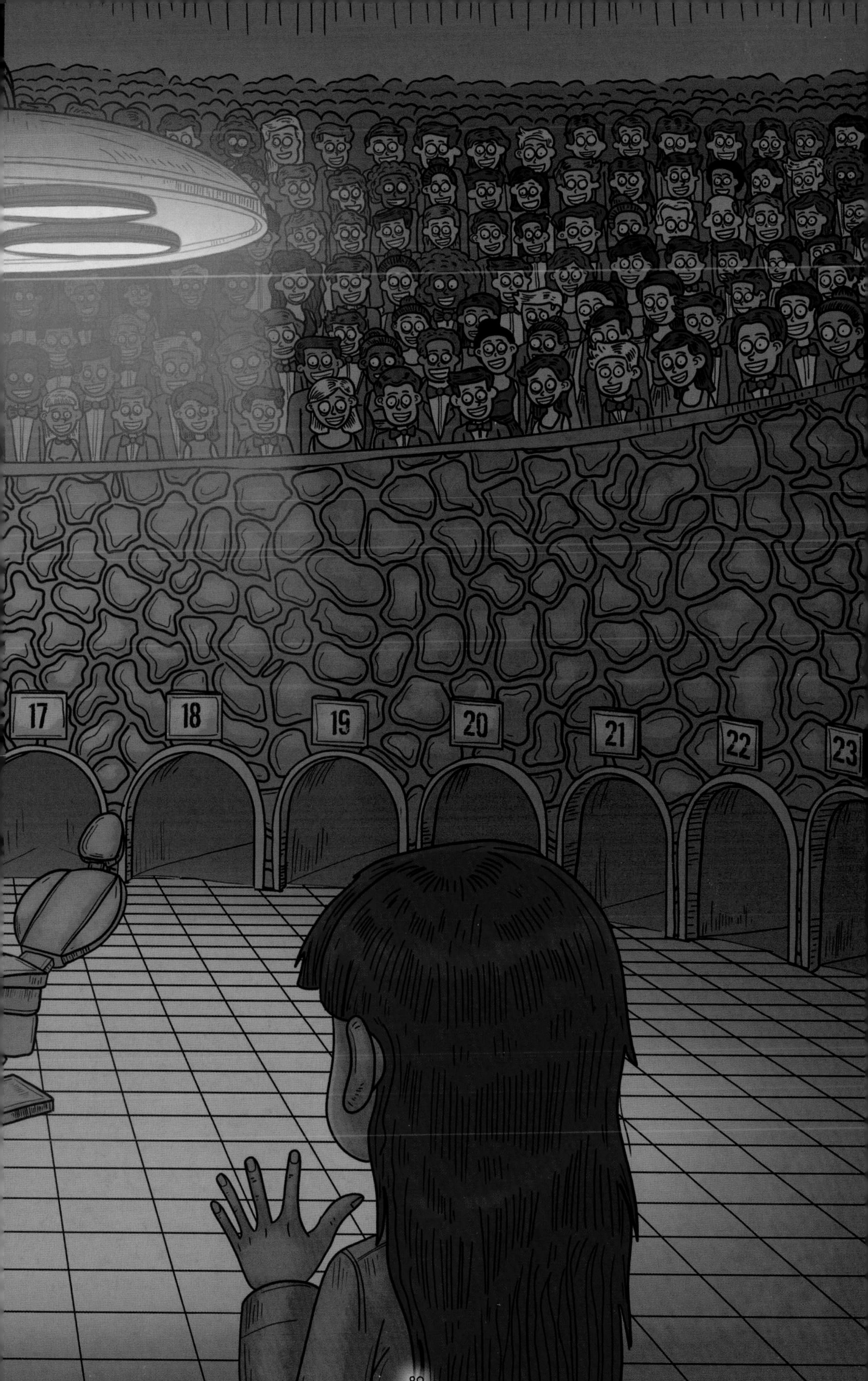
17
18
19
20
21
22
23

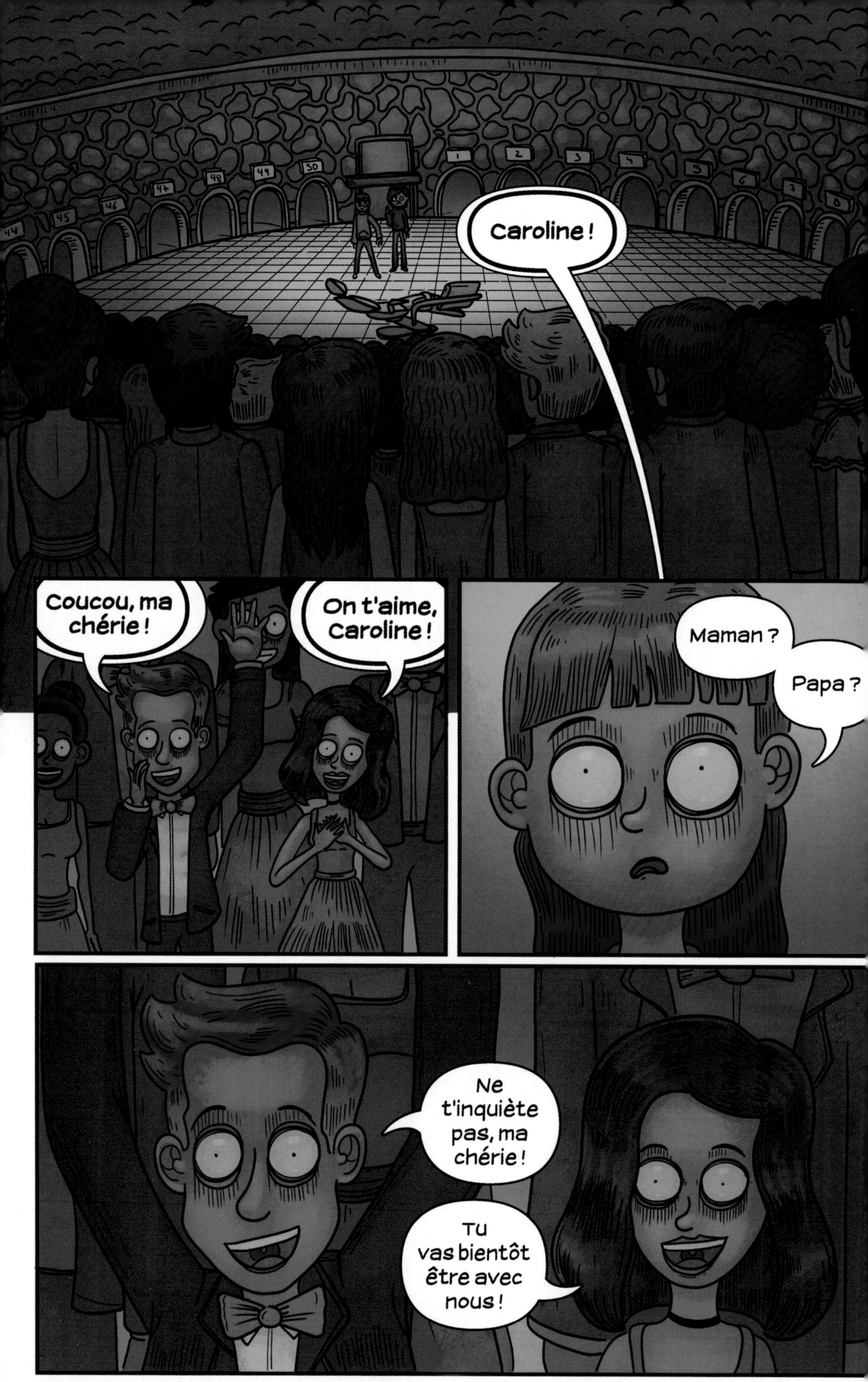
Caroline !
Coucou, ma chérie !
On t'aime, Caroline !
Maman ?
Papa ?
Ne t'inquiète pas, ma chérie !
Tu vas bientôt être avec nous !

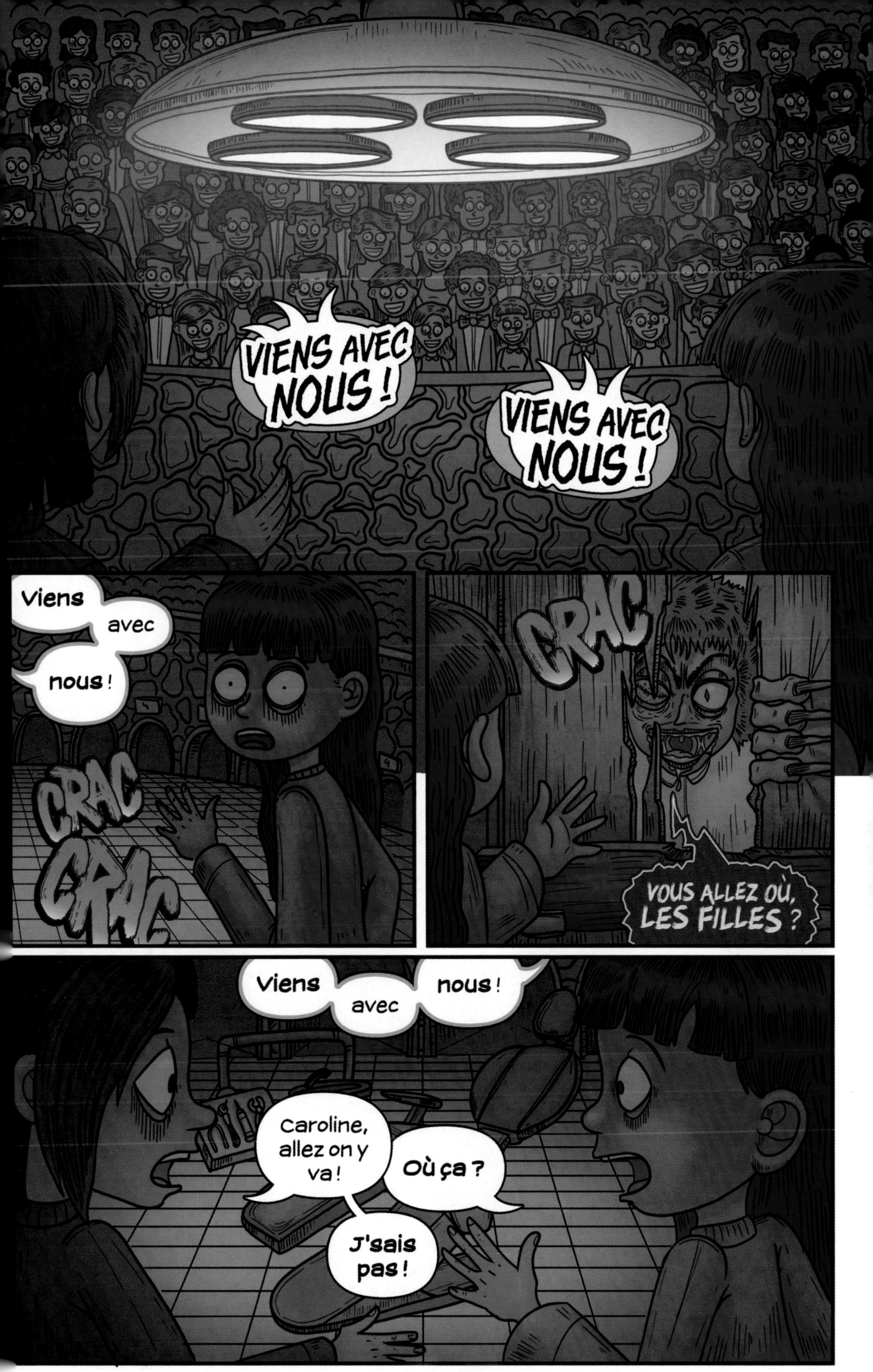
VIENS AVEC NOUS !
VIENS AVEC NOUS !
Viens avec nous !
CRAC CRAC CRAC
CRAC
VOUS ALLEZ OÙ, LES FILLES ?
Viens avec nous !
Caroline, allez on y va !
Où ça ?
J'sais pas !

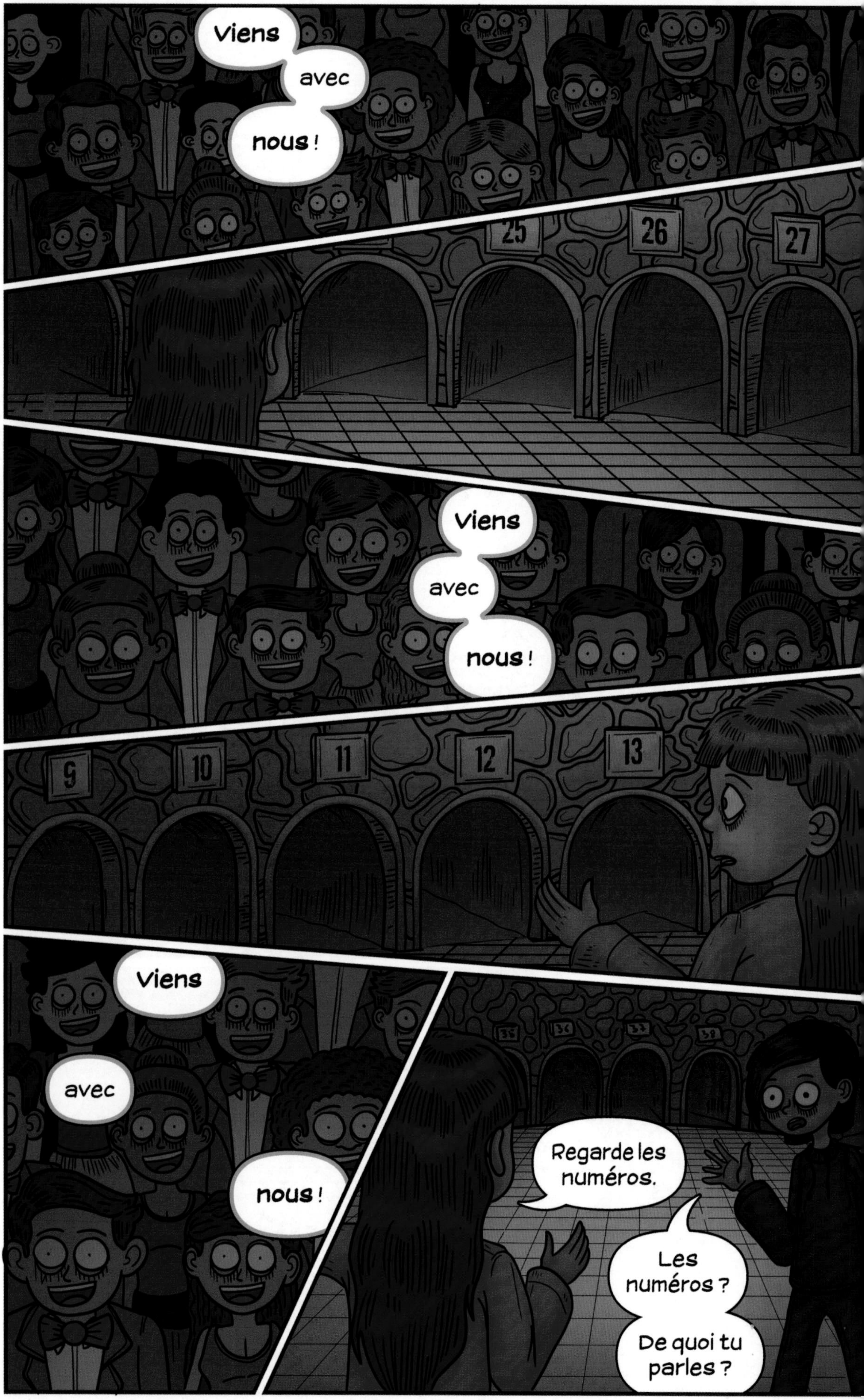
Viens
avec
nous !
25
26
27
Viens
avec
nous !
9
10
11
12
13
Viens
avec
nous !
Regarde les numéros.
Les numéros ?
De quoi tu parles ?

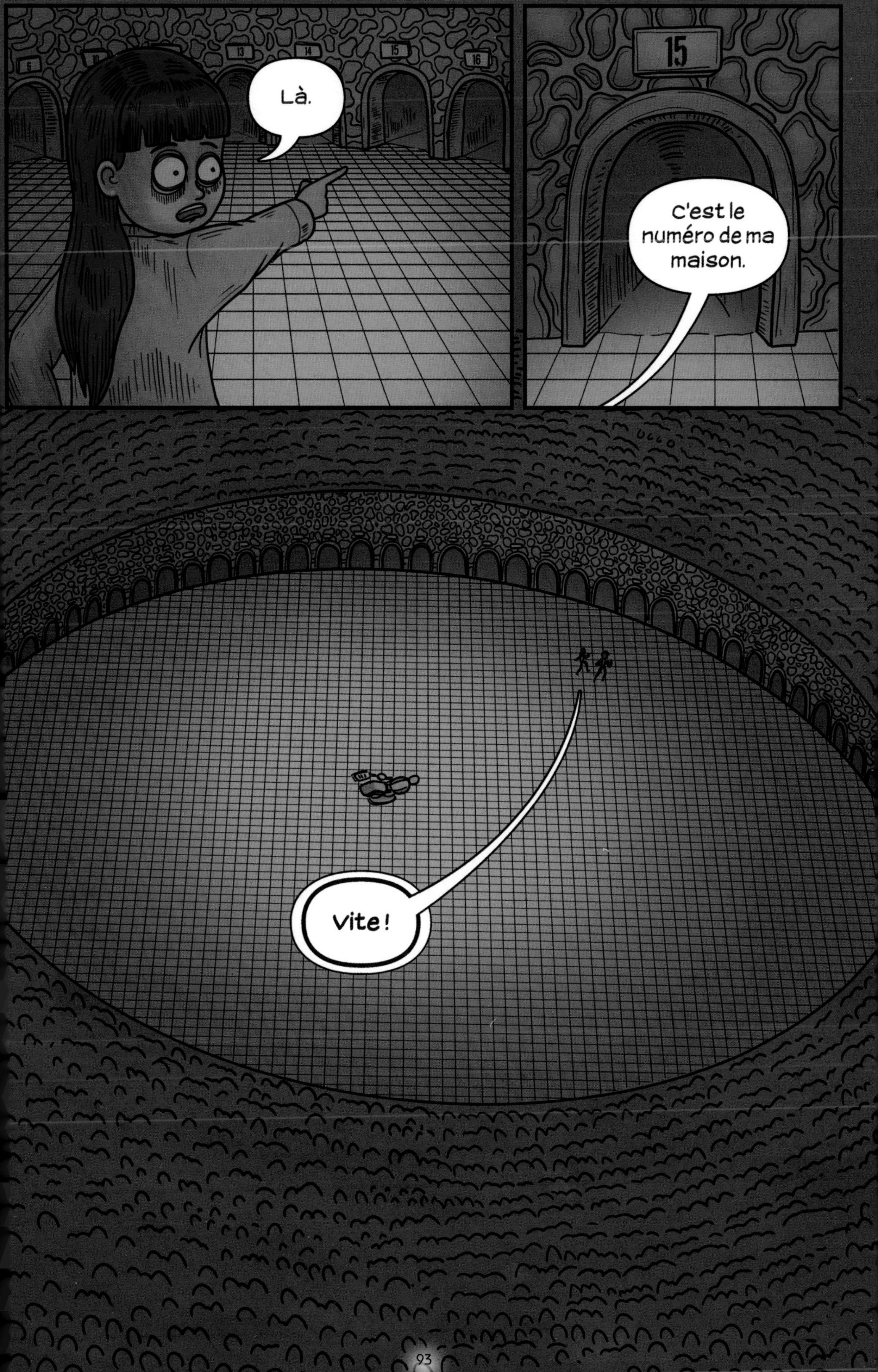
9
10
13
14
15
16
Là.
15
C'est le numéro de ma maison.
Vite !

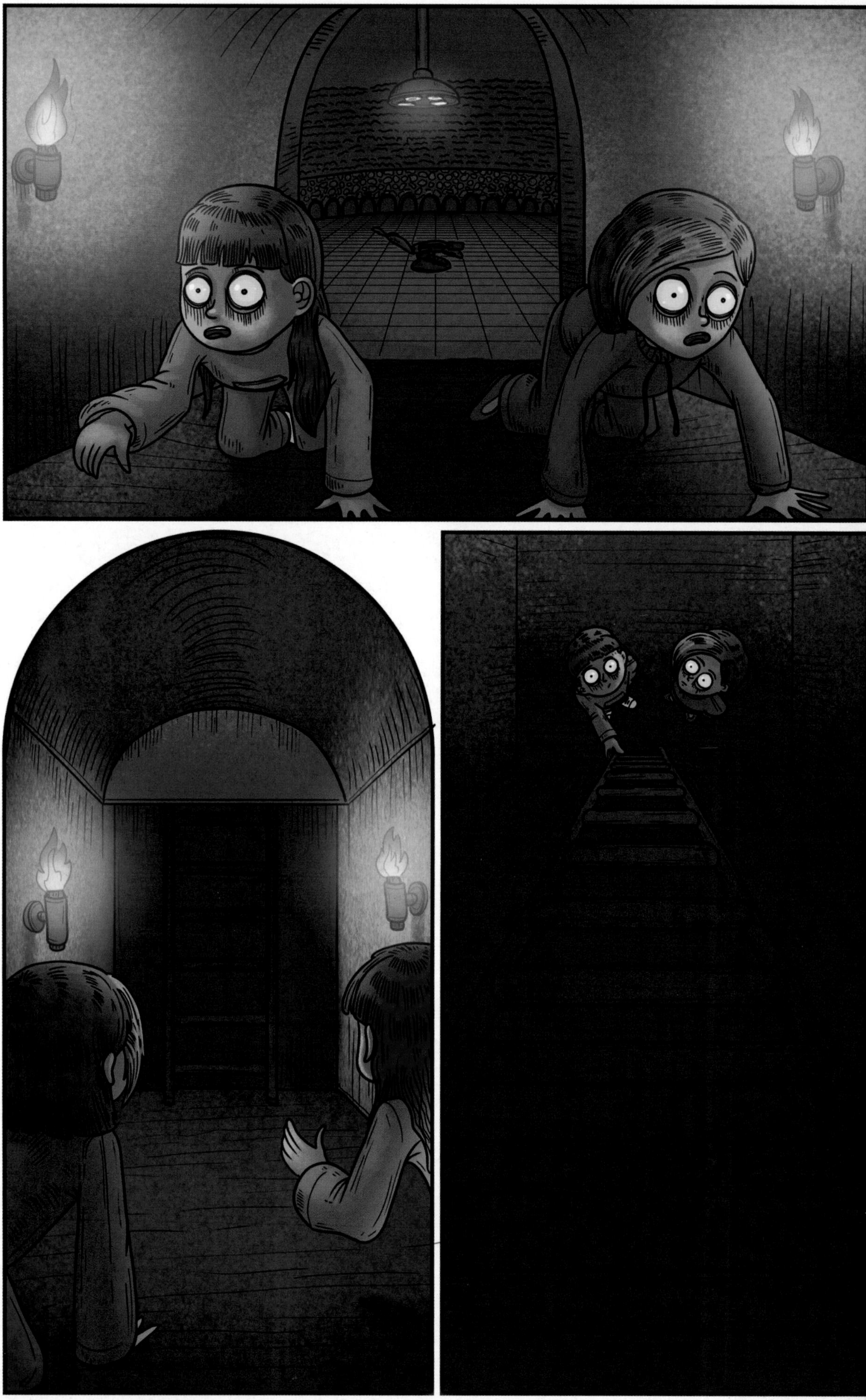

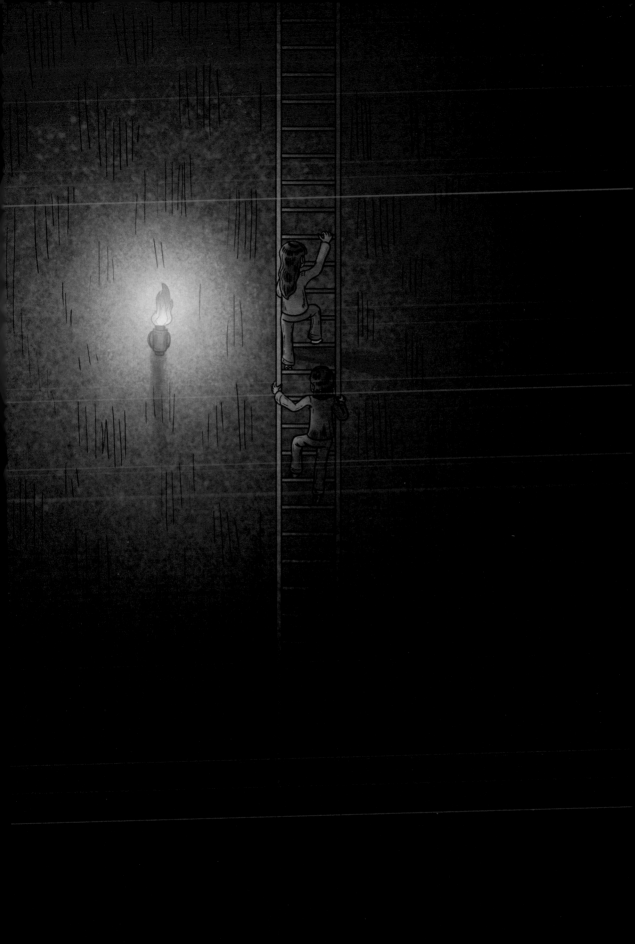

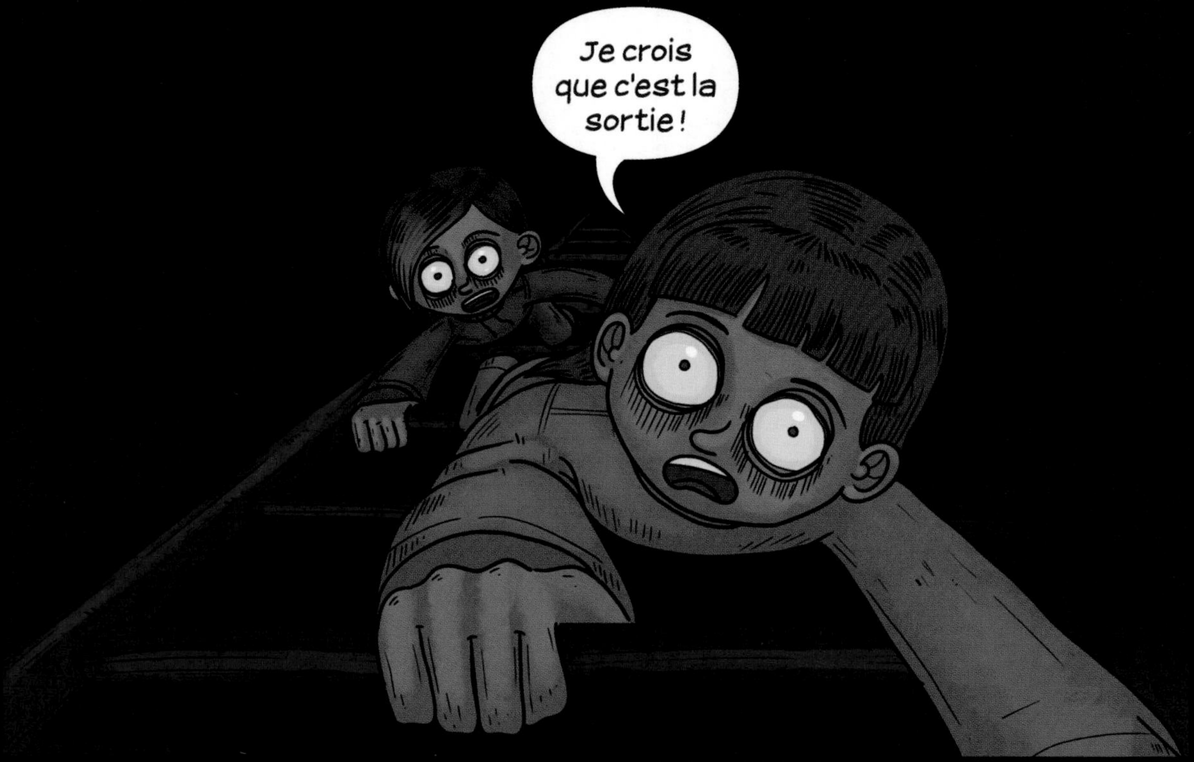
Je crois que c'est la sortie !

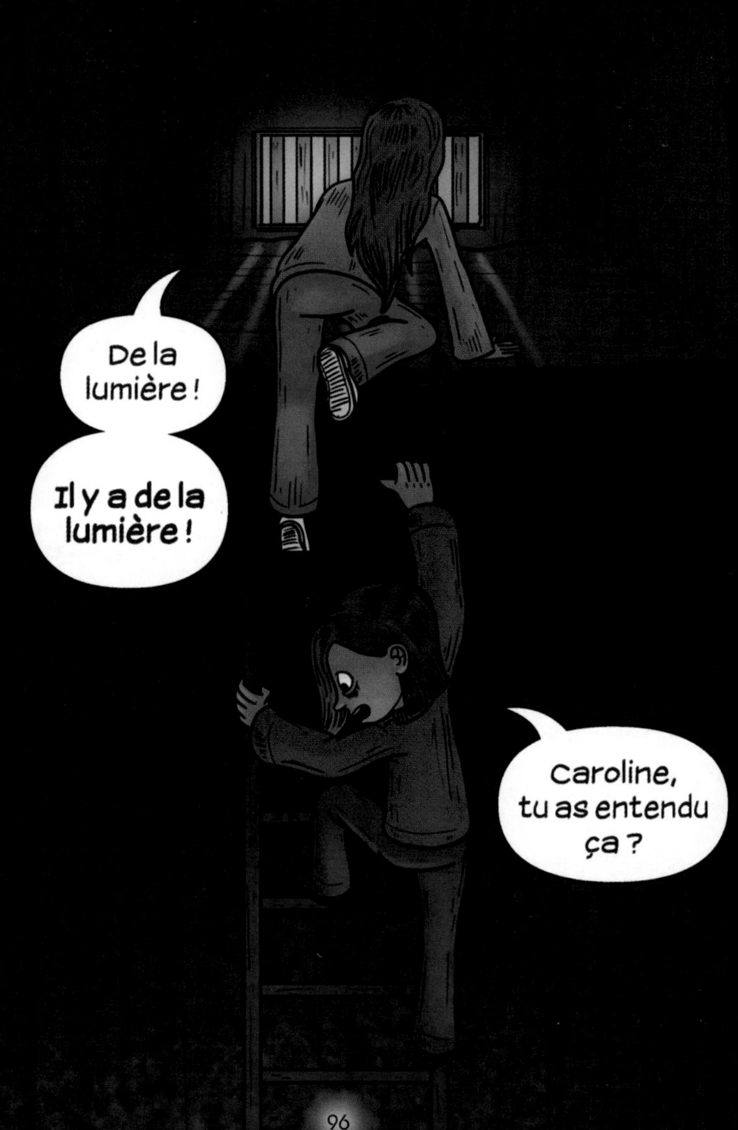
De la lumière !
Il y a de la lumière !
Caroline, tu as entendu ça ?

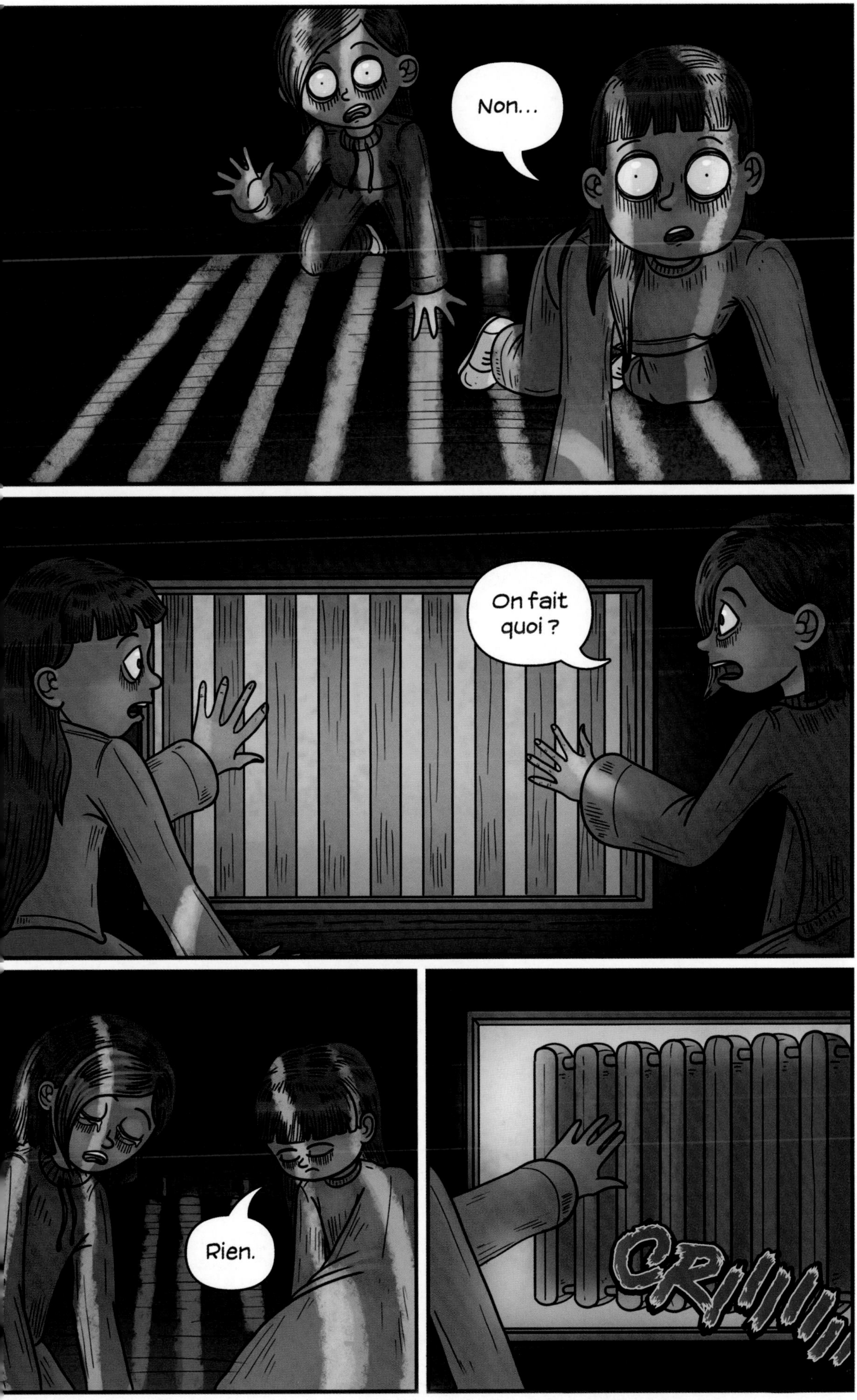
Non...
On fait quoi ?
Rien.
CRIIIIIII

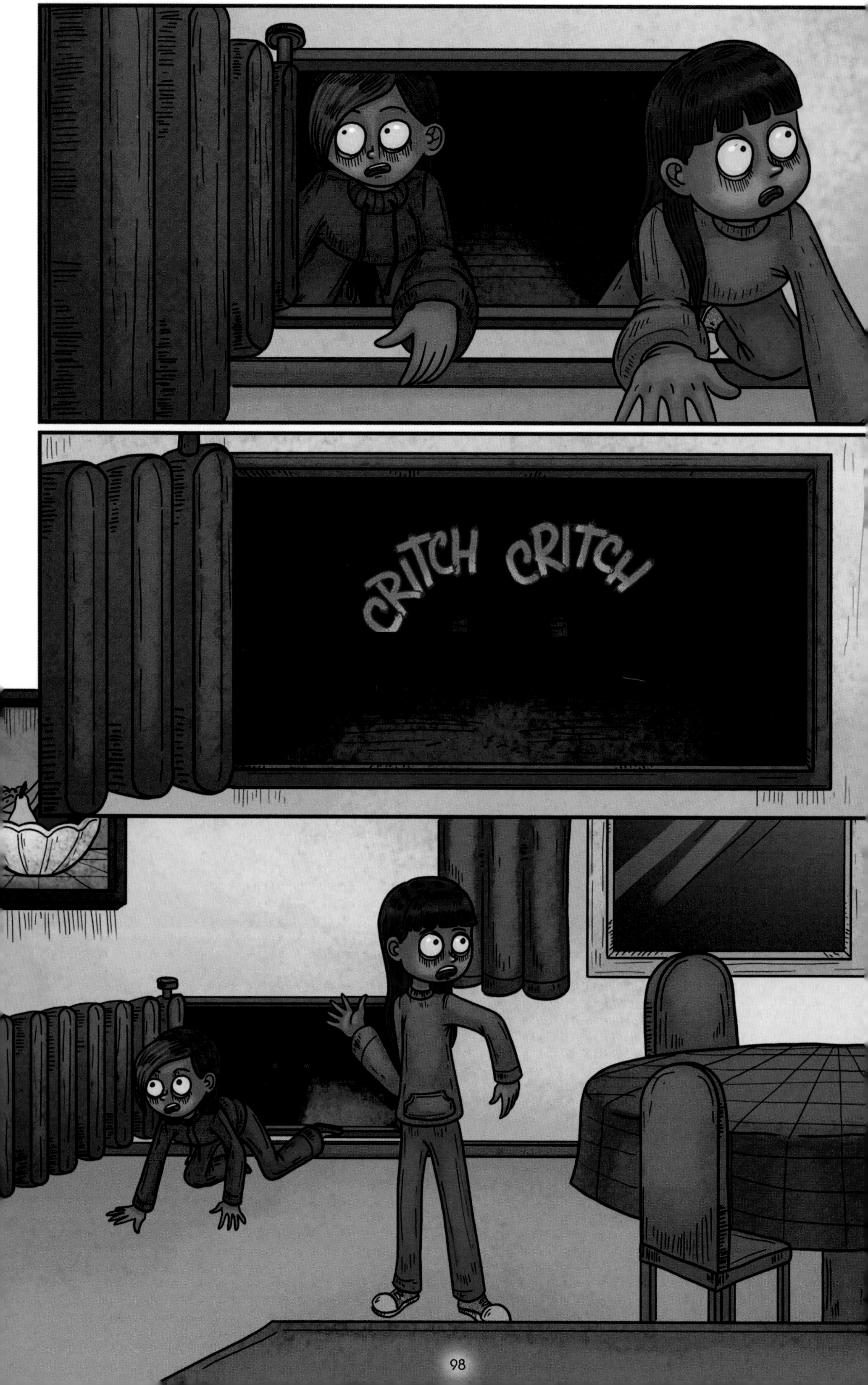
CRITCH CRITCH

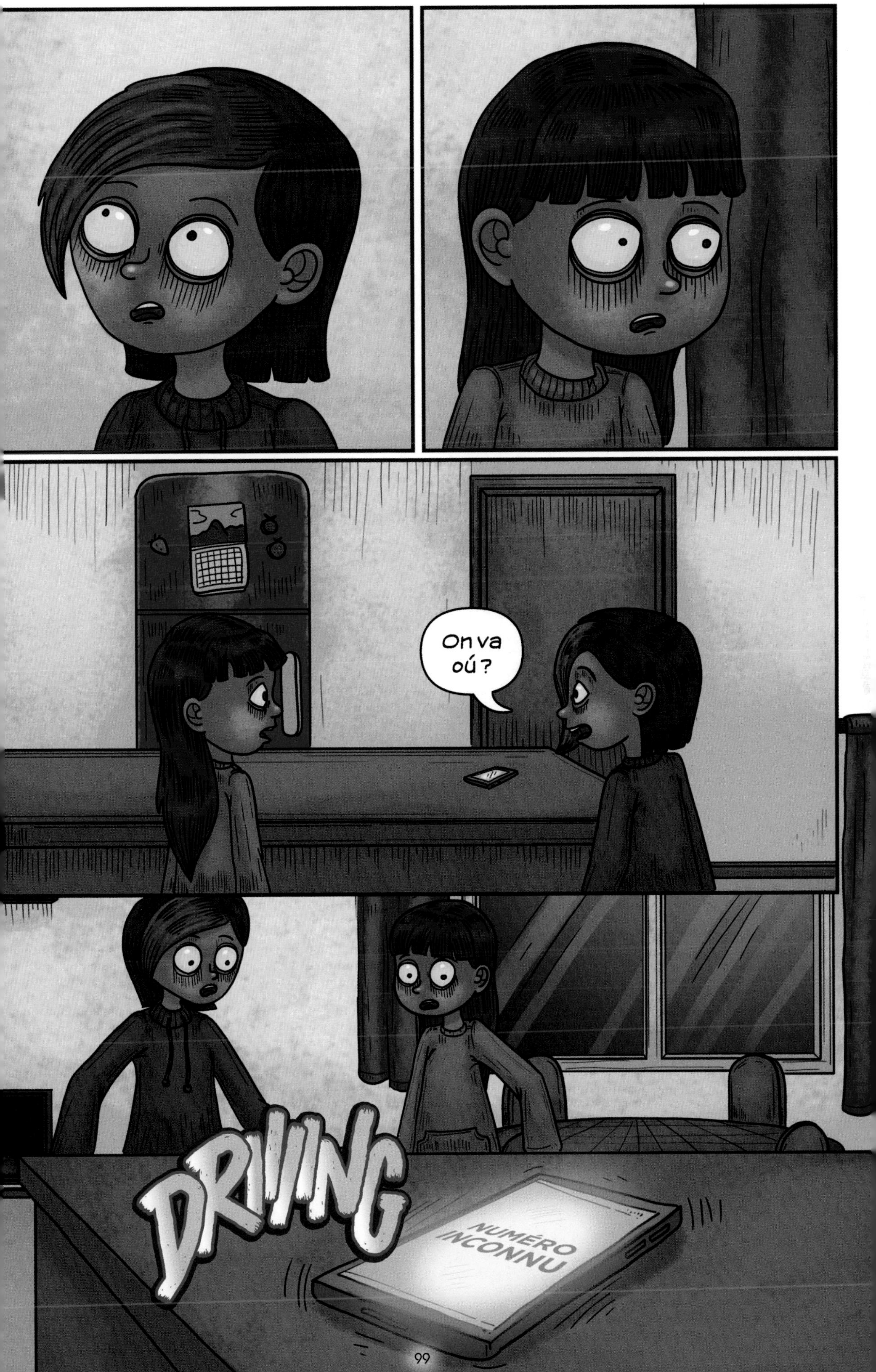
On va
où ?
DRIIING
NUMÉRO
INCONNU

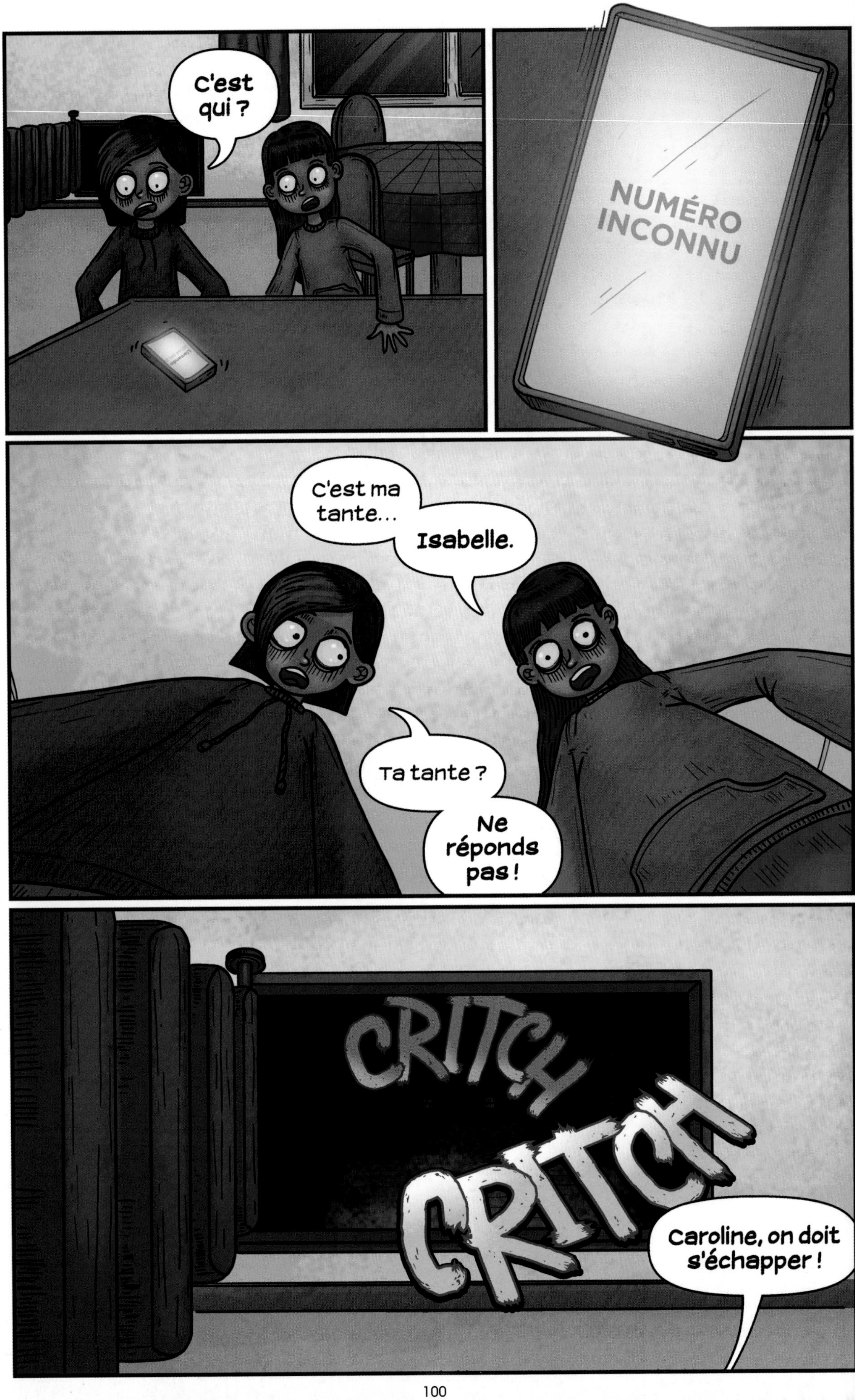
C'est qui ?
NUMÉRO INCONNU
C'est ma tante...
Isabelle.
Ta tante ?
Ne réponds pas !
CRITCH
CRITCH
Caroline, on doit s'échapper !

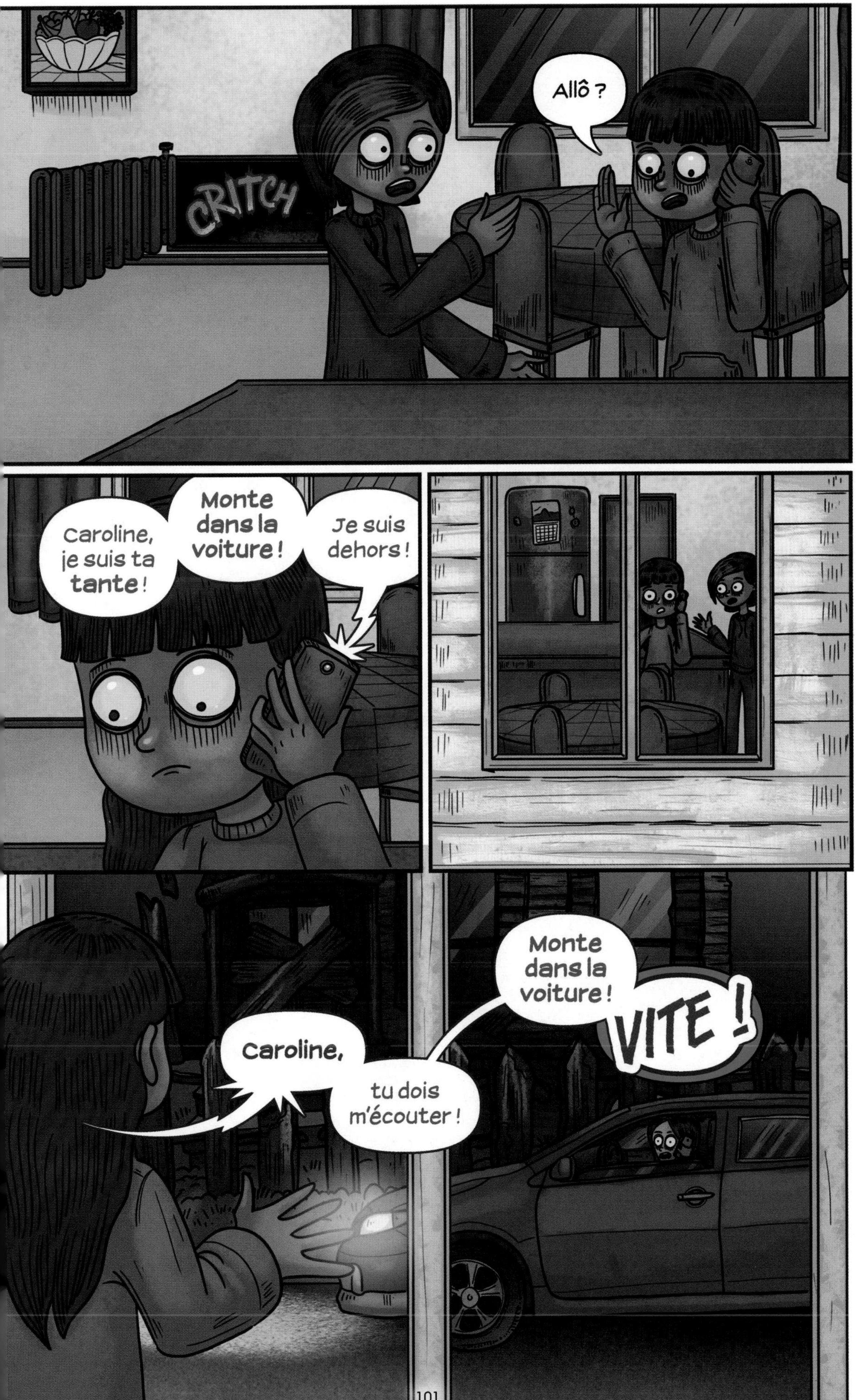
CRITCH
Allô ?
Caroline, je suis ta **tante** !
Monte dans la voiture !
Je suis dehors !
Monte dans la voiture !
Caroline,
tu dois m'écouter !
VITE !

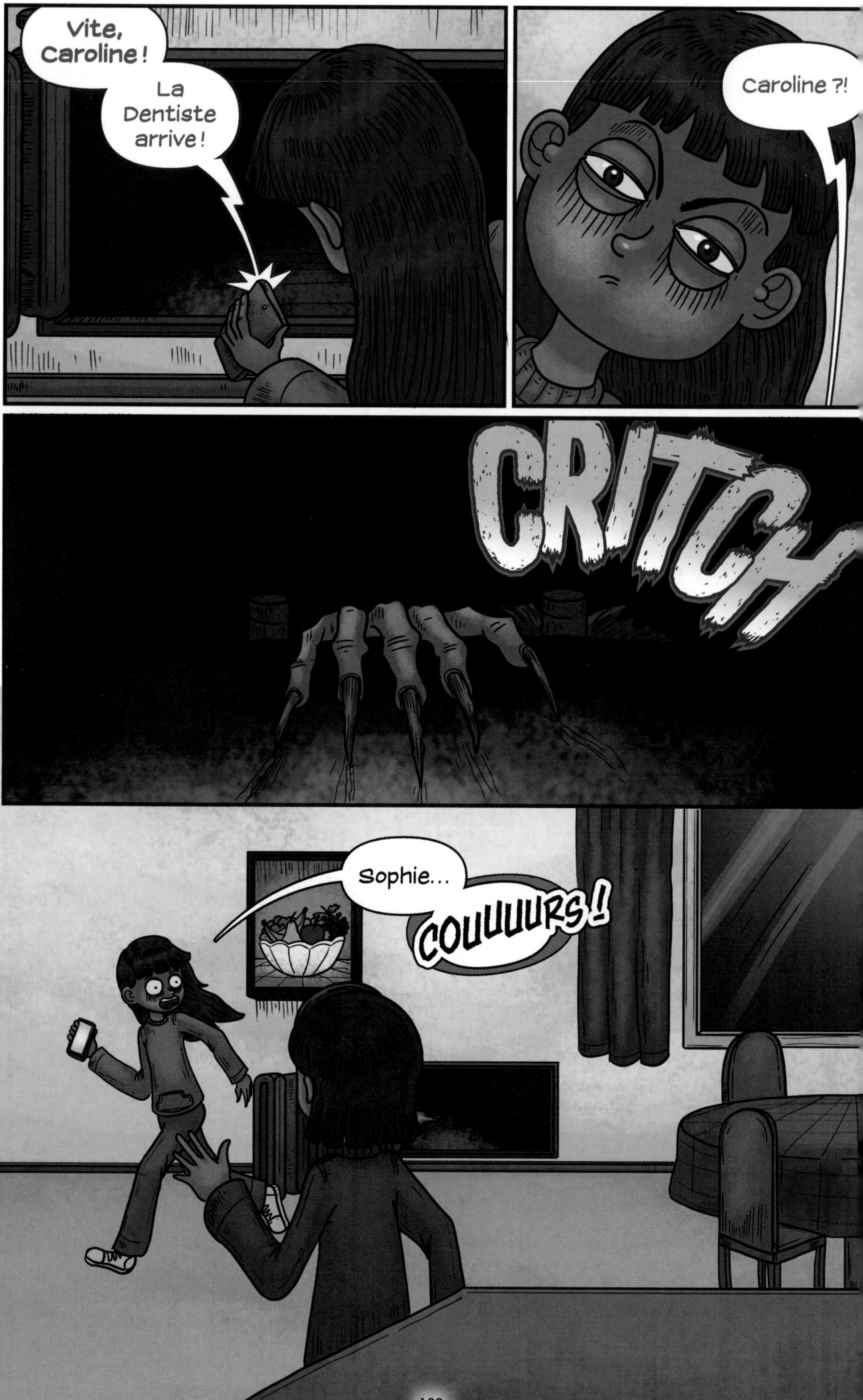
Vite, Caroline !
La Dentiste arrive !
Caroline ?!
CRITCH
Sophie...
COUUUURS !

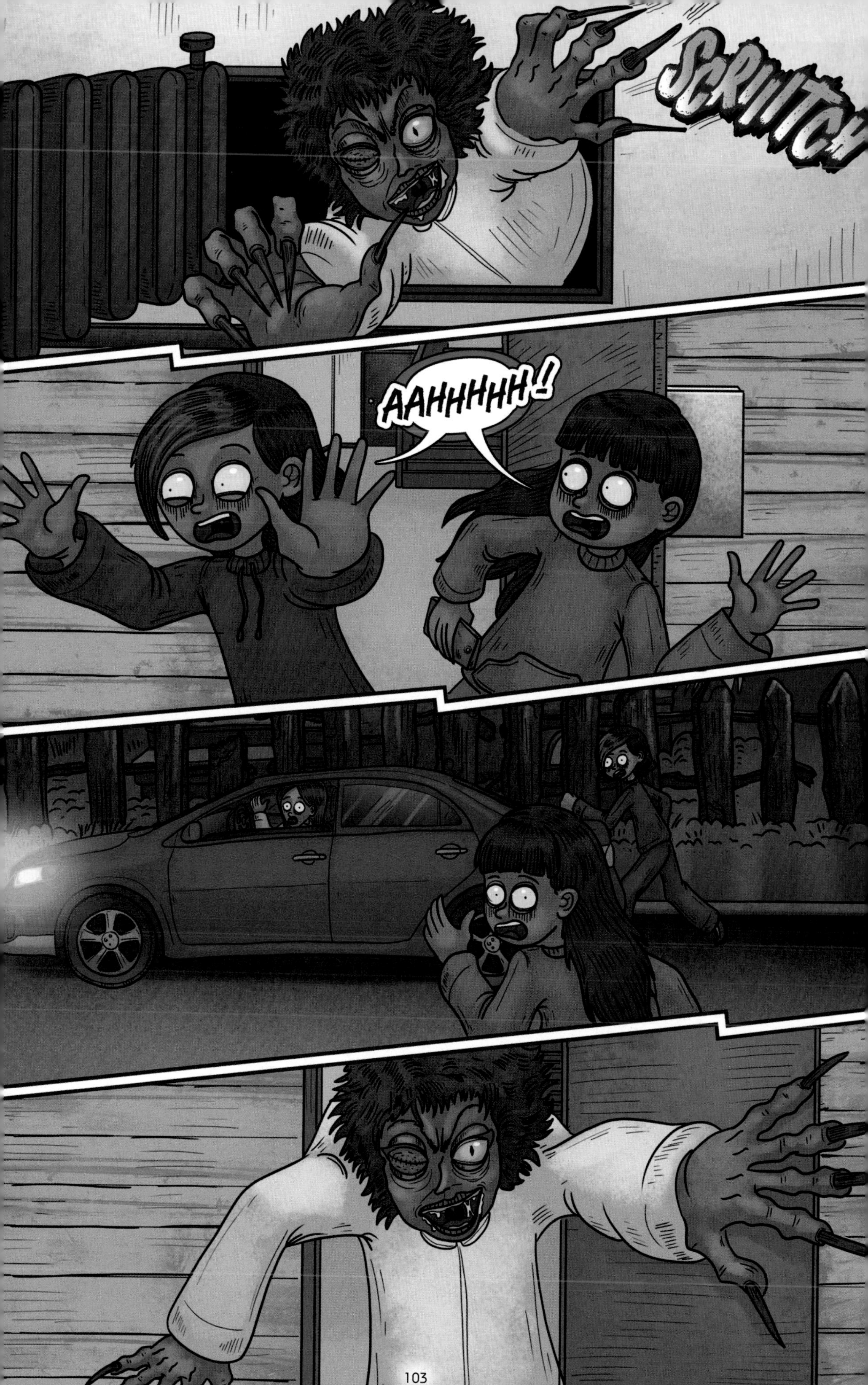
SCRIIITCH
AAHHHHH!

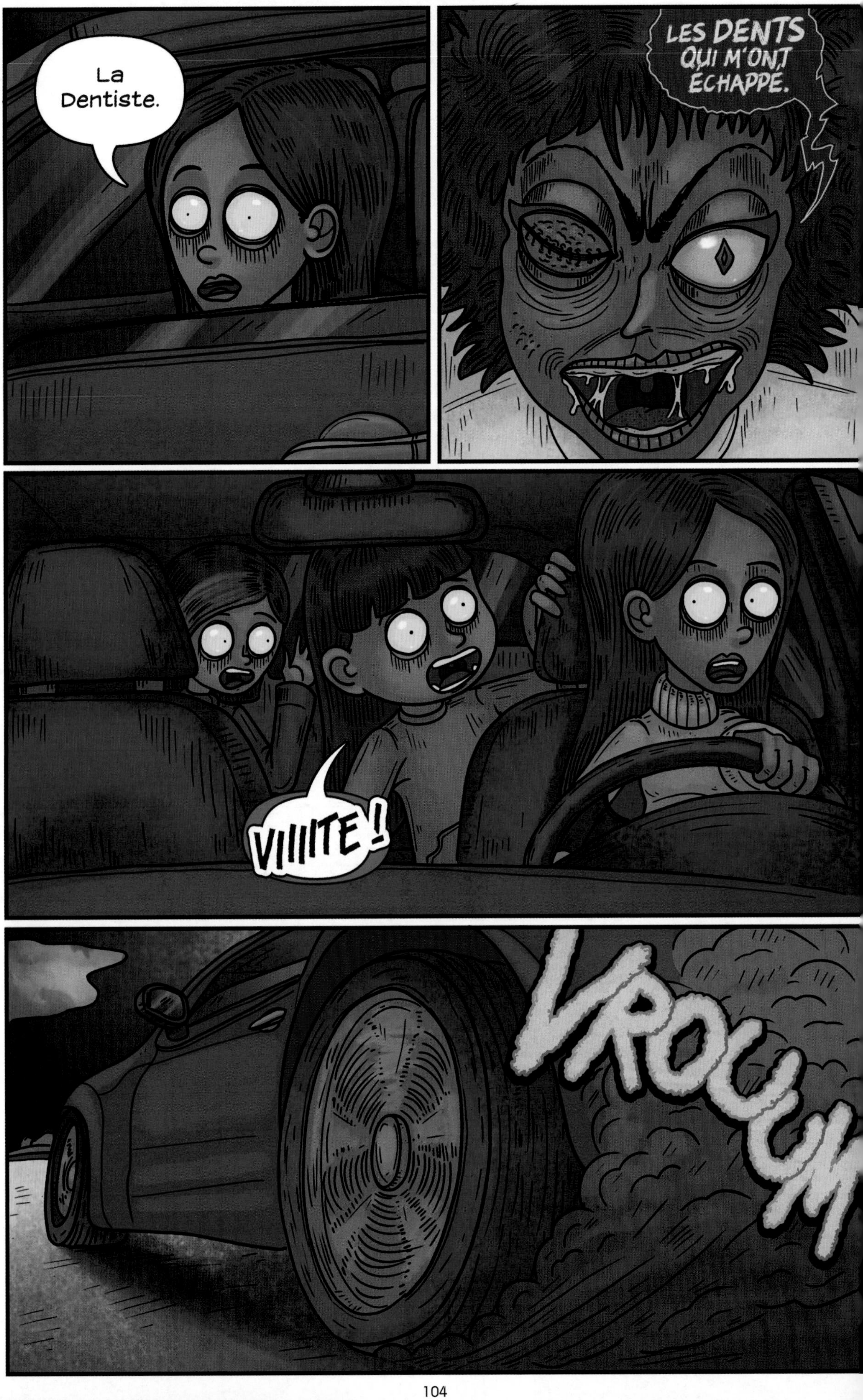
La Dentiste.
LES DENTS QUI M'ONT ÉCHAPPÉ.
VIIIITE !
VROUUM

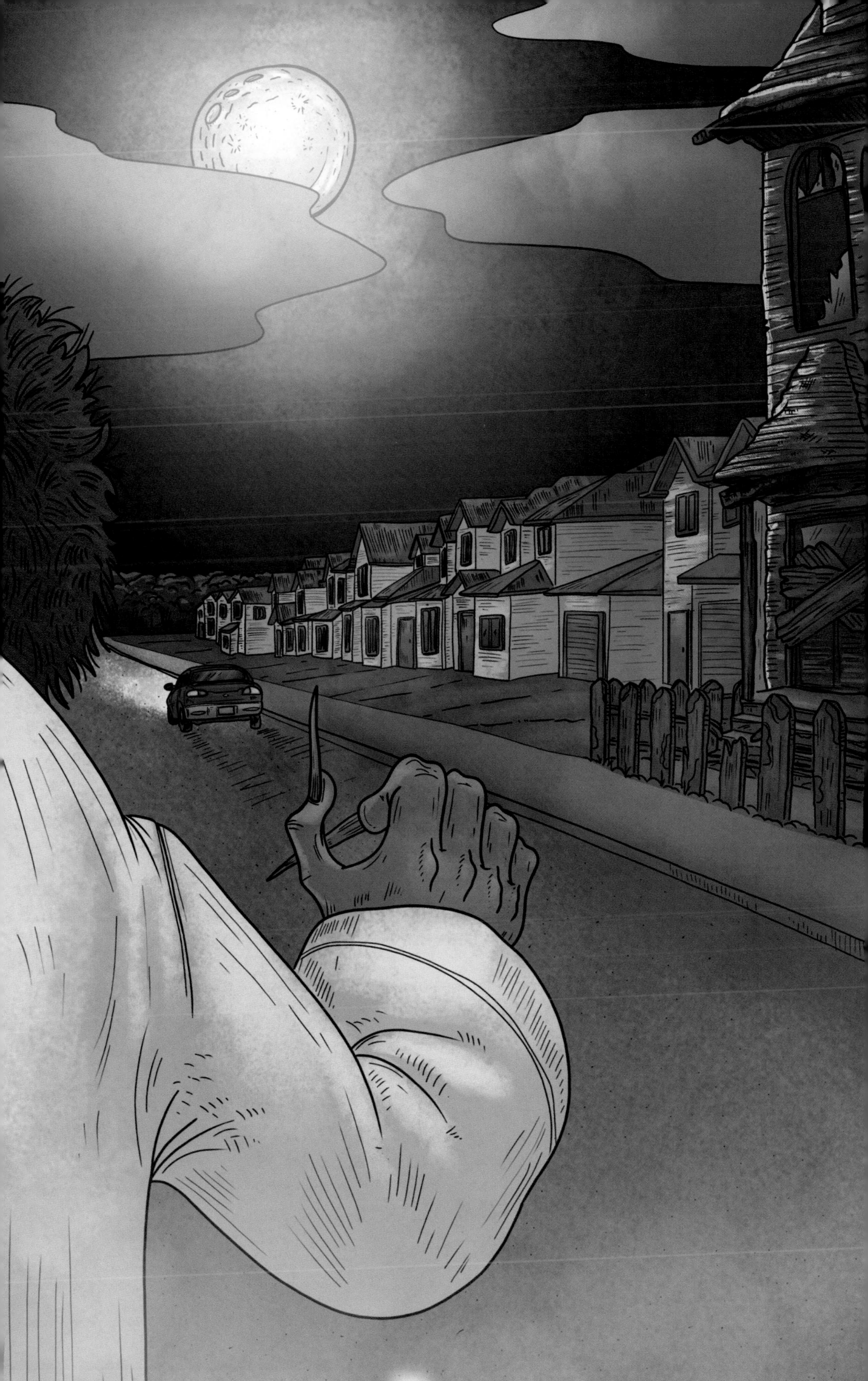

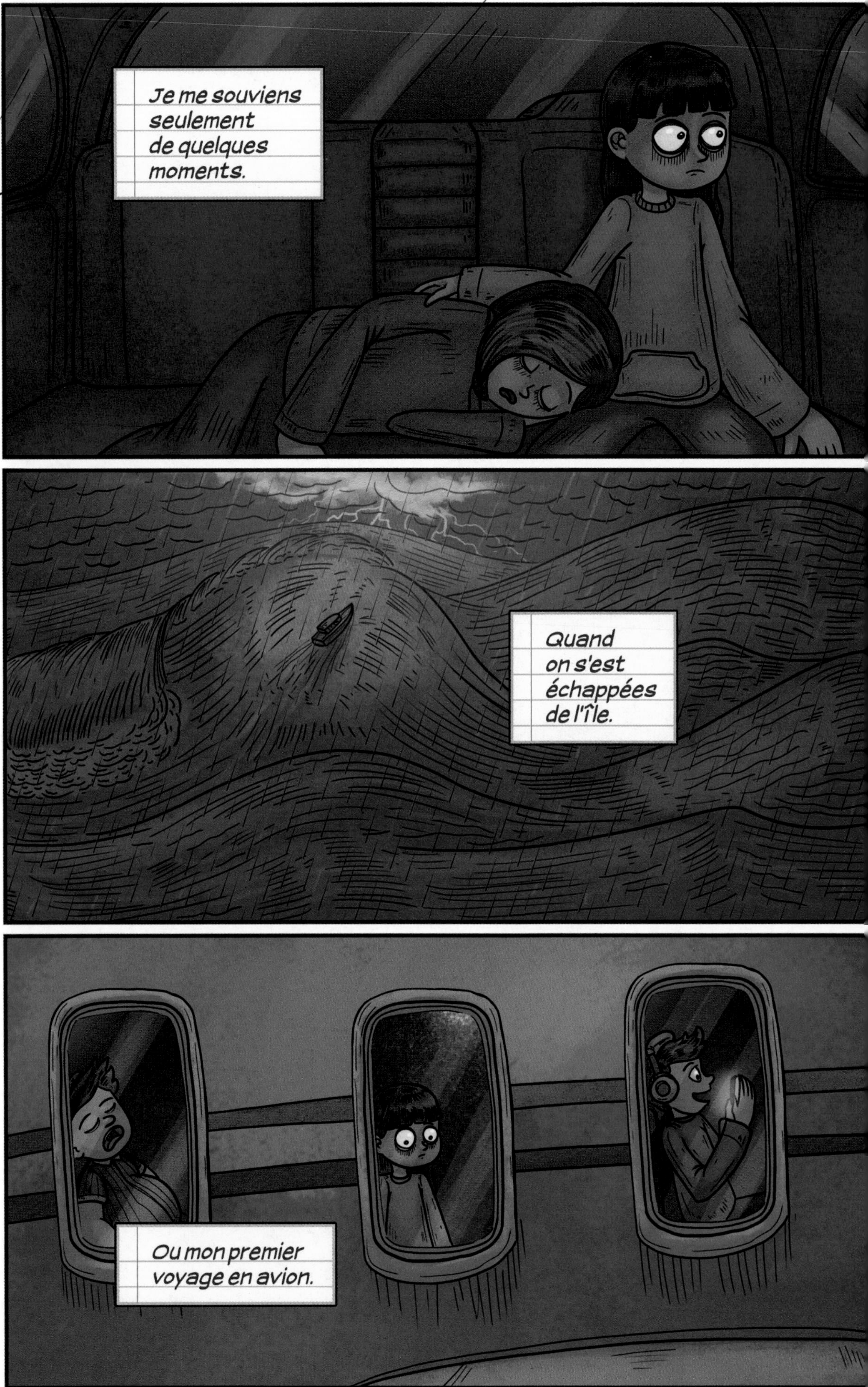
Je me souviens seulement de quelques moments.
Quand on s'est échappées de l'île.
Ou mon premier voyage en avion.

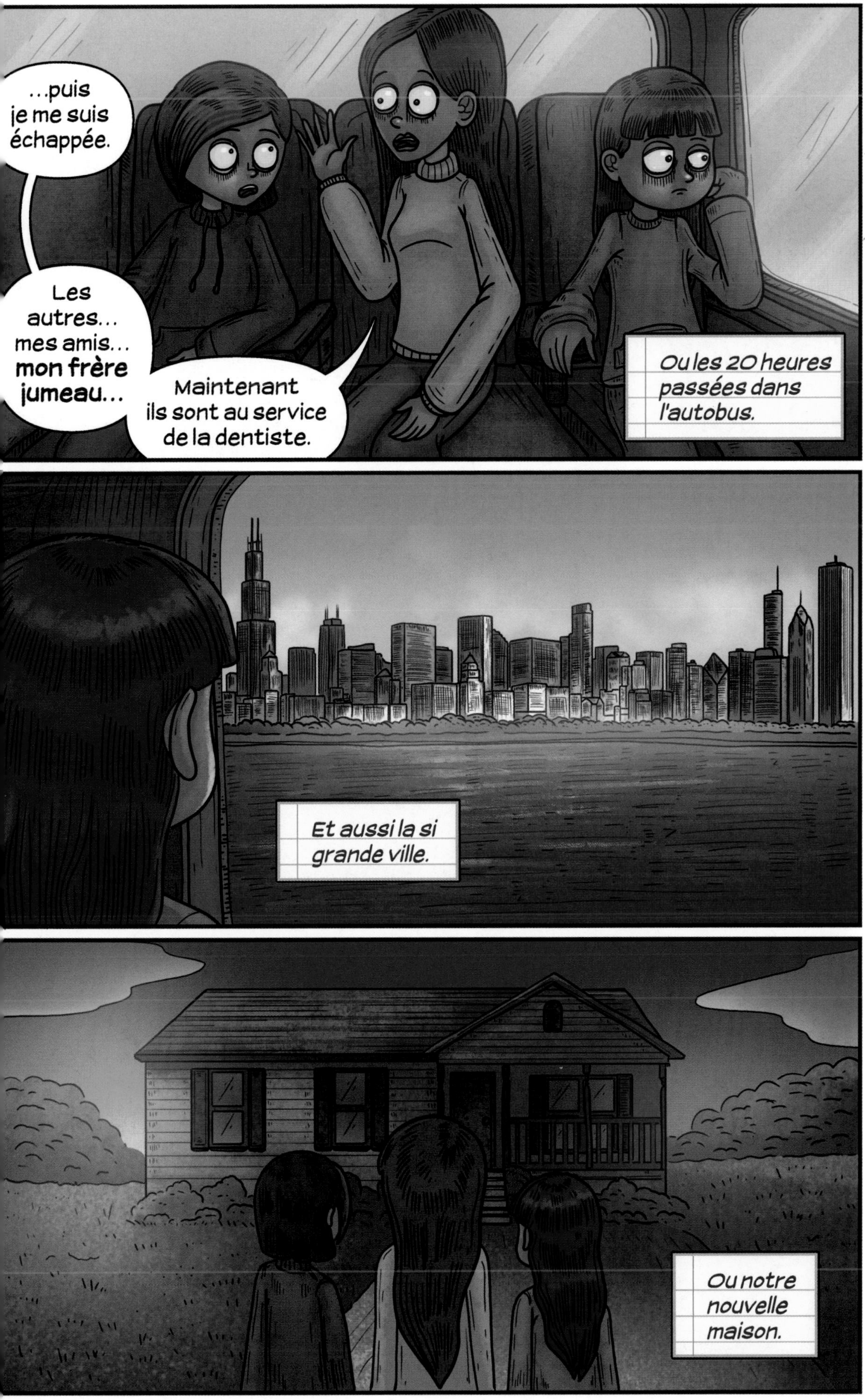
...puis je me suis échappée.
Les autres... mes amis... **mon frère jumeau...**
Maintenant ils sont au service de la dentiste.
Ou les 20 heures passées dans l'autobus.
Et aussi la si grande ville.
Ou notre nouvelle maison.

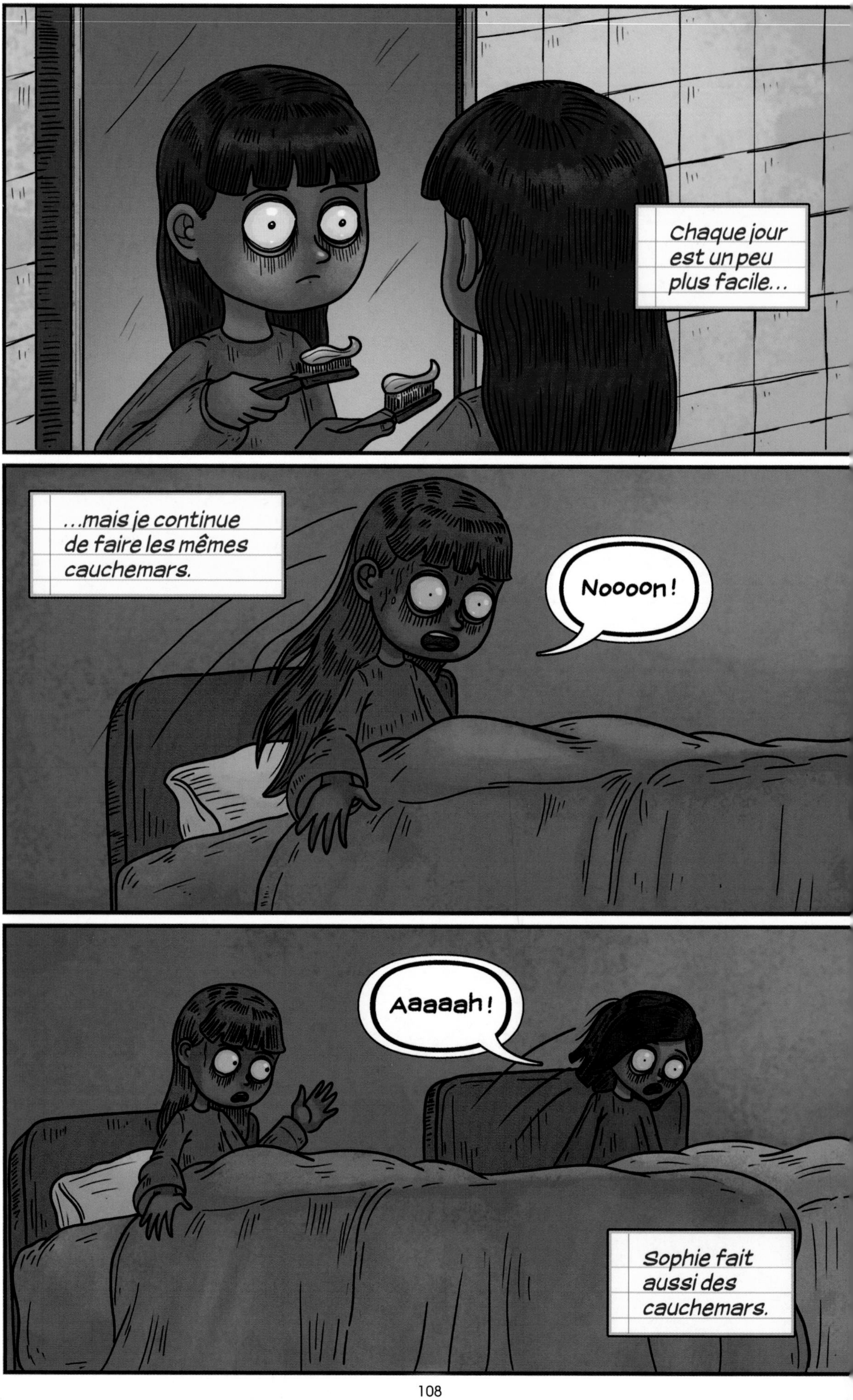
Chaque jour est un peu plus facile...
...mais je continue de faire les mêmes cauchemars.
Nooon!
Aaaaah!
Sophie fait aussi des cauchemars.

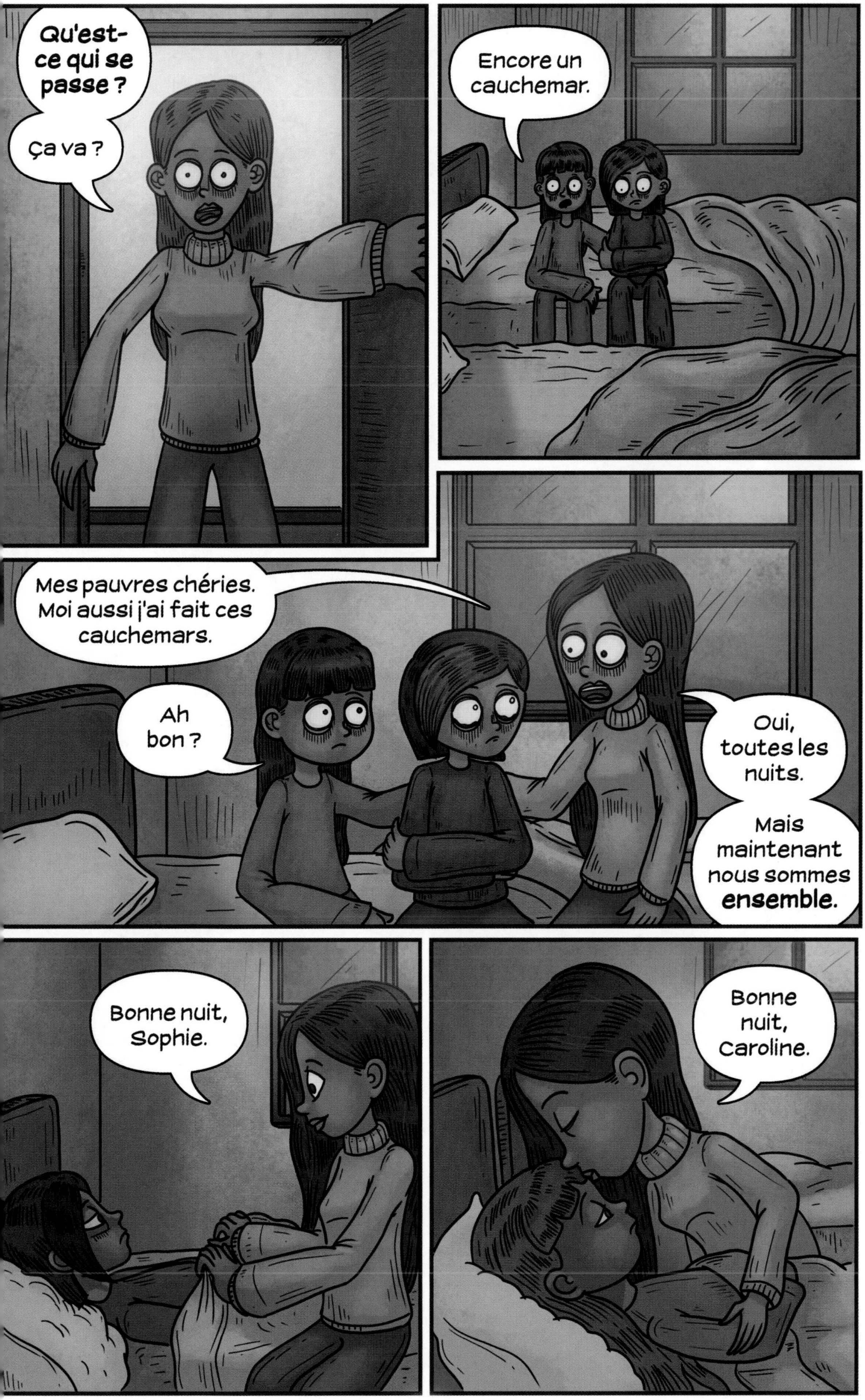
Qu'est-ce qui se passe ?
Ça va ?
Encore un cauchemar.
Mes pauvres chéries. Moi aussi j'ai fait ces cauchemars.
Ah bon ?
Oui, toutes les nuits.
Mais maintenant nous sommes **ensemble.**
Bonne nuit, Sophie.
Bonne nuit, Caroline.

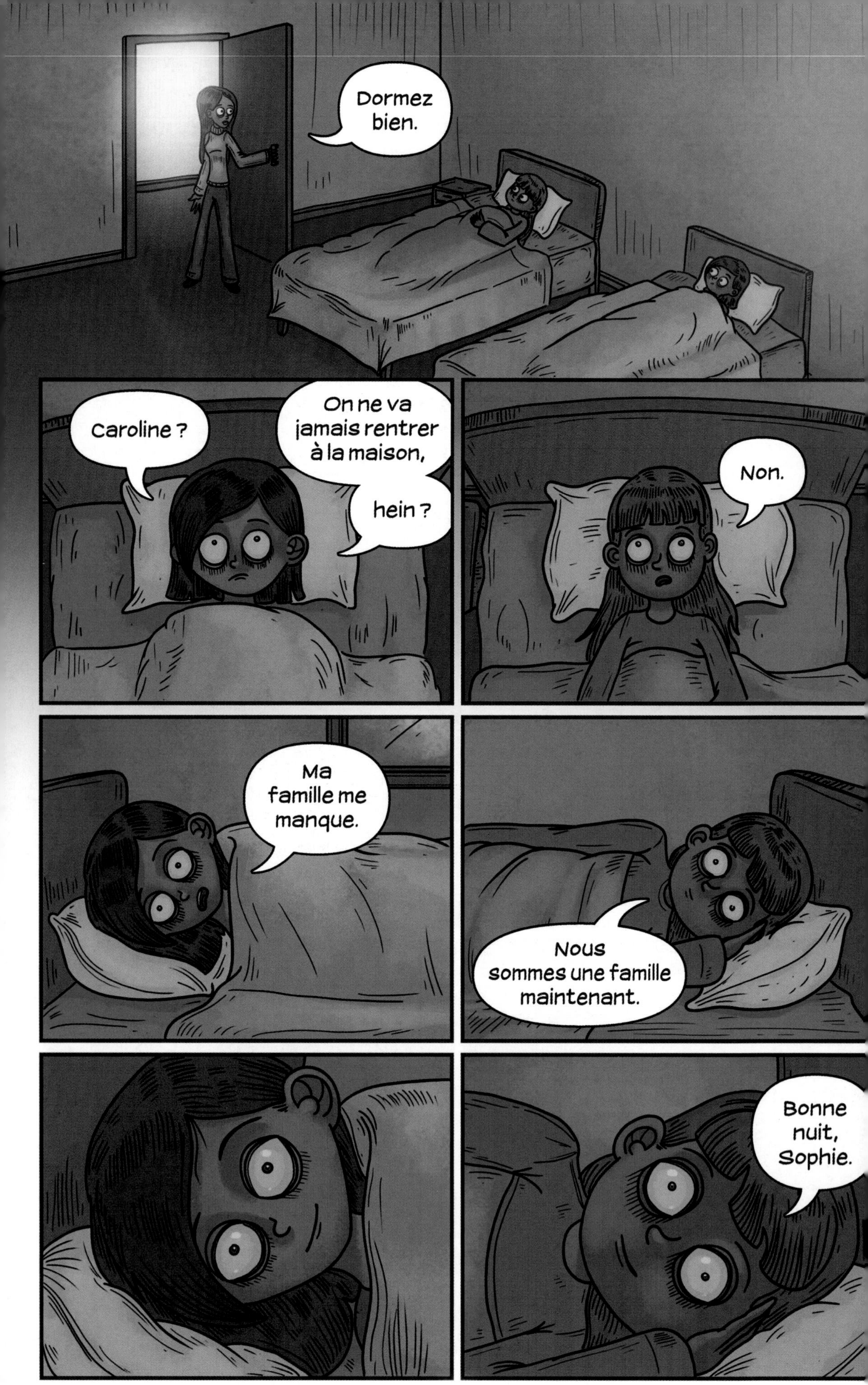
Dormez bien.
Caroline ?
On ne va jamais rentrer à la maison,
hein ?
Non.
Ma famille me manque.
Nous sommes une famille maintenant.
Bonne nuit, Sophie.

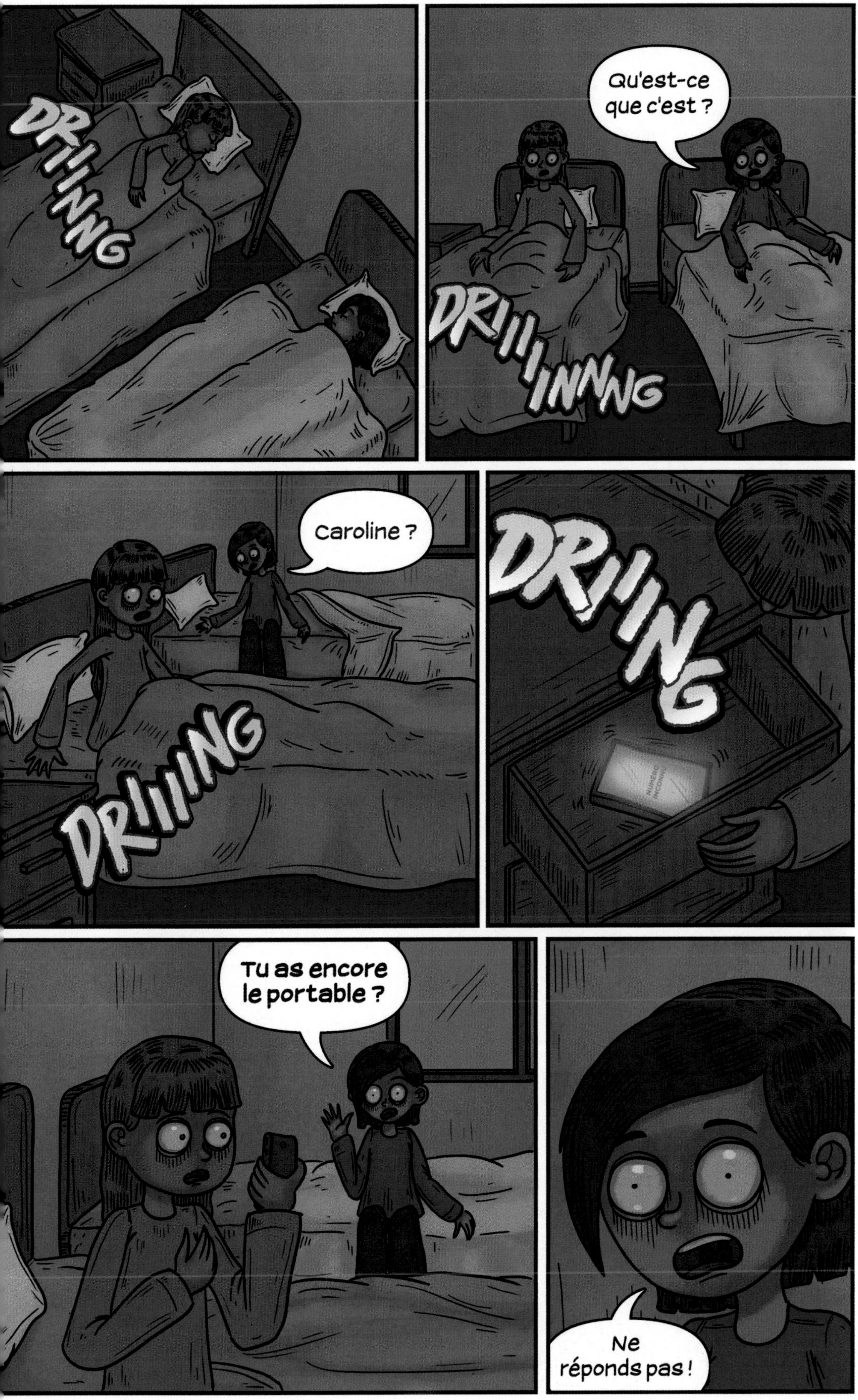
DRIINNG
Qu'est-ce que c'est ?
DRIIIINNNG
Caroline ?
DRIIING
DRIING
Tu as encore le portable ?
Ne réponds pas !

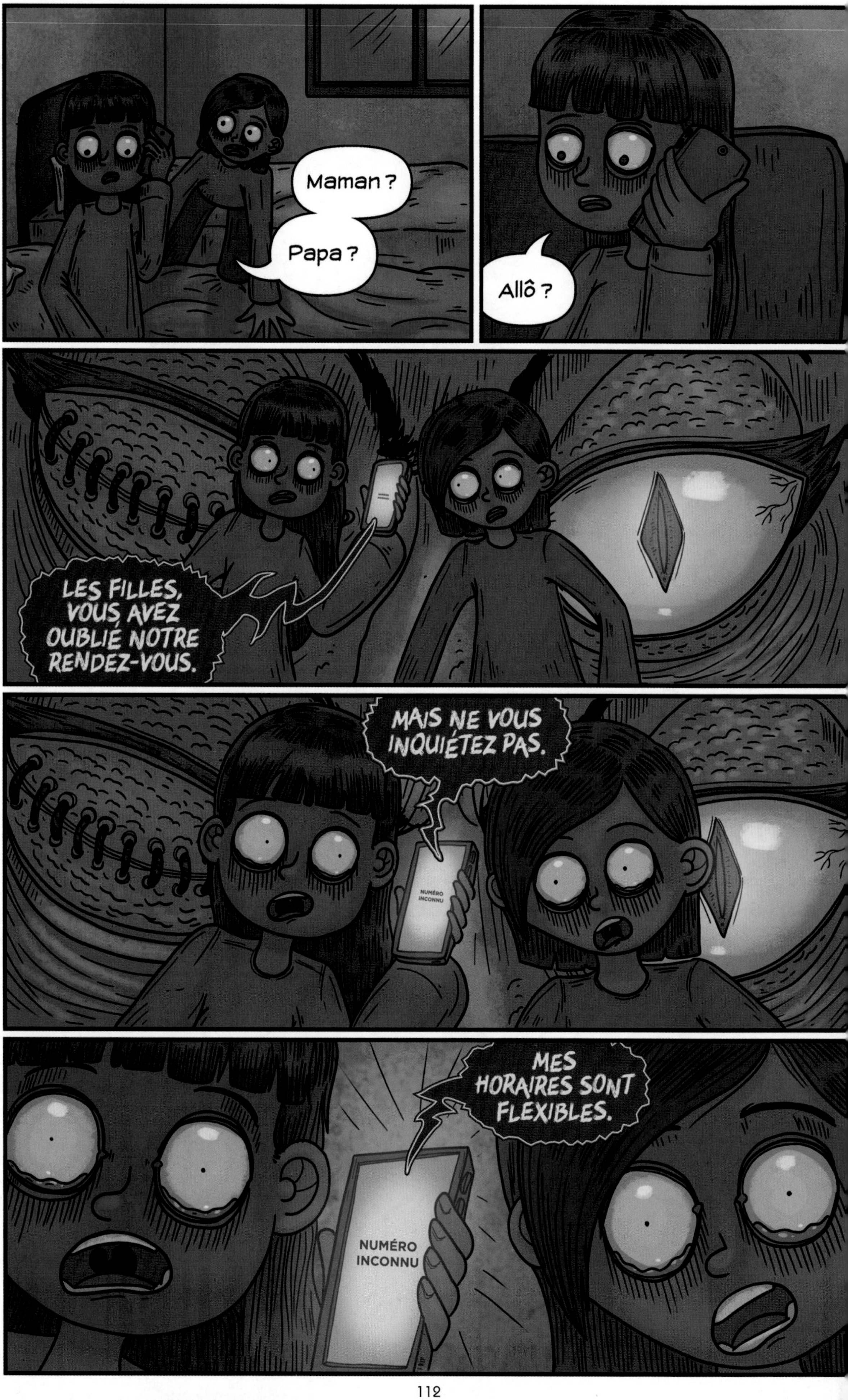
Maman ?
Papa ?
Allô ?
LES FILLES, VOUS AVEZ OUBLIÉ NOTRE RENDEZ-VOUS.
MAIS NE VOUS INQUIÉTEZ PAS.
NUMÉRO INCONNU
MES HORAIRES SONT FLEXIBLES.
NUMÉRO INCONNU

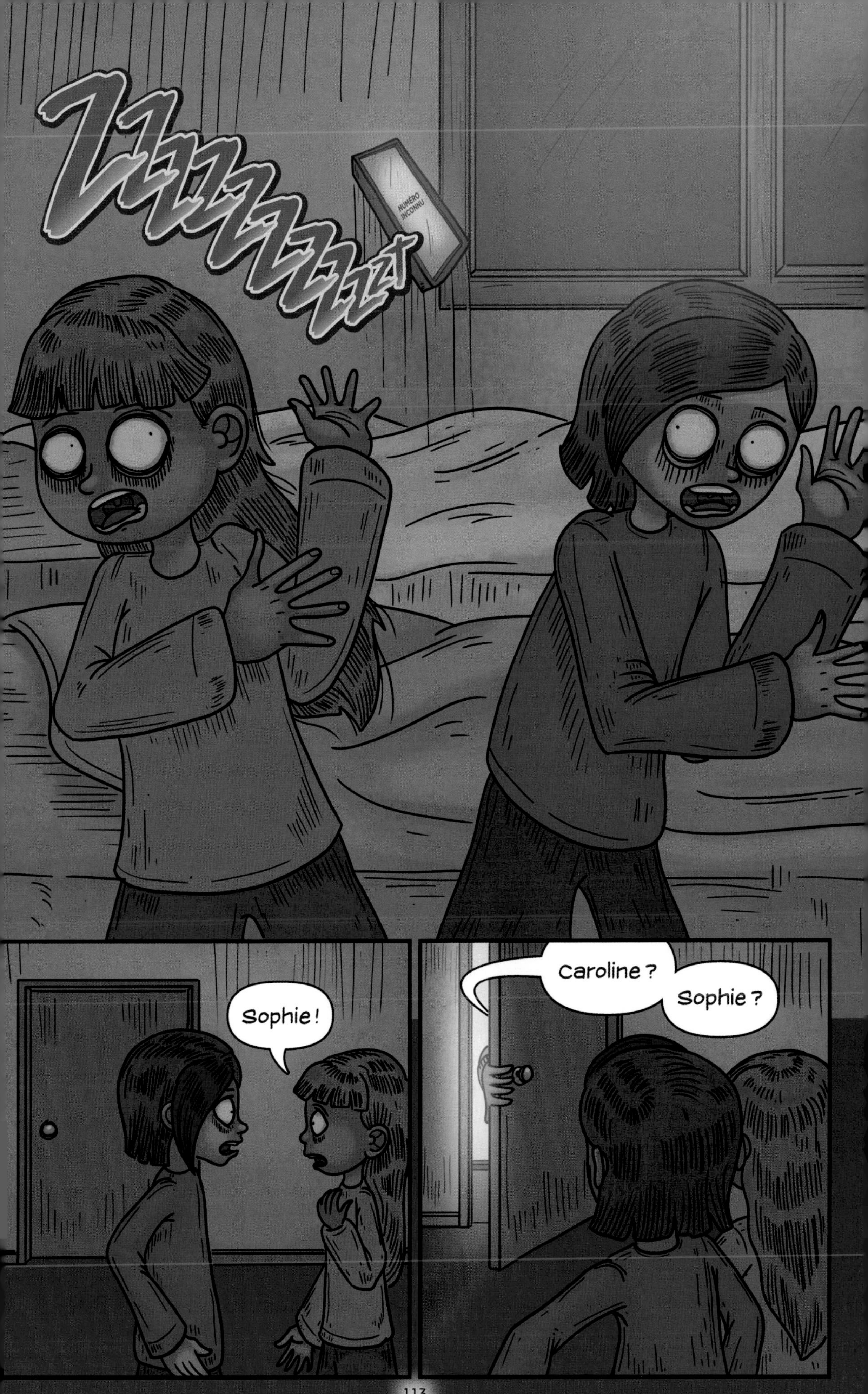
ZZZZZZZZZZZT
NUMÉRO INCONNU
Sophie !
Caroline ?
Sophie ?

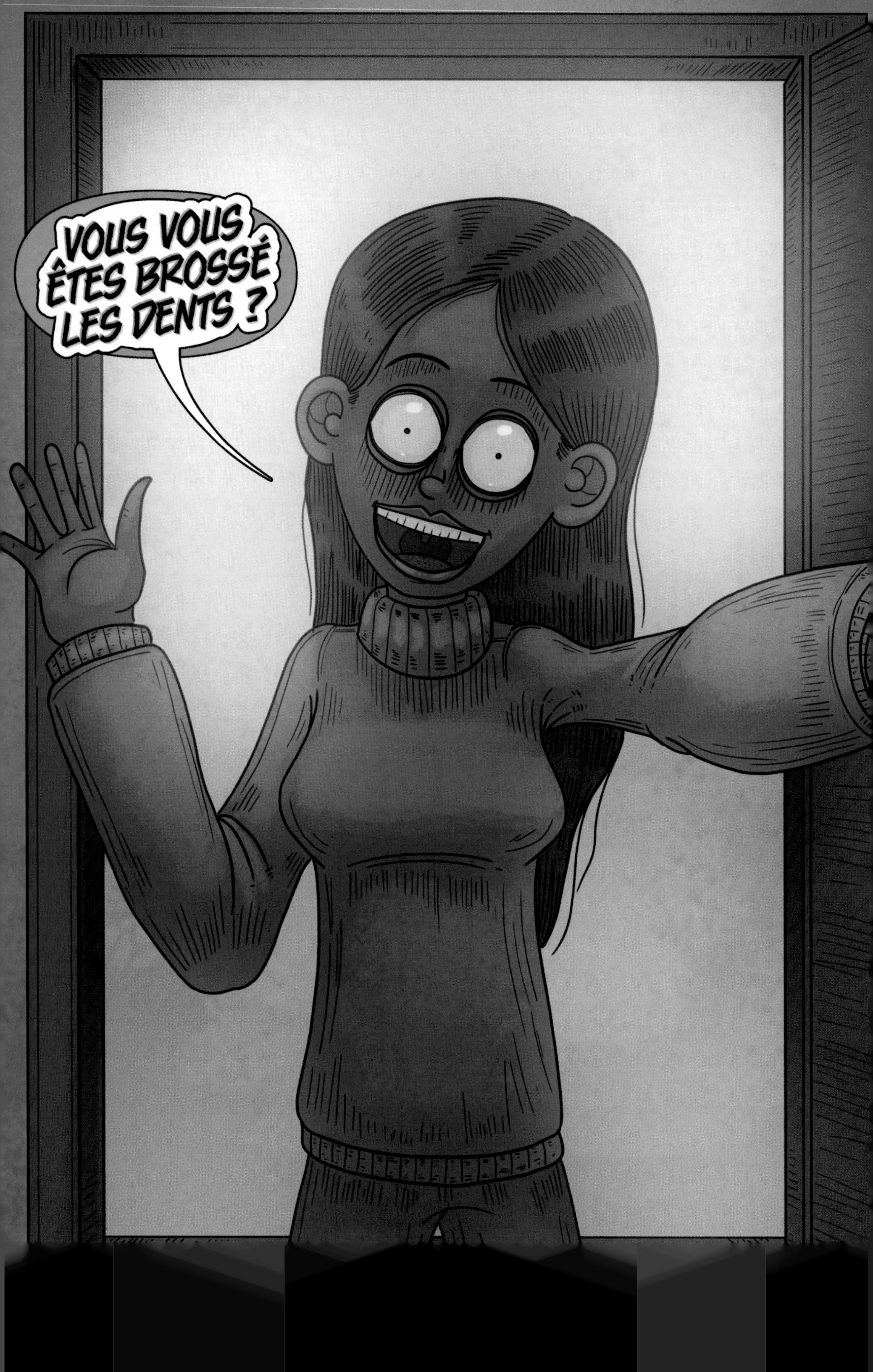
VOUS VOUS ÊTES BROSSÉ LES DENTS ?

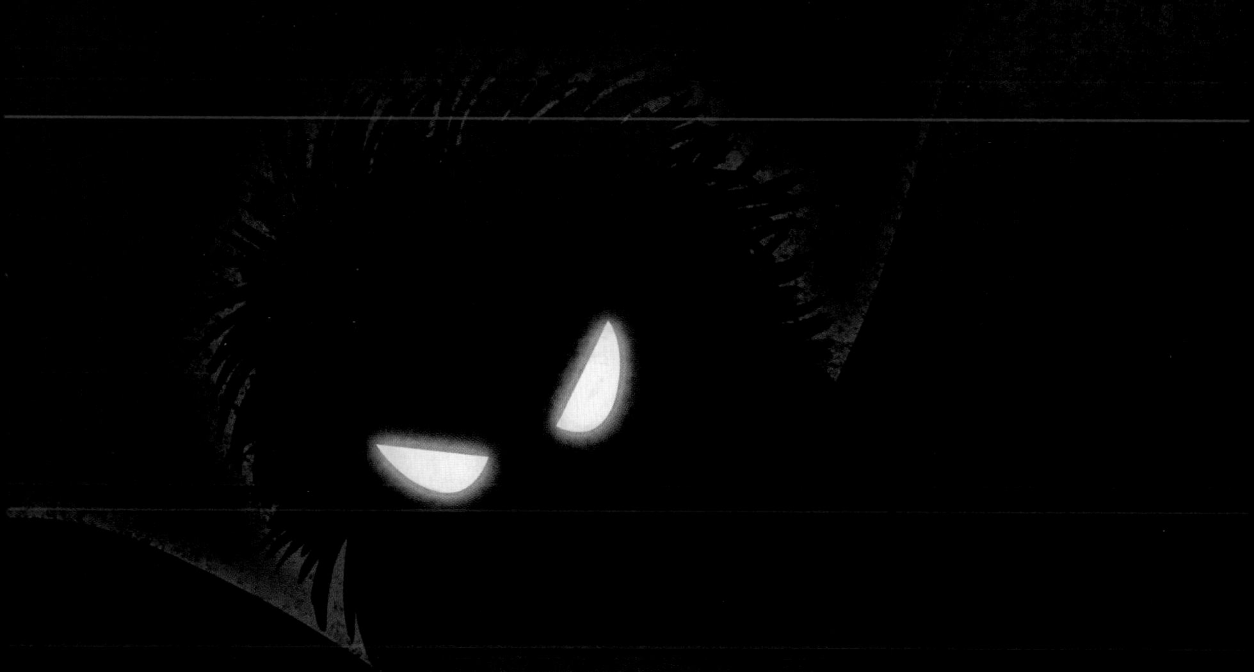

LE MANOIR DE LA
DENTISTE

GLOSSAIRE

PAGE 4

fatiguée	tired
je suis	I am
j'sais pas	I don't know
juste	just
non	no
si	yes, I am
tu n'as pas faim	you are not hungry

PAGE 5

combien de fois ?	how many times?
est-ce que tu t'es brossé les dents ?	did you brush your teeth?
faut-il que je te le dise ?	must I tell you?
brosse-toi les dents	brush your teeth
pas encore	not yet
plus tôt	earlier
sinon	otherwise
te coucher	go to bed
tu dois	you must

PAGE 6

à brosser	to brush
bientôt	soon
chérie	darling, sweetie
elle conserve	she conserves, keeps
est-ce que je ?	do I?
et	and
honte	shame
je n'ai pas honte	I am not ashamed
je ressemble à	I look like
je veux	I want
juste	just
maman	mom
moi	me
non plus	neither
pourquoi	why
qu'elle	that she
remets tes dents	put your teeth back on
ses dents	her teeth
tu n'auras plus de dents	you won't have any teeth
tu n'es pas	you are not
un monstre	a monster

PAGE 7

c'est	it is
elle	her
faire	to do
il faut	we must
la troisième fois	the third time
ne réponds pas	don't answer
numéro inconnu	unknown number
qu'elle appelle	that she calls
quelque chose	something
qui est-ce ?	who is this?

PAGE 8

appel en absence	incoming call
au téléphone	on the phone
c'est qui ?	who is this?
j'ai dit	I said
ne réponds pas	don't answer
papa	daddy
va te brosser les dents	go brush your teeth

PAGE 9

bonjour	hello
comme	as, like
encore	again
madame	Mrs.
oui	yes
passez une bonne journée	have a good day
toutes les nuits	every night
tu as fait	you had (but literally you did)
un cauchemar	a nightmare

PAGE 10

alors	then
ça suffit	that's enough
chez la dentiste	to the dentist
elles sont allées	they went
encore	again
et	and
il y avait	there was
la petite fille	the little girl
le manoir	the manor
lui a dit	(s/he) told her/him
mais	but
non	no
quelqu'un d'autre	someone else
quoi	what
sa mère	her mother
se brossait les dents	brushed her teeth
sur	about
toi	you
tous les jours	every day
tu as fait un cauchemar	you had a nightmare
une petite fille	a little girl

PAGE 11

chez la dentiste	to the dentist
comme	like
elle était	she was
elle marchait	she walked
elle n'était pas	she was not
humaine	human
monstrueuse	monstrous
oui	yes
une araignée	a spider

PAGE 12

a enlevé	(she) took off
à l'aide	help!
avait très peur	was very scared
elle n'avait pas de dents	she didn't have any teeth
la dentiste	the dentist
l'a ignorée	(she) ignored her
la pauvre petite (fille)	the poor little girl
maman	mom
sa	her
son masque	her mask
soudain	suddenly
surprise	surprise
très	very

PAGE 13

a attrapé	(she) grabbed
a commencé à	(she) started to
a dit	(she) said
crier	to scream
et	and
j'ai crié	I screamed
je vais	I am going to
la dentiste	the dentist
la petite fille	the little girl
moi aussi	me too
son instrument	her instrument
t'arracher	to take all your
toutes tes dents	teeth out

PAGE 14

avant	before
c'était	it was
cette île	this island
eh ben dis donc	wow
encore	still
ensuite	then
il y en avait une	there used to be one
il n'y a pas de dentiste	there is no dentist
je me suis réveillée	I woke up
j'entends	I hear
juste	only, just
les cris	the screams
sur	on
un cauchemar	a nightmare

PAGE 15

à la maison	at home
alors	so
bienvenue à	welcome to
chez moi	to my house
chez toi	to your house
ce n'est pas possible	it is not possible
d'accord	okay
demain	tomorrow
demander	to ask
EDDP (École Des Dents Propres)	School For Clean Teeth
est-ce que je peux ?	may I?
il faut que je reste	I must stay
je vais	I am going
la permission	the permission
leur	them
mes parents	my parents
non	no
venir	to come
sortent	(they) are going out

PAGE 16

a peur	(she) is scared
donne	give
donne-le	give it
donne-le moi	give it to me
espèce d'imbécile	you imbecile
Madame	Mrs.
ne m'arrachez pas les dents	do not pull my teeth out
non	no
s'il vous plaît	please
tout de suite	immediately
très peur	very scared

PAGE 17

aussi	also
avoir peur	to be scared
ceci	this
c'est	it is
de	of
doit	(she) must
donne-le moi	give it to me
est	(it) is
et	and
je suppose	I suppose
hein ?	isn't it?
la dentiste	the dentist
la légende	the legend
n'est pas	(it) is not
non	no
que	that
toi aussi	you too
tout de suite	immediately
très peur	very scared
un jouet	a toy
un mensonge	a lie

PAGE 18

6 fois par jour	6 times a day
Allez	come on
brosse-toi les dents	brush your teeth
commence	(it) begins
dans une minute	in a minute
en classe	off to class
la classe	class
on y va	let's go
maintenant	right now
mouais	umph
n'oublie pas	don't forget
tout le monde	every body

PAGE 19

et	and
je ne dessinais pas	I was not drawing
les dents	the teeth
ma classe	my class
mais	but
ne dessine pas	do not draw
ne dors pas	do not sleep
pendant	during
qu'est-ce que	what is
voici	here is, here are

PAGE 20

après manger	after dinner
avant	before
c'est	it is
combien de fois ?	how many times?
doit-on	must we?
Ensuite	then
en tout	in total
je dois	I must
je me suis brossé les dents	I brushed my teeth
le dîner	dinner
pendant	during
plus longtemps	longer
répétez	(you all) repeat
se brosser les dents	to brush one's teeth

PAGE 21

allez	come on
après	after
avant	before
de	of
et	and
je n'ai pas besoin de	I don't need to
la dentiste	the dentist
la légende	the legend
le	the
le déjeuner	lunch
le dîner	dinner
le petit-déjeuner	breakfast
me laver les dents	to brush my teeth
on chante	we sing
qu'est-ce que ?	what?
qu'est-ce que tu as dit ?	what did you say?
six fois par jour	six times a day
stupide	stupid
tous ensemble	all together

PAGE 22

c'est	it is
cinq	five
eh bien !	oh my!
nombreux	numerous, many
pense	(s/he) thinks
quatre	four
que	that
qui	who
six	six
trois	three
un mensonge	a lie
vous êtes	you (all) are

PAGE 23

alors	so
c'est	it is
déjà	already
demain	tomorrow
écouter	to listen
encore une fois	one more time
et	and
exactement	exactly
il y a 30 ans	30 years ago
la légende	the legend
l'anniversaire commémoratif	the anniversary
les enfants	the children
l'histoire	the story
noooon !	noooo!
nous connaissons	we know
on va	we are going
tous	all

PAGE 24

avec	with
cette île	this island
de	of
dents	teeth
des	some
et	and
exactement	exactly
ils se sont couchés	they went to bed
ils se sont réveillés	they woke up
il y a 30 ans	30 years ago
je me suis réveillée	I woke up
les enfants	the children
les petites filles	the little girls
les petits garçons	the little boys
mais	but
sans	without
se sont réveillés	(they) woke up
se sont réveillées	(they, girls only) woke up
tous	all

Page 25

assieds-toi !	sit down!
c'était	it was
chez la dentiste	at the dentist
est arrivée	(she, it) arrived
ils n'ont trouvé personne	they didn't find anybody
ils ont juste trouvé	they only found
la dentiste	the dentist
la police	the police
oui	yes
quand	when
une chose	one thing
un message	a message

Page 26

à lundi	see you on Monday
brossez-vous les dents	brush your teeth
ça va ?	are you okay?
ce numéro	this number
de la part de	from
de qui ?	from whom?
d'un membre de ta famille	from a member of your family
est	is
et	and
était	(s/he) was
il y a	there is, there are
la dentiste	the dentist
l'île	the island
je ne connais pas	I don't know
je ne sais pas	I don't know
n'oubliez pas	(you all) don't forget
on pense	people think
où	where
qu'elle a quitté	that she left
personne ne le sait	nobody knows it
possibilité	possibility
pour moi ?	for me?
tout ça	all this
une autre	another
un mensonge	a lie

Page 27

appelle	call

Page 28

danger	danger

Page 29

à l'école	at school
appelle-moi au	call me at
aujourd'hui	today
bonne nuit	good night
ça	this
c'est quoi ?	what is it?
j'ai reçu	I received
je ne connais pas	I don't know
le numéro	the number
ma chérie	my darling, sweetie
oui	yes
papa	daddy
quelque chose de bizarre	something weird

Page 30

ce numéro	this number
c'est	it is
c'est le numéro de qui ?	whose number is this?
est-ce que tu connais ?	do you know?
hein ?!	what ?!
j'ai	I have
je connais	I know
ma sœur	my sister
oui	yes
papa	daddy
ta tante	your aunt
une tante	an aunt

Page 31

avec	with
ce matin	this morning
c'est elle	it's her
c'était elle	it was her
dangereuse	dangerous
écoute	listen
elle est	she is
est	is
jamais	never
ma chérie	my darling, sweetie
ma sœur	my sister
ne fait pas partie de	(s/he) does not belong to
ne parle pas	do not talk
ne t'inquiète pas	don't worry
notre famille	our family
qui	who
t'a appelé	called you
tante	auntie
tu ne l'as connais pas	you don't know her
un monstre	a monster

Page 32

d'accord	okay
imbécile	imbecile
je ne suis pas	I am not
nous n'avons pas peur de	we are not afraid of
toi	you
un imbécile	an imbecile

Page 33

allons	we are going
amis	friends
à onze heures	at eleven o'clock
à plus	see you later
au lit	off to bed
aussi	as well, also
brossez-vous les dents	brush your teeth
ça parle	it's about
ça s'appelle	it is called
d'un monstre	of a monster
écoute	listen
est	is
et	and
faire	to do
ici	here
il est déjà parti	he is already gone
je t'aime	I love you
les filles	girls
mais	but
moi	me
n'as pas d'	does not have any
n'oubliez pas	(you all) do not forget
nous allons	we are going
oui	yes
papa	daddy
qu'est-ce que vous allez faire ?	what are you going to do?
qui	who
rentrer	to go home
tard	late
un film d'horreur	a horror movie
voir	to see

Page 34

allez	come on
ça vous plait	do you like it
comment	how
imbécile	imbecile
je n'ai pas peur	I am not scared
mais	but
prouve-le moi	prove it to me
prouver	to prove
regarde	look
ta tête	your face
tu as très peur	you are very scared
une minute	one minute
va-t'en	go away
viens	come
vraiment	really

PAGE 35

avec	with
ça suffit !	enough!
c'est illégal	it is illegal
dans	in
de	of
elle a peur	she is scared
elle ne peut pas	she cannot
entre dans	enter
entrer	to enter
je vais	I am going
mais	but
moi	me
la dentiste	the dentiste
le manoir	the manor
parce qu' (que)	because
tu viens	you are coming

PAGE 39

est	is
j'ai un secret	I have a secret
la légende de la dentiste	the legend of the dentist
les dents sont à moi	the teeth are mine
un mensonge	a lie
tout est possible	everything is possible
viens voir	come and see this

PAGE 41

c'est à moi	it is mine
génial	awesome
ne le touche pas	don't touch it
non	no

PAGE 42

aide-moi	help me
à l'aide !	help!
allume	turn on
bouge	(it) is moving
c'est le sol	it's the floor
c'est quoi ce bruit ?	what is this noise?
j'sais pas	I don't know
la lumière	the light
le sol	the floor
on descend	we are going down
où est ?	where is?
qu'est-ce que t'as fait ?	what did you do?
s'il vous plait	please
tais-toi	be quiet

PAGE 43

c'est bon	that's okay
je suis là	I am here
je t'ai	I've got you
où es-tu ?	where are you?

PAGE 44

à moi	mine
chut !	quiet!
fais confiance à ta dentiste	trust your dentist
les dents	the teeth
ne parle pas	do not speak
où est ?	where is?
où sommes-nous ?	where are we?
sont	are
tais-toi	be quiet

PAGE 45

beaucoup de	a lot of
caries	cavities
fais confiance à ta dentiste	trust your dentist
le magazine des extractions	the magazine about extractions
les dents	teeth
réceptionniste	receptionist
tu as	you have

PAGE 46

aidez-moi	help me
chut !	quiet!
d'ici	out of here
écoute	listen
on doit	we must
sortir	to get out

PAGE 47

comment	how
être	to be
il y a	there is
mais	but
on doit	we must
où peut-il ?	where can he?
qu'est-ce qu'on fait ?	what shall we do?
trouver	to find
une seule porte	only one door

PAGE 48

appareils	braces
douleur	pain

PAGE 49

au sous-sol	in the basement
dans	in, inside
encore	still
est	is
est-ce que nous sommes ?	are we?
je n'sais pas	I don't know
je pense	I think
je veux	I want
le manoir	the manor
le sous-sol	the basement
nous sommes	we are
plus grand que	bigger than
que	that
radiographie	X-rays
tes dents	your teeth
tu as très mal aux dents	your teeth hurt a lot

PAGE 50

je suis désolée	I am sorry
qu'est-ce qu'on va faire	what are we going to do
radiologie	X-rays
regarde	look
sortie	exit

PAGE 51

beaucoup de	a lot of, many
ce n'est pas de ta faute	it's not your fault
c'est la faute de l'imbécile	it's the imbecile's fault
c'est mieux que	it's better than
cette porte	this door
dans	into
douleur	pain
il y a	there is / there are
là	there / over there
la porte	the door
le manoir	the manor
non	no
on doit	we must
on va	we go
où	where
plombage	filling
portes	doors
pourquoi est-ce qu'on est entrés ?	why did we enter?
Sortie	exit
tout est de ma faute	it's all my fault
trouver	to find

PAGE 54

des livres	books
il y a	there is / there are
oh purée !	OMG!
Partout	everywhere
viens voir	come and see this

PAGE 55

de l'île	of the island
c'est	it is
et	and
là	there, over there
la mienne	mine
le manoir de la dentiste	the dentist's manor
ma maison	my house
oui	yes
une carte	a map

PAGE 57

après	after
avant	before
cette	this
d'où	from where
et	and
le déjeuner	lunch
le dîner	dinner
le petit-déjeuner	breakfast
musique	music
six fois par jour	six times a day
vient	comes

PAGE 58

après	after
as mis	(you) have put
avant	before
c'est toi	it's you
de	from
et	and
là-bas	over there
la musique	the music
le déjeuner	lunch
le dîner	diner
le petit-déjeuner	breakfast
non	no
par jour	per day
qui	who
six fois par jour	six times a day
toi	you

PAGE 59

à droite	to the right
à gauche	to the left
je n'sais pas	I don't know on -one/we
on y va	let's go
où ça ?	where?, where to?
ou	or
viens	come

PAGE 60

attendez !	wait!
cours !	run!
noooon	nooooo

PAGE 61

avec moi	with me
c'est moi	it's me
d'abord	first of all
de qui ?	from whom?
de quoi ?	from what?
j'ai trouvé	I have found
je me suis échappé	I escaped
je vous expliquerai	I will explain
ne courez pas !	don't run!
plus tard	later
quelque chose	something
tout	all/everything
tu étais où ?	where were you?
Tu t'es échappé ?	you escaped?
venez	(you guys) come

PAGE 62

on va où ?	where are we going ?

PAGE 63

après	after
avant	before
et	and
le petit-déjeuner	breakfast
le déjeuner	lunch
le dîner	diner
six fois	six times

PAGE 64

3Oe (trentième)	30th (thirthieth)
anniversaire	anniversary/ birthday
après	after
avant	before
et	and
le déjeuner	lunch
le dîner	diner
le petit-déjeuner	breakfast
six fois par jour	six times a day

PAGE 65

c'est notre prof !	it's our teacher!
chuuut	shhhush
là	there
maman	mom
mes parents	my parents
Mesdames et Messieurs	ladies and gentlemen
ne crie pas	don't yell
sont	(they) are

PAGE 66

c'est incroyable !	it's incredible!
c'est le principal !	it's the principal!
déjà trente ans !	already thirty years!
est arrivé	(s/he) has arrived
le moment	the moment, the time
un travail extraordinaire	an extraordinary work
vous avez fait	you have done
youpi !	hooray!

PAGE 67

c'est eux	it's them
enfin	finally
est	is
il n'y a pas de	there is no
ils se lavent les dents	they brush their teeth
je vous l'avais dit	I told you
la légende de la dentiste	the legend of the dentist
les adultes	the adults
les enfants	children
leurs dents	their teeth
leurs dents permanentes	their permanent teeth
nos dents	our teeth
ont	(they) have
propres	clean

PAGE 68

au balcon	at the balcony
des invités	guests
et	and
j'ai	I have
nous avons	we have
pour vous	for you all
une surprise	a surprise

PAGE 69

allez	go/come on
cachons-nous	let's hide
courez !	run!
dans	inside
ici	here
la salle des trophées	the trophy room
on va où ?	where are we going?
rayons-x	x-rays
suivez-moi !	follow me!
trophées	trophies

PAGE 70

attendre	wait
chut	shush
en sécurité	safe
encore un peu	a little bit more
ici	here
il faut	one/we must
ils vont t'entendre	they are going to hear you
je n'entends rien	I don't hear anything
mes dents	my teeth
mes parents	my parents
on est	we are
on n'est pas	we are not
veulent	(they) want

PAGE 71

comment t'es-tu échappé ?	how did you escape?
est revenue	(she, it) came back
j'étais	I was
je ne suis pas	I am not
la lumière	the light
quand	when
seul	alone
sûr	sure

que	that
qu'est-ce que	what
Qu'est-ce que tu veux dire ?	What do you mean?
quoi	what
six fois par jour	six times a day
sont	(they) are
tu nous avais dit	you told us
un mensonge	a lie
veulent	(they) want

PAGE 72

À ce moment-là	at that moment
aide-moi	help me
alors	then
bloc opératoire	operation room
dans le cabinet	in the office
était vraie	was real
j'ai entendu	I heard
j'ai pensé que	I thought that
j'ai paniqué	I panicked
j'étais	I was
je me suis caché	I hid
la légende existait	the legend existed
le cabinet d'une dentiste	a dentist office
où êtes-vous ?	where are you guys ?
pendant une seconde	for a second
rapidement	quickly
soudain	suddenly
une voix	a voice

PAGE 73

deux adultes	two adults
et	and
ils sont sortis	they left
j'ai vu	I saw
je les ai suivis	I followed them
jusqu'au théâtre	to the theatre
là-bas	over there
mais	but
mes parents	my parents
n'est pas entrée	(she) did not enter
sont entrés	(they) entered

PAGE 74

encore	still
ici	here
j'ai très peur	I have a lot of fear (I am very scared)
j'ai eu très peur	I had a lot of fear (I was very scared)
je ne veux pas	I don't want
la lumière	the light
moi aussi	me too
où est ?	where is?
rester	stay

PAGE 75

deuxième	second
génération	generation
ici	here
première	first

PAGE 76

c'est	it's
est	is
et	and
là	there
la deuxième génération	second generation
mes parents	my parents
oui	yes
première	first
sixième	sixth
venez voir !	come and see!

PAGE 77

aussi	also
c'est	it's
et	and
il n'y a pas de	there is no
j'ai trouvé	I have found
je ne sais pas	I don't know
là	there
les miens	mine
ma tante	my aunt
mon	my
nom	name
non plus	either/neither
où est...?	where is
sa photo	his/her picture
septième	seventh
sont	(they) are
ton nom	your name

PAGE 78

aussi	also
de toi	of you
elle n'est pas	she is not
et	and
il est	it is
il y a	there is
là	there
le mien	mine
où	where
pourquoi est-ce que... ?	why is it that...?
septième	seventh
si	so
ton nom	your name
une photo	a picture

PAGE 79

n'est pas	is not
non	no
prêtes à	ready to
qui ?	who?
rencontrer	to meet
la rencontrer	to meet her
si	so
vous êtes	your guys are

PAGE 80

bonsoir	good evening
les dents	teeth
les filles	girls
vous vous êtes brossé...?	did you brush...?
vous vous êtes brossé les dents ?	did you brush your teeth ?

PAGE 82

avant	before
après	after
déjeuner	lunch
les filles	girls
merci de	thanks for
merci de m'avoir amené	thanks for bringing
porte	door
petit déjeuner	breakfast
ouvre !	open!

PAGE 83

je choisis	I choose
ou	or
qui ?	who?
qui veut ?	who wants?
qui veut être	who wants to be?
qui veut être la premiere?	who wants to be the first one?

PAGE 84

aussi	also
avoir	to have
bientôt	soon
je vais	I am going
je vais avoir	I am going to have
je vais bientot avoir tes dents aussi	I am also going to have your teeth soon
ne t'inquiète pas	don't worry
nooooon	nooo

PAGE 85

celle -là	this one
ils ont préparé	they have prepared
ils ont bien préparé	they have well prepared
ils ont bien préparé tes dents	they have prepared your teeth well
je vais	I am going
je vais t'arracher	I am going to pull
je vais t'arracher toutes tes dents	I am going to pull all your teeth
maintenant	now
ont bien travaillé	(they) have worked well (have done a good job)
tes parents	your parents
très bien	very well
tu veux...?	you want?

PAGE 86

alors	so
attrape-la !	catch it!
donne	give
donne-la	give it
donne-la moi !	give it to me!
tu as trouvé	you have found
tu l'a trouvée où ?	where did you find it?
tu la veux ?	do you want it ?

PAGE 87

cours !	run!
ferme	close
la porte	the door
ma dent	my tooth
nooon	nooo
viens !	come!

PAGE 90

avec nous	with us
bientôt	soon
coucou	hi
ma chérie	my darling, sweetie
ne t'inquiète pas	don't worry
tu vas	you are going
tu vas bientôt être avec nous	you are soon going to be with us

PAGE 91

allez, on y va	come on, let's go
j'sais pas	I don't know
où (ça) ?	where (to)?
viens avec nous !	come with us!
vous allez	you guys are going

PAGE 92

de quoi tu parles ?	what are you talking about?
regarde les numéros	look at the numbers
viens avec nous !	come with us!

PAGE 93

c'est	it's
là	there
le numéro	the number
ma maison	my house
vite	quickly

PAGE 96

ça	that
c'est	it's
de la lumière	some light
il y a	there is
je crois	I believe
je crois que...	I believe that...
la sortie	the exit
tu as entendu	you have heard

PAGE 97

on fait quoi ?	what do we do ?
non	no
rien	nothing

PAGE 99

inconnu	unknown
numéro	number
on va où ?	where are going ?

PAGE 100

c'est	it's
c'est qui ?	who is it?
on doit	we must
ma tante	my aunt
ne réponds pas !	don't answer !
numéro inconnu	unknown number
s'échapper	to escape
ta	your

PAGE 101

allô ?	hello? (when answering the phone)
dans	in, inside
dehors	outside
je suis	I am
la voiture	the car
m'écouter	listen to me
monte	get in
ta tante	your aunt
tu dois	you must
vite !	quickly!

PAGE 102

arrive	s/he arrives, comes
cours !	run!
vite	quickly

PAGE 104

la dentiste	the dentist
les dents	the teeth
les dents qui m'ont échappé	the teeth that escaped me
qui	that
vite !	quickly!

PAGE 106

en avion	on a plane
je me souviens de	I remember
l'île	the island
mon premier	my first
on s'est échappées	we escaped
on s'est échappées de l'île	we escaped the island
ou	or
quand	when
quelques	a few
seulement	just
voyage	trip

PAGE 107

dans	in, inside
et aussi	and also
heures	hours
ils sont	they are
ils sont au service	they are at the service
ils sont au service de la dentiste	they are at the dentist's service
je me suis échappée	I escaped
la si grande ville	such a big city
l'autobus	the bus
les autres	the others
maintenant	now
maison	house
mes amis	my friends
mon frère jumeau	my twin brother
notre	our
nouvelle	new
ou	or
passées	spent
puis	then
si	so

PAGE 108

aussi	also
chaque	each
est	is
facile	easy
fait des cauchemars	has nightmares
je continue à	I continue to
je continue à faire	I continue to do
je continue à faire les mêmes cauchemars	I continue to have the same nightmares
jour	day
mais	but
non	no
un peu plus	a little more
un peu plus facile	a little easier

PAGE 109

ah bon ?	really?
bonne nuit	good night
ça va ?	how is it going ?
encore	again
encore un cauchemar	another nightmare
ensemble	together
j'ai fait ces cauchemars	I had these nightmares
maintenant	now
mais	but
mes pauvres chéries	my poor darlings
moi aussi	me too
nous sommes	we are
oui	yes
qu'est-ce qui se passe ?	what's happening ?
toutes les nuits	every night

PAGE 110

bonne nuit	good night
dormez bien	sleep well
hein ?	right?
ma famille	my family
ma famille me manque	I miss my family
maintenant	now
non	no
nous sommes	we are
on ne va jamais	we are never going
rentrer à la maison	go home
une famille	a family

PAGE 111

inconnu	unknown
ne réponds pas !	don't answer!
numéro	number
qu'est-ce que c'est ?	what is it?
tu as	you have
tu as le portable ?	do you have the cell phone?
tu as encore le portable ?	do you still have the cell phone?

PAGE 112

allô	hello (when answering the phone)
inconnu	unknown
les filles	girls
mais	but
maman	mommy
mes horaires	my hours
ne vous inquiétez pas	don't worry
numéro	number
notre rendez-vous	our appointment
papa	daddy
sont	(they) are
vous avez oublié	you forgot

PAGE 113

inconnu	unknown
numéro	number

PAGE 114

vous vous êtes brossé les dents ?	did you brush your teeth?

Est-ce que tu crois que les filles sont saines et sauves ?

Est-ce que tu crois à présent que Tante Isabelle est une servante de la dentiste ?

Eh bien, j'ai un secret pour toi !

Tu vas découvrir tout ça quand nous reviendrons à... L'ÎLE DE LA DENTISTE !

Sr. Wooly

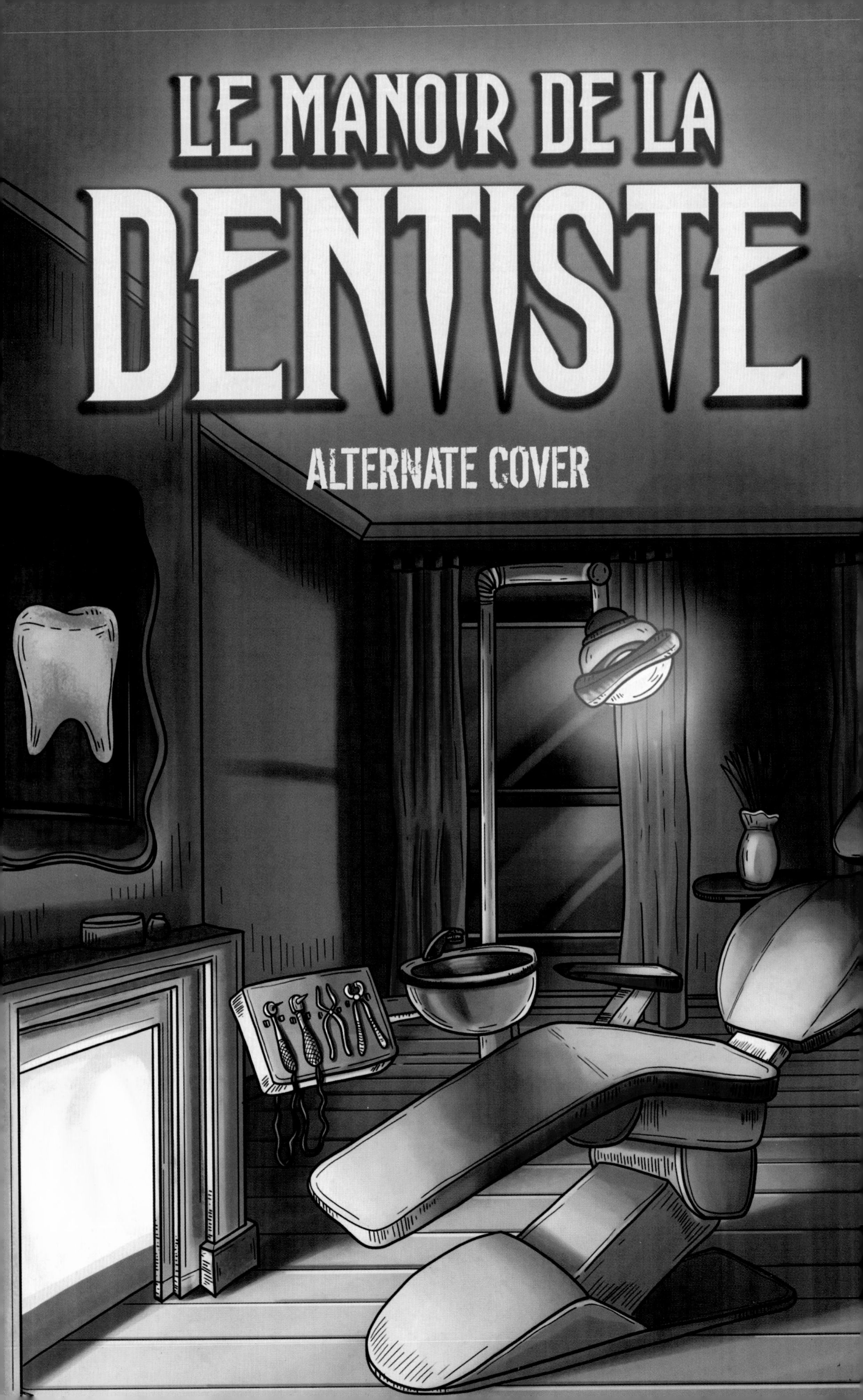
LE MANOIR DE LA
DENTISTE
ALTERNATE COVER

EARLY CHARACTER DESIGNS

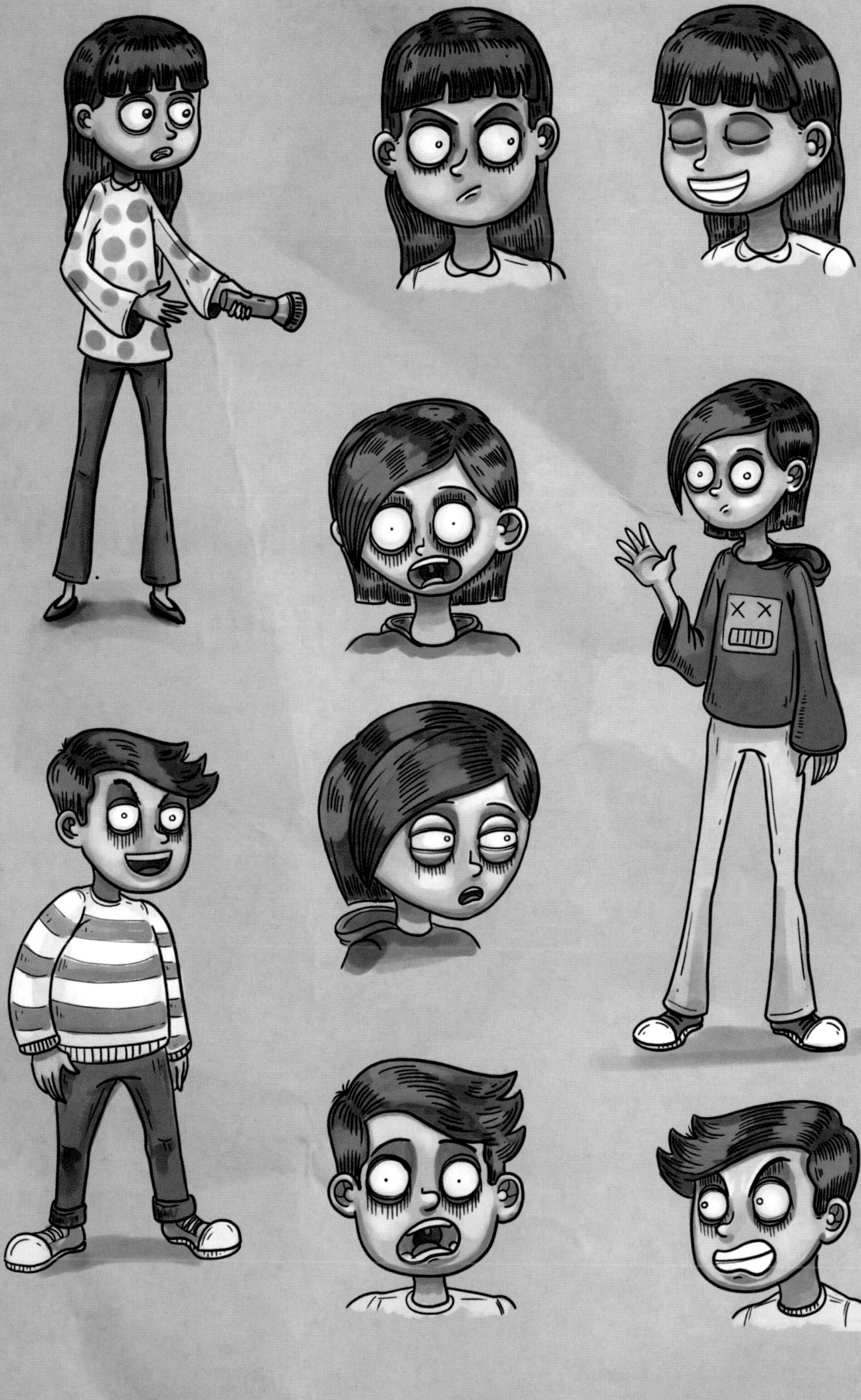
X X

La Dentiste

LA DENTISTE ISN'T DONE WITH YOU YET

If you enjoyed LE MANOIR DE LA DENTISTE, be sure to watch Señor Wooly's original cult music video, La Dentiste. Millions of Spanish students worldwide have already visited this twisted dentist, but now it's time for French students to get their teeth checked too.

For more information, visit:

www.SenorWooly.com

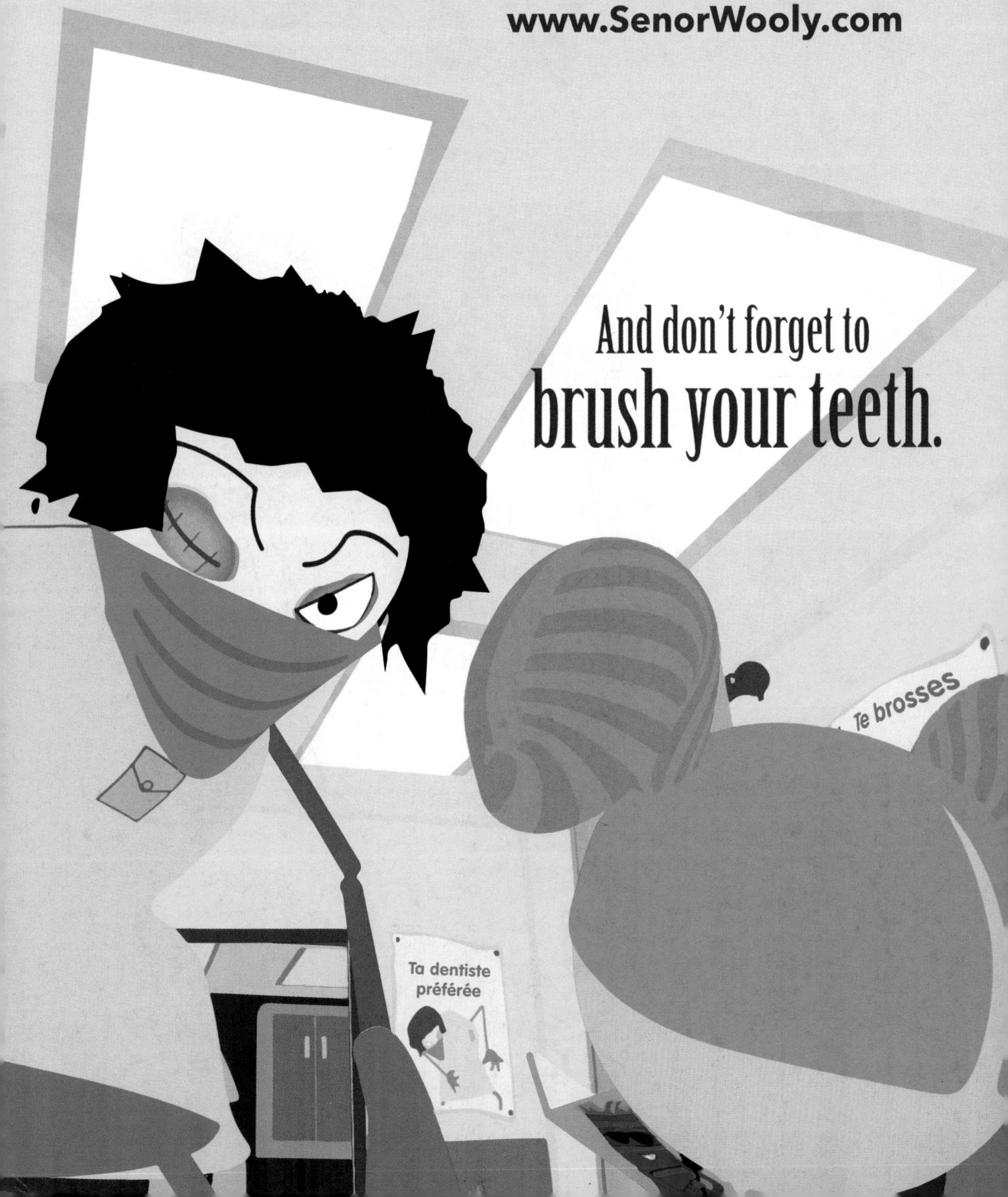
And don't forget to
brush your teeth.
Te brosses
Ta dentiste
préférée

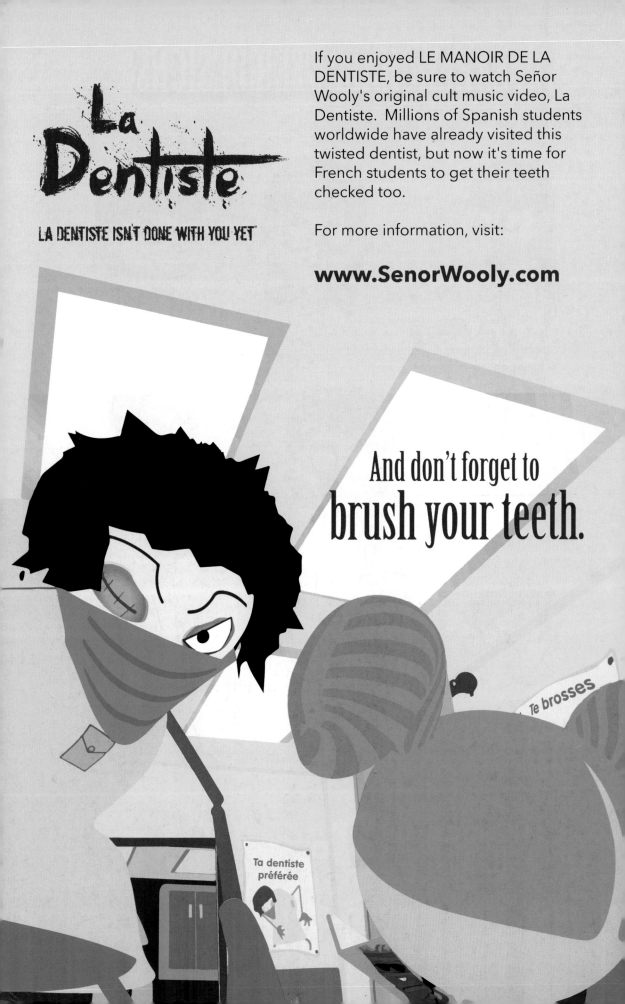